한국인의 말하기 취약점 집중공략 OPIc IH

1판 1쇄 발행 2016년 8월 25일
　4쇄 발행 2021년 3월 12일

저자 이현석
기획 멀티캠퍼스 외국어연구소

펴낸이 박민우
기획팀 송인성, 김선명
편집팀 박우진, 김영주, 김정아, 최미라, 전혜련
관리팀 임선희, 정철호, 김성언, 권주련
펴낸곳 멀티캠퍼스 하우
주소 서울시 중랑구 망우로68길 48
전화 (02)922-7090
팩스 (02)922-7092
홈페이지 http://www.hawoo.co.kr
e-mail hawoo@hawoo.co.kr
등록번호 제2014-18호

값 18,000원
ISBN 979-11-87549-04-8

Copyright ⓒ 2021 by Lee Hyun Suk

All rights reserved.
No part of this publication may be reproduced, stored in a retrieval system,
or transmitted in any form or by any means, electronic, mechanical, photocopying, recording,
or otherwise, without the prior permission of the publisher.

이 책은 저작권법에 따라 보호받는 저작물이므로 무단전재와 무단복제를 금지하며,
이 책 내용의 전부 또는 일부를 이용하려면 반드시 저작권자와 출판권자의 서면 동의를 받아야 합니다.

 모범답변 MP3 다운로드 www.opic.co.kr 접속 후 '북&앱북'에서 다운로드

OPIc IH

멀티캠퍼스

머리말

OPIc시험의 필요성

기존의 듣기·읽기 위주의 영어평가 시험에서 현재 말하기와 쓰기영역이 도입되어 영어평가를 위한 영어능력 향상을 위한 변화가 일어나고 있습니다. 실질적인 영어 구사능력에 대한 사회적 요구가 증대되고 있습니다. 이런 배경으로 영어 구사력을 공신력 있게 평가하는 OPIc(Oral Proficiency Interview-computer)의 역할이 점점 커지고 있습니다.

OPIc은 현재 삼성그룹, CJ그룹, LG전자, SK 등 국내 많은 기업들의 신입사원 채용 용도로 쓰이는 것은 물론 승진 및 인사고과에도 활용되고 있어 해마다 응시자의 수가 늘어나고 앞으로도 OPIc의 필요성은 증가될 것으로 보입니다. OPIc시험이 다른 영어시험들에 비해 몇 가지 특징들을 가지고 있으므로 다른 시험들과의 차별성을 가지고 있습니다.

첫째, 시험 종료 후 보통 5일 이내에 시험성적이 나온다는 것이 가장 큰 장점으로 손꼽히고 있습니다.

둘째, 시험 전 Background Survey(하는 일, 경험, 관심 분야, 선호도 조사)와 Self-Assessment(본인의 말하기 수준)를 통한 맞춤형 평가입니다. 기존의 공인영어점수와 영어실력의 차이가 가장 큰 문제였던 시험들에 비하여 OPIc은 Background Survey를 통해 본인의 말하기 실력을 세분화하여 전문적으로 측정하고 있습니다.

셋째, 오리엔테이션을 제외한 총 40분의 시험시간으로 많은 발화 기회가 주어지기 때문에 수험자의 영어실력을 가장 정확하게 측정할 수 있습니다.

따라서 앞으로도 영어 말하기의 중요성이 강조되는 현 상황에서 정확한 말하기 실력을 측정하기 위해서는 실생활의 목적들과 가장 유사한 유형의 시험인 OPIc의 위상은 높아질 것으로 예상됩니다. 이에 수동적인 영어 학습 형태에서 벗어나 능동적인 영어 학습자로서 꾸준한 말하기 연습을 통해 OPIc시험에서 고득점을 받기 위해 노력해 봅시다.

2012 New ACTFL Proficiency Guidelines

새롭게 적용된 2012 ACTFL Proficiency Guidelines는 2011년까지 사용되어 왔던 것을 발전시켜 구성에는 크게 차이가 없지만 최고급 수준이었던 Superior보다 더 높은 수준인 Distinguished 수준을 새로 설정한 것이 가장 큰 변화입니다. 하지만 Distinguished level은 평가에서 직접 부여하여 사용하지 않고 Superior의 수준을 평가할 때의 참고 자료로만 활용하도록 되어있습니다. 그 밖에 구체적인 언어 수준 기술의 명료성을 위하여, 특히 Intermediate High와 Advanced Low, Advanced High와 Superior 사이의 능력 수준 확정을 보다 명료하게 할 수 있도록 용어 사용이나 중복 기술 등의 문제를 제거하여 체계성을 확립하였습니다. 또한 듣기, 말하기, 읽기, 쓰기의 네 기능 모두를 종합적으로 고려하여 ACTFL Proficiency Guidelines를 기술하였다는 점에서 언어능력 수준 기술의 체계성과 완결성이 훨씬 더 커졌다고 할 수 있겠습니다.

한국인의 말하기 취약점 집중공략 OPIc IH

OPIc 시험은 Background Survey를 기반으로 한 맞춤형 말하기 시험입니다. 시험 전 본인이 선택한 관심사를 중점으로 질문이 출제되기 때문에 채점자들도 수험자의 개인의 경험에 대한 차별화된 이야기를 듣고 싶어합니다. 하지만 시험을 준비해야 하는 수험자에게 이는 큰 부담이 아닐 수 없습니다. 그래서 한국인의 말하기 취약점 집중공략 OPIc IH가 OPIc을 준비하는 수험자에게 해법을 제시해 드립니다.

OPIc에 가장 많이 출제 되는 주력 주제에 관한 이야기를 할 때, 채점관들이 IH이상의 등급 판단을 하게 하는 고급 문장구조(text type)를 주제별로 선별해서 제시합니다. 실제 스토리는 본인의 이야기라고 하더라도, 그것을 전달하는 문장구조가 고급화되어야, 자연스럽게 등급 상승으로 이어집니다. 더불어, 본인의 이야기를 전부 영작하는 수고를 덜기 위해서 다양한 소재 선택을 할 수 있게 교재에 실었습니다 이는 또 하나의 평가 요소인 맥락과 내용(context and content) 부분 등급 상승 요인으로 작용합니다. 각 주제나 소재별로 연관성이 높은 표현들만 엄선해 놓았기 때문에, 본인 이야기에서 크게 벗어나는 이야기가 나오지 않게 근본적으로 내용이 좋아지게 됩니다.

시험을 처음 준비하는 학습자들이 이 교재만 가지고도 스스로 자기 답변을 완성할 수 있도록 자세하게 답변들이 설계 되어 있어서 한국인의 말하기 취약점들을 집중 공략할 수 있게 되어 있습니다. OPIc IH 이상의 등급을 원하는 수험자들이 자신감을 가지고 등급 취득을 할 수 있게 도와 드릴 수 있습니다. 더불어, OPIc 고득점을 넘어 전반적인 말하기 실력의 체질 개선을 할 수 안성맞춤 교재입니다.

포기하지 마세요! Never Give Up!

차 례

- 학습 Schedule　　8
- Structure and Features　　10
- OPIc 소개　　12
- Background Survey　　14
- OPIc FAQ　　16

| 학습 목차 |

Chapter 01　[선택형 주제] WORK 회사　　19

Chapter 02　[선택형 주제] HOUSING 집　　27

Chapter 03　[선택형 주제] MUSIC 음악 감상　　41

Chapter 04　[선택형 주제] DOMESTIC TRIPS 국내 여행　　55

Chapter 05　[선택형 주제] BARS 술집/바에 가기　　65

Chapter 06　[선택형 주제] MOVIES 영화보기　　75

Chapter 07　[선택형 주제] SNS에 글 올리기　　89

Chapter 08　[선택형 주제] WALK 걷기(산책)　　103

Chapter 09　[선택형 주제] TECHNOLOGY (PHONES) 기술(전화기)　　111

Chapter 10　[공통형 주제] HEALTH 건강　　121

Chapter 11	[공통형 주제] RECYCLING 재활용	131
Chapter 12	[공통형 주제] FOOD 음식/식품	139
Chapter 13	[공통형 주제] FASHION 패션	153
Chapter 14	[공통형 주제] APPOINTMENTS 예약	161
Chapter 15	[공통형 주제] LIBRARIES 도서관	169
Chapter 16	[공통형 주제] HOLIDAYS 명절/휴일	177
Chapter 17	[공통형 주제] FREE TIME 자유시간	185
Chapter 18	[ROLE PLAY] 전화기	193
Chapter 19	[ROLE PLAY] 부동산	201
Chapter 20	[ROLE PLAY] 해변 가기	209

부록 1	[ROLE PLAY] 친구 생일파티	218
부록 2	[ROLE PLAY] 외국 친구 집에 방문	225
부록 3	[ROLE PLAY] 헬스클럽	232
부록 4	[ROLE PLAY] 술집/바에 가기	239

학습 Schedule

■ 한 달 완성: 주5일 / 20강(90분 강의기준)

Week	월	화	수	목	금
Week 1	Chapter 01	Chapter 02	Chapter 03	Chapter 04	Chapter 05
Week 2	Chapter 06	Chapter 07	Chapter 08	Chapter 09	Chapter 10
Week 3	Chapter 11	Chapter 12	Chapter 13	Chapter 14	Chapter 15
Week 4	Chapter 16	Chapter 17	Chapter 18	Chapter 19	Chapter 20

Week	월	화	수	목	금
Week 1	Chapter 01	Chapter 02	Chapter 03	Chapter 04	Chapter 05
	회사	집	음악 감상	국내여행	술집/바에 가기
Week 2	Chapter 06	Chapter 07	Chapter 08	Chapter 09	Chapter 10
	영화보기	SNS	걷기	기술(전화기)	건강
Week 3	Chapter 11	Chapter 12	Chapter 13	Chapter 14	Chapter 15
	재활용	음식/식품	패션	예약	도서관
Week 4	Chapter 16	Chapter 17	Chapter 18	Chapter 19	Chapter 20
	명절/휴일	자유시간	전화기	부동산	해변

■ 두 달 완성: 주3일 (월,수,금) / 24강(90분 강의기준)

Week	월	수	금
Week 1	Chapter 01	Chapter 02	Chapter 03
Week 2	Chapter 04	Chapter 05	Review
Week 3	Chapter 06	Chapter 07	Chapter 08
Week 4	Chapter 09	Chapter 10	Review
Week 5	Chapter 11	Chapter 12	Chapter 13
Week 6	Chapter 14	Chapter 15	Review
Week 7	Chapter 16	Chapter 17	Chapter 18
Week 8	Chapter 19	Chapter 20	Review

Week	월	수	금
Week 1	Chapter 01	Chapter 02	Chapter 03
	회사	집	음악 감상
Week 2	Chapter 04	Chapter 05	Review
	국내여행	술집/바에 가기	Chapter 01~05
Week 3	Chapter 06	Chapter 07	Chapter 08
	영화보기	SNS	걷기
Week 4	Chapter 09	Chapter 10	Review
	기술(전화기)	건강	Chapter 06~10
Week 5	Chapter 11	Chapter 12	Chapter 13
	재활용	음식/식품	패션
Week 6	Chapter 14	Chapter 15	Review
	예약	도서관	Chapter 11~15
Week 7	Chapter 16	Chapter 17	Chapter 18
	명절/휴일	자유시간	전화기
Week 8	Chapter 19	Chapter 20	Review
	부동산	해변	Chapter 16~20

Structure and Features

◀ Step 1. 유형 알아보기
자주 출제되는 문제 유형을 미리 알아보고, 답변 전략을 준비할 수 있습니다.

◀ Step 2. 질문 듣기 연습하기
빈출 문제를 들어보고 문제 속 키워드 문장을 찾는 연습을 할 수 있습니다. 듣기 연습을 통해 문제를 정확하게 듣고 키워드를 골라내는 능력을 향상시킬 수 있습니다. 키워드를 힌트로 답변 속에 포함시켜야 하는 구체적인 내용을 미리 떠올려볼 수 있습니다.

◀ Step 3. 실전답변 연습하기
활용도 높은 문장구조(text type) 및 맥락과 내용(context and content)을 통해 자연스러운 문장구조와 패턴을 연습할 수 있습니다. 최신 빈출 문제 3~4개 및 Add on으로 구성되어 있습니다.

TEXT 그린(IH 보장 문장 구조)
오픽의 4개 주요 평가 기준 중에는 TEXT TYPE(문장구조)이라는 평가 요소가 있습니다. 같은 말을 해도 어떤 문장구조와 어법 패턴을 사용했는지에 따라서 다른 등급을 부여합니다. 다시 말하면, 구사하는 문장 난이도를 하나의 등급 지표로 삼는 것입니다. 피겨 스케이팅에서 점프 난이도나 회전수에서 높은 기술을 구사했을 때, 더 높은 등급의 점수를 부여하는 원리와 같습니다.
예를 들면,
[IM1~IM3] I had a very good time during the trip.
[IH~AL] It was one of the most memorable trips that I have been to.
IH/AL을 취득하는 수험자들의 경우, 형용사 최상급의 사용 빈도가 매우 높습니다. 최상급도 그냥 쓰지 않고, "one of the 최상급 + 복수명사"의 형태로 많이 사용합니다. 예를 들어, one of the most memorable trips은 최고 등급을 받는 수험자들의 발화 특징 중에 하나입니다. 더불어, 관계대명사 that의 활용 빈도와 I have been to의 현재완료 시제의 사용 또한 AL 취득자들의 답변에 자주 등장하는 시제입니다. 여행 주제에서 수험자가 경험한 여행은 다 다르더라도, 이러한 문장을 학습하여 답변 마무리 부분에 썼을 경우, IH이상 등급 취득의 가능성이 극대화 됩니다. 이러한 고급문장 구조들은 교재에 녹색으로 표시가 되어 있습니다.

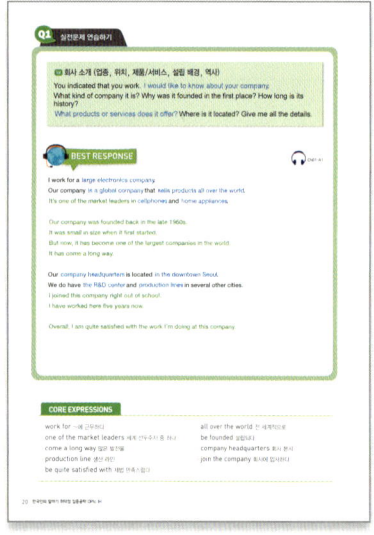

TEXT 블루(주제 연관성이 높은 표현/어휘)
오픽 평가 요소에는 CONTEXT AND CONTENT(맥락과 내용)라는 평가 요소가 있습니다. 쉽게 말하면 언급하는 주제와 연관도가 높은 표현들과 어휘가 나올 경우 더 높은 등급을 부여하게 되어 있습니다.
예를 들어, 영화와 관한 이야기를 하면서, sequel (속편), box office (매표소), storyline (줄거리), twist (반전), 등과 같은 영화 주제 연관성이 높은 표현들과 어휘가 사용 되었을 경우, 내용 점수에서 더 높은 등급을 받을 수 있습니다.

I watched the Star Trek sequel. 스타트랙 "속편"을 봤다.
The movie did very well in the box office. 그 영화는 흥행(매표소) 성적이 좋았다.
I like the storyline and the twist at the end. 전반적인 줄거리와 막판 반전이 마음에 들었다.

본 교재에는 이러한 주제별 연관도가 높은 표현/어휘들을 파란색으로 표시하여, 여러분들이 골라서 쓸 수 있게 답변 설계를 해 놓았습니다. 각자 하고 싶은 답변을 교재 표현/어휘를 이용해서 답변을 준비하면, 답변 내용 점수도 추가로 받으실 수 있어서, 그만큼 IH이상의 등급이 나오는데 도움이 되게 됩니다.

◀ Step 4. 핵심표현 알아보기
모범 답변에 쓰이는 활용도 높은 표현을 학습합니다.

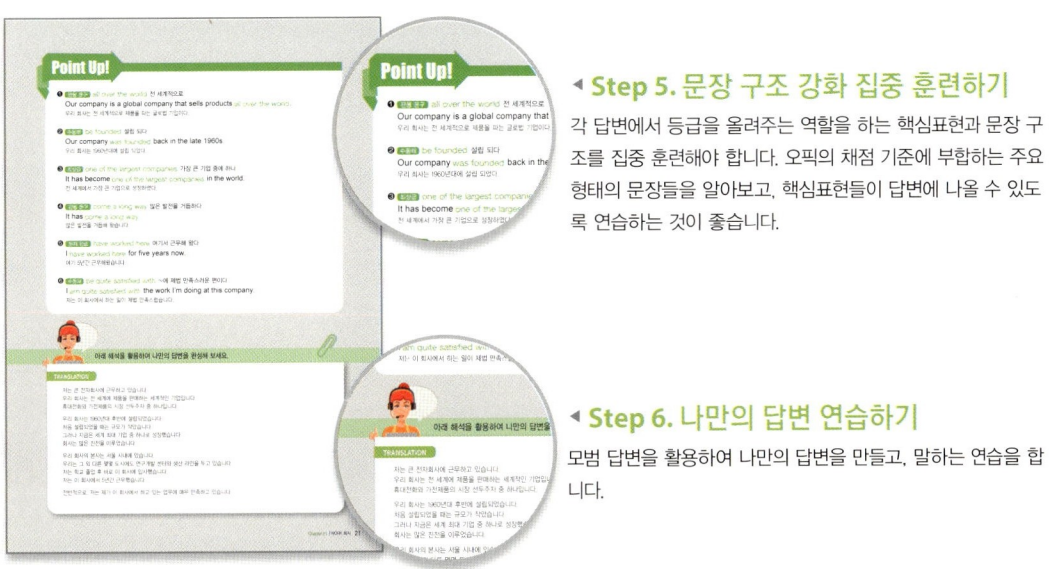

◀ Step 5. 문장 구조 강화 집중 훈련하기
각 답변에서 등급을 올려주는 역할을 하는 핵심표현과 문장 구조를 집중 훈련해야 합니다. 오픽의 채점 기준에 부합하는 주요 형태의 문장들을 알아보고, 핵심표현들이 답변에 나올 수 있도록 연습하는 것이 좋습니다.

◀ Step 6. 나만의 답변 연습하기
모범 답변을 활용하여 나만의 답변을 만들고, 말하는 연습을 합니다.

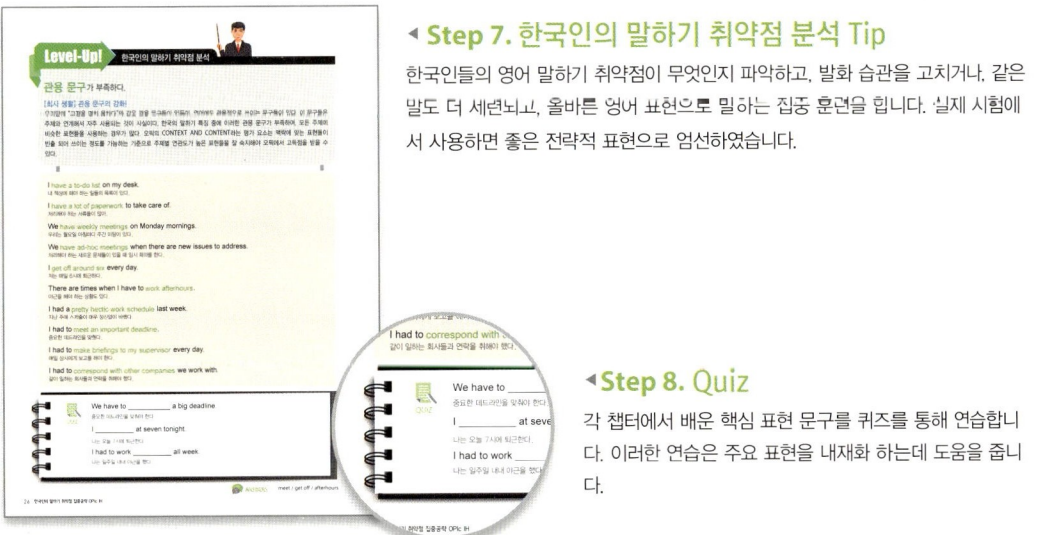

◀ Step 7. 한국인의 말하기 취약점 분석 Tip
한국인들의 영어 말하기 취약점이 무엇인지 파악하고, 발화 습관을 고치거나, 같은 말도 더 세련되고, 올바른 영어 표현으로 말하는 집중 훈련을 합니다. '실제 시험에서 사용하면 좋은 전략적 표현으로 엄선하였습니다.

◀ Step 8. Quiz
각 챕터에서 배운 핵심 표현 문구를 퀴즈를 통해 연습합니다. 이러한 연습은 주요 표현을 내재화 하는데 도움을 줍니다.

OPIc 소개

OPIc이란?

OPIc(Oral Proficiency Interview-computer)은 면대면 외국어 인터뷰 OPI를 최대한 Interview와 가깝게 만든 iBT기반의 외국어 말하기 평가로서, 외국어 전문 교육 연구 단체인 ACTFL(American Council on the Teaching of Foreign Languages)에서 개발한 공신력 있는 말하기 평가입니다. OPIc은 단순히 문법이나 어휘 등을 얼마나 많이 알고 있는가 보다는 실제 상황에서 얼마나 효과적이고 적절하게 언어를 구사하는지를 측정하는 객관적인 평가로, 국내에서는 2007년 시작되어 현재 약 1,000여 개 기업 및 기관에서 OPIc을 채용과 인사고과 등에 활발하게 활용하고 있습니다. 현재 OPIc은 영어뿐만 아니라 중국어, 러시아어, 스페인어 등 총 44개의 언어평가를 제공함으로써 다양한 언어를 동일한 기준으로 평가할 수 있는 유일한 외국어 말하기 평가로 자리매김하였습니다.

OPIc 진행과정

ORIENTATION(약 15분)

1. **Background Survey** - 인터뷰 문항을 위한 사전 설문
2. **Self Assessment** - 시험의 난이도 결정을 위한 자가 평가
3. **Overview of OPIc** - 화면 구성, 문항 청취 및 답변 방법 안내
4. **Sample Question** - 실제 답변 방법 연습

시험시간(40분)

1. **1st Session**
   - 개인 맞춤형 문항
   - 질문 청취 2회
   - 문항별 답변 시간 제한 無
   - 약 7문항 출제
2. **난이도 재조정**
   - Self Assessment(2차 시험 난이도 선택)
   - 쉬운 질문 / 비슷한 질문 / 어려운 질문 中선택
3. **2nd Session**
   - 개인 맞춤형 문항
   - 질문 청취 2회
   - 문항별 답변 시간 제한 無
   - 약 5~8문항 출제

OPIc 등급

OPIc의 등급은 크게 세 가지, 작게는 일곱 가지로 세분화됩니다.

- **Novice**: '초보자'라는 뜻으로 OPIc에서는 '초급' 단계입니다.
- **Intermediate**: '중간'이라는 뜻으로 OPIc에서는 '중급' 단계입니다.
- **Advanced**: '고급의'라는 뜻으로 OPIc에서는 가장 높은 '고급' 단계입니다.

이 세 가지의 등급을 세분화해서 다음과 같이 구분하게 됩니다.

- Novice Low, Novice Mid, Novice High
- Intermediate Low, Intermediate Mid(1~3), Intermediate High
- Advanced Low

OPIc의 모체인 OPI에서는 Advanced도 Low, Mid, High로 구분되지만, 컴퓨터로 시험을 보는 OPIc에서는 Advanced Low라는 등급 하나만 부여됩니다.

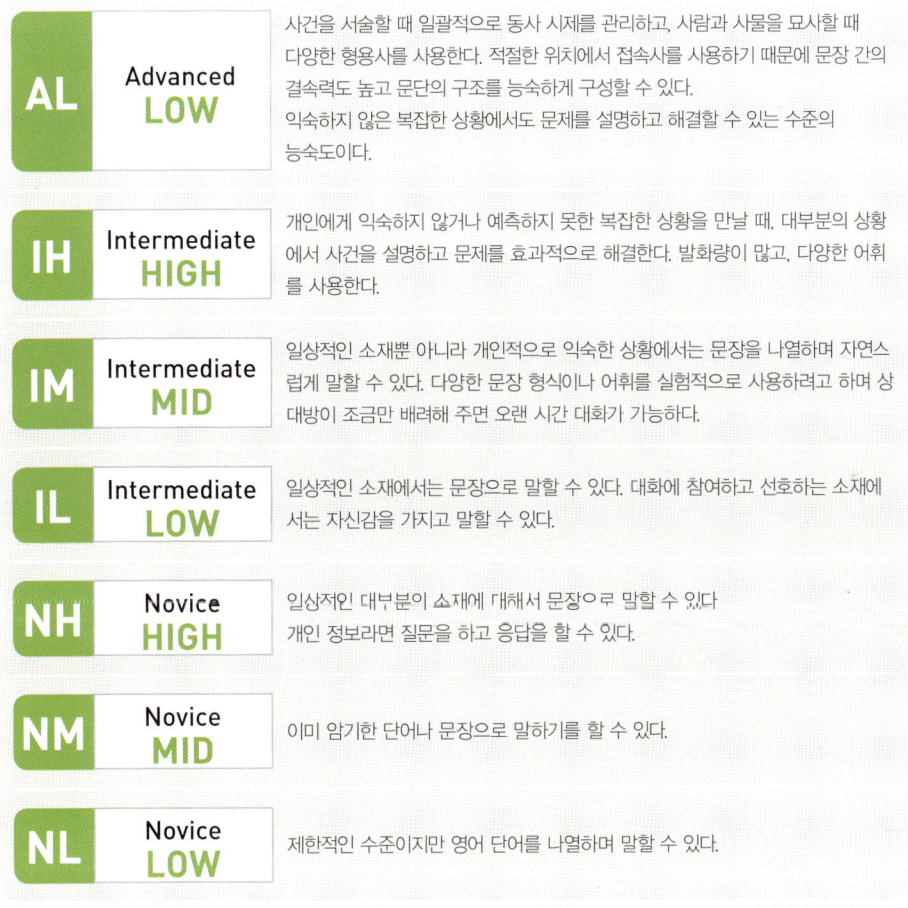

AL	Advanced LOW	사건을 서술할 때 일괄적으로 동사 시제를 관리하고, 사람과 사물을 묘사할 때 다양한 형용사를 사용한다. 적절한 위치에서 접속사를 사용하기 때문에 문장 간의 결속력도 높고 문단의 구조를 능숙하게 구성할 수 있다. 익숙하지 않은 복잡한 상황에서도 문제를 설명하고 해결할 수 있는 수준의 능숙도이다.
IH	Intermediate HIGH	개인에게 익숙하지 않거나 예측하지 못한 복잡한 상황을 만날 때, 대부분의 상황에서 사건을 설명하고 문제를 효과적으로 해결한다. 발화량이 많고, 다양한 어휘를 사용한다.
IM	Intermediate MID	일상적인 소재뿐 아니라 개인적으로 익숙한 상황에서는 문장을 나열하며 자연스럽게 말할 수 있다. 다양한 문장 형식이나 어휘를 실험적으로 사용하려고 하며 상대방이 조금만 배려해 주면 오랜 시간 대화가 가능하다.
IL	Intermediate LOW	일상적인 소재에서는 문장으로 말할 수 있다. 대화에 참여하고 선호하는 소재에서는 자신감을 가지고 말할 수 있다.
NH	Novice HIGH	일상적인 대부분의 소재에 대해서 문장으로 말할 수 있다. 개인 정보라면 질문을 하고 응답을 할 수 있다.
NM	Novice MID	이미 암기한 단어나 문장으로 말하기를 할 수 있다.
NL	Novice LOW	제한적인 수준이지만 영어 단어를 나열하며 말할 수 있다.

∗ Intermediate Mid의 경우 Mid 1, Mid 2, Mid 3로 세분화하여 제공합니다.

Background Survey (배경 설문)

2015. 11월 변경 반영

OPIc의 개인 맞춤형 문제는 Background Survey에 대한 응답을 기초로 출제됩니다. 나에게는 어떤 맞춤형 문제가 출제될지 미리 생각해 보세요.

1 현재 귀하는 어느 분야에 종사하고 계십니까?
☐ 사업/회사   ☐ 재택근무/재택사업   ☐ 교사/교육자   ☐ 군 복무   ☐ 일 경험 없음

1.1. 현재 귀하는 직업이 있으십니까?
☐ 네   ☐ 아니요

1.1.1. 귀하의 근무 기간은 얼마나 되십니까?
☐ 첫 직장 – 2개월 미만   ☐ 첫 직장 – 2개월 이상   ☐ 첫 직장 아님 – 경험 많음

1.1.1.1. 당신은 부하 직원을 관리하는 관리직을 맡고 있습니까?
☐ 네   ☐ 아니요

문항 1에서 교사/교육자로 답변했을 경우

1.1. 당신은 어디에서 학생을 가르치십니까?
☐ 대학 이상   ☐ 초등/중/고등학교   ☐ 평생교육

1.1.1. 귀하의 근무 기간은 얼마나 되십니까?
☐ 2개월 미만 – 첫 직장
☐ 2개월 미만 – 교직은 처음이지만 이전에 다른 직업을 가진 적이 있음
☐ 2개월 이상

2 현재 귀하는 학생이십니까?
☐ 네   ☐ 아니요

2.1. 현재 어떤 강의를 듣고 있습니까?
☐ 학위 과정 수업   ☐ 전문 기술 향상을 위한 평생 학습   ☐ 어학 수업

2.2. 최근 어떤 강의를 수강했습니까?
☐ 학위 과정 수업
☐ 전문 기술 향상을 위한 평생 학습
☐ 어학 수업
☐ 수업 등록 후 5년 이상 지남

3 현재 귀하는 어디에 살고 계십니까?
- ☐ 개인주택이나 아파트에 홀로 거주
- ☐ 친구나 룸메이트와 함께 주택이나 아파트에 거주
- ☐ 가족(배우자/자녀/기타 가족 일원)과 함께 주택이나 아파트에 거주
- ☐ 학교 기숙사   ☐ 군대 막사

아래의 4~7번 문항에서 12개 이상을 선택해 주시기 바랍니다.

4 귀하는 여가 활동으로 주로 무엇을 하십니까? (두 개 이상 선택)

☐ 영화 보기	☐ 클럽/나이트클럽 가기	☐ 공연 보기	☐ 콘서트 보기
☐ 박물관 가기	☐ 공원 가기	☐ 캠핑하기	☐ 해변 가기
☐ 스포츠 관람	☐ 주거 개선	☐ 술집/바에 가기	☐ 카페/커피전문점 가기
☐ 게임하기(비디오, 카드, 보드, 휴대폰 등)		☐ 당구 치기	☐ 체스하기
☐ SNS에 글 올리기	☐ 친구들과 문자대화하기	☐ 시험 대비 과정 수강하기	
☐ TV보기	☐ 리얼리티쇼 시청하기	☐ 뉴스를 보거나 듣기	
☐ 요리 관련 프로그램 시청하기		☐ 쇼핑하기	
☐ 차로 드라이브하기	☐ 스파/마사지샵 가기	☐ 구직활동하기	☐ 자원봉사하기

5 귀하의 취미나 관심사는 무엇입니까? (한 개 이상 선택)

☐ 아이에게 책 읽어 주기	☐ 음악 감상하기	☐ 악기 연주하기	☐ 춤추기
☐ 글쓰기(편지, 단문, 시 등)	☐ 그림그리기	☐ 요리하기	☐ 애완동물 기르기
☐ 독서	☐ 주식 투자하기	☐ 신문 읽기	☐ 여행 관련 잡지나 블로그 읽기
☐ 사진 촬영하기	☐ 혼자 노래 부르거나 합창하기		

6 귀하는 주로 어떤 운동을 즐기십니까? (한 개 이상 선택)

☐ 농구	☐ 야구/소프트볼	☐ 축구	☐ 미식축구
☐ 하키	☐ 크리켓	☐ 골프	☐ 배구
☐ 테니스	☐ 배드민턴	☐ 탁구	☐ 수영
☐ 자전거	☐ 스키/스노보드	☐ 아이스 스케이트	☐ 조깅
☐ 걷기	☐ 요가	☐ 하이킹/트레킹	☐ 낚시
☐ 헬스	☐ 태권도	☐ 운동 수업 수강하기	☐ 운동을 전혀 하지 않음

7 당신은 어떤 휴가나 출장을 다녀온 경험이 있습니까? (한 개 이상 선택)

☐ 국내 출장   ☐ 해외 출장   ☐ 집에서 보내는 휴가   ☐ 국내 여행   ☐ 해외 여행

OPIc FAQ

01 OPIc 시험 중 필기구를 사용하여 답변을 준비해도 되나요?

OPIc 응시자는 필기구를 가지고 시험장에 입실할 수 없습니다. 따라서 시험 중에 필기구를 이용하여 메모 등을 하실 수 없으며, 적발 시 부정행위로 처리되어 OPIc 시험 규정에 따라 향후 시험 응시 기회에 제한을 받습니다.

02 무조건 길게 말하는 것이 도움이 되나요?

짜임새 없는 내용으로 길게만 말하는 것보다는 질문이 요구하는 내용에 충실한 답변을 정확한 문법과 표현을 사용하여 논리적으로 표현할 때 좋은 평가를 받을 수 있습니다. 또한 기-승-전-결 혹은 서론-본론-결론의 짜임새 있는 구성으로 답변해야 합니다. 공식적인 수치는 아니지만, 주어진 시간 내 모든 문제에 풍부한 내용으로 답변을 하려면 한 문항당 짧으면 1분, 일반적으로 2분에서 2분 30초 이상 말할 수 있도록 준비하는 것이 좋습니다.

03 Background Survey 응답 내용대로만 출제되나요?

아닙니다. 시험 전에 체크한 Background Survey 결과는 나에게 맞는 맞춤형 문항이 출제되는 데 영향을 주지만, 그 외 시스템으로 선별된 문항도 출제됩니다. 즉, 여러분이 선택하지 않은 내용에서도 문제가 출제됩니다. 일반적으로 여러분의 일상생활에서 일어나는 일들을 위주로 문제가 출제되며 전문적인 내용이 출제되더라도 일상생활과 연결되어 있는 질문들이 출제됩니다. OPIc 등급 향상을 위해서는 Background Survey 항목에 관련된 답변만을 무조건 외우기보다는 평소에 다양한 말하기 연습을 하는 것이 도움이 될 것입니다.

04 OPIc 문제 중 Background Survey 내용과 관련이 없는 내용이 나오면 답변하지 않아도 되나요?

아닙니다. 수험자는 주어진 문항에 대해서 모두 답변을 진행해야 합니다. OPIc은 Background Survey를 통해 수험자의 개인 맞춤형 문항의 출제가 가능하지만 다른 영역의 질문 또한 출제되어 수험자가 예상하지 못한 문제에 대한 상황 대처능력 및 순발력 또한 평가합니다. 따라서, 질문에 대한 답변이 진행되지 않는 경우 감점의 요인이 될 수 있습니다. 그러므로 답변할 때 모르는 문제가 나왔다고 해서 당황해서는 안 됩니다. 설령, 여러분이 Background Survey에서 선택한 내용과 다른 문제가 출제되더라도 최선을 다해 성실하게 답변하는 것이 좋습니다.

05 시험 보는 중간에 Self Assessment로 레벨을 변경하는 것이 성적에 영향이 있나요?

처음에 높은 레벨로 시작했다가 중간에 낮은 레벨로 바꾸거나, 그 반대로 낮은 레벨에서 시작해서 높은 레벨로 바꾸는 그 자체로 성적이 바뀌지는 않습니다. 철저히 주어진 답변에 얼마나 충실하게 답변했는지가 성적을 좌우한다고 보면 됩니다. 그러나, 나의 영어실력과 너무 동떨어진 레벨을 선택하는 것은 바람직하지 않습니다.

06 문제를 반복해서 들으면 성적이 좋지 않게 나오는 것이 사실인가요?

문제 풀기 전략 중 하나로 문제를 습관적으로 반복해서 듣는 사람들이 있습니다. 문제를 반복 청취하는 것이 성적에 직접적으로 영향을 미치는 것은 아니지만, 문제를 반복 청취했을 때 답변 시간이 줄어들 수밖에 없으므로, 시간 관리에 어려움을 느낄 수도 있습니다. OPIc 문제의 답변 시간은 질문 청취 시간을 제외하고 약 35분 가량입니다. 따라서 주어진 시간 내 모든 문제에 효율적으로 답변할 수 있도록 시간을 활용해야 합니다.

07 발음이 안 좋거나 더듬거리면 성적에 나쁜 영향을 주게 되나요?

발음은 이해가 가능한 수준일 경우 크게 영향을 미치지 않는 것으로 알려져 있습니다. 그러나 메시지 전달이 안 될 정도로 말을 매끄럽지 못하게 할 경우에는 당연히 채점이 어려울 수밖에 없습니다.

08 OPIc 시험은 현장에서 결과를 직접 확인할 수 있나요?

OPIc 정기 시험은 시험 응시일로부터 7일 후 자정부터 OPIc 홈페이지(www.opic.or.kr)에서 성적 확인이 가능합니다. 예) 8월 6일 시험 응시 → 8월 12일에서 8월 13일로 넘어가는 00:00부터 성적 확인 가능
※성적 확인 및 인증서 출력은 회원 전용 서비스이므로 회원 가입 필요

09 OPIc 시험 일정은 1년에 몇 번 정도 있나요?

OPIc 시험은 일반적으로 월 6회(수요일, 일요일) 있으며 채용 시즌에는 매일 정기 시험을 진행 합니다. 또한 강남 오픽스퀘어 센터에서는 채용 시즌 외에도 주중에 3일 이상 시험이 시행되고 있습니다. 자세한 내용은 OPIc 홈페이지(www.opic.or.kr)를 확인해주시기 바랍니다.

10 성적이 UR이라고 나오는 것은 무엇을 의미하나요?

"UR"은 unable to rate를 의미합니다. UR이 나오는 경우는 녹음 불량, 녹음 음량이 너무 작은 경우, 수험자가 자신이 없어 답변을 하지 않은 경우입니다. 수험자의 과실인 경우 응시료 환불은 없으며 재시험의 기회도 없습니다. 시스템적인 오류로 UR이 나왔을 경우 한 번의 재시험 기회를 드립니다.

11 시험에 필요한 규정 신분증이 무엇인가요?

OPIc 시험에서 인정되는 규정 신분증은 주민등록증, 운전면허증, 기간만료 전 여권 등이며, 사원증 및 학생증, 기타 자격증은 신분증으로 인정되지 않습니다.

Chapter 01

선택형 주제 |

WORK 회사

● 주제에 알맞은 다양한 문항 유형을 알아보세요.

| 묘사 | 회사소개 | 서술 | 업무 일과 설명 |

| 과거 경험 | 진행한 업무 |

 다음 질문을 듣고 질문의 키워드를 확인해 보세요.  Ch01-Q1~3

1 [Int] 회사 소개 (업종, 위치, 제품/서비스, 설립 배경, 역사)

You indicated that you work. I would like to know about your company.
What kind of company it is? Why was it founded in the first place? How long is its history?
What products or services does it offer? Where is it located? Give me all the details.

당신은 직장에 다닌다고 말했습니다. 당신의 회사에 대해 알고 싶습니다.
어떤 회사입니까? 처음 설립된 목적은 무엇입니까? 역사는 얼마나 되었습니까?
어떤 상품 또는 서비스를 제공합니까? 어디에 있습니까? 상세히 설명해 주십시오.

2 [Int] 매일 하는 업무 일과 설명

Tell me about your daily routine at work. What kind of work do you engage in at work?
What do you do when you arrive at the office? When you leave the office?
What do you do during your shift? Tell me everything about your day at work.

매일 하는 업무 일과를 이야기 해 보시오. 회사에서 어떤 일을 합니까?
사무실에 도착하면 무엇을 합니까? 언제 퇴근합니까?
교대 근무 시간에는 무엇을 합니까? 직장에서의 하루를 상세히 설명해 주십시오.

3 [Adv] 지난 주에 진행한 업무 (서류, 발표, 데드라인, 미팅)

Now, tell me about a project you did for work last week. What kind of project was it?
What did you have to do for the project? When was the deadline?
Did you have any meetings to attend for the project? How did it go?

이제, 지난 주에 업무상 진행했던 프로젝트에 대해 이야기해 주십시오. 어떤 프로젝트였습니까?
프로젝트에서 당신은 어떤 일을 해야 했습니까? 마감 기한은 언제였습니까?
프로젝트를 위해 참석해야 했던 회의가 있었습니까? 회의는 어떻게 되었습니까?

Q1 실전문제 연습하기

> **Int** 회사 소개 (업종, 위치, 제품/서비스, 설립 배경, 역사)
>
> You indicated that you work. I would like to know about your company.
> What kind of company it is? Why was it founded in the first place? How long is its history?
> What products or services does it offer? Where is it located? Give me all the details.

 **BEST RESPONSE**  Ch01-A1

I work for a large electronics company.
Our company is a global company that sells products all over the world.
It's one of the market leaders in cellphones and home appliances.

Our company was founded back in the late 1960s.
It was small in size when it first started.
But now, it has become one of the largest companies in the world.
It has come a long way.

Our company headquarters is located in the downtown Seoul.
We do have the R&D center and production lines in several other cities.
I joined this company right out of school.
I have worked here five years now.

Overall, I am quite satisfied with the work I'm doing at this company.

CORE EXPRESSIONS

- work for ~에 근무하다
- one of the market leaders 세계 선두주자 중 하나
- come a long way 많은 발전을
- production line 생산 라인
- be quite satisfied with 제법 만족스럽다
- all over the world 전 세계적으로
- be founded 설립되다
- company headquarters 회사 본사
- join the company 회사에 입사하다

Point Up!

❶ 관용 문구 **all over the world** 전 세계적으로
  Our company is a global company that sells products all over the world.
  우리 회사는 전 세계적으로 제품을 파는 글로벌 기업이다.

❷ 수동태 **be founded** 설립 되다
  Our company was founded back in the late 1960s.
  우리 회사는 1960년대에 설립 되었다.

❸ 최상급 **one of the largest companies** 가장 큰 기업 중에 하나
  It has become one of the largest companies in the world.
  전 세계에서 가장 큰 기업으로 성장하였다.

❹ 관용 문구 **come a long way** 많은 발전을 거듭하다
  It has come a long way.
  많은 발전을 거듭해 왔습니다.

❺ 현재 완료 **have worked here** 여기서 근무해 왔다
  I have worked here for five years now.
  여기 5년간 근무해왔습니다.

❻ 수동태 **be quite satisfied with** ~에 제법 만족스러운 편이다
  I am quite satisfied with the work I'm doing at this company.
  저는 이 회사에서 하는 일이 제법 만족스럽습니다.

아래 해석을 활용하여 나만의 답변을 완성해 보세요.

TRANSLATION

저는 큰 전자회사에 근무하고 있습니다.
우리 회사는 전 세계에 제품을 판매하는 세계적인 기업입니다.
휴대전화와 가전제품의 시장 선두주자 중 하나입니다.

우리 회사는 1960년대 후반에 설립되었습니다.
처음 설립되었을 때는 규모가 작았습니다.
그러나 지금은 세계 최대 기업 중 하나로 성장했습니다.
회사는 많은 진전을 이루었습니다.

우리 회사의 본사는 서울 시내에 있습니다.
우리는 그 외 다른 몇몇 도시에도 연구개발 센터와 생산 라인을 두고 있습니다.
저는 학교 졸업 후 바로 이 회사에 입사했습니다.
저는 이 회사에서 5년간 근무했습니다.

전반적으로, 저는 제가 이 회사에서 하고 있는 업무에 매우 만족하고 있습니다.

Q2 실전문제 연습하기

📖 매일 하는 업무 일과 설명

Tell me about your daily routine at work. What kind of work do you engage in at work? What do you do when you arrive at the office? When you leave the office? What do you do during your shift? Tell me everything about your day at work.

Ch01-A2

I currently work in the sales department.
My work is directly related to the actual sales of the products we sell.

I get to my office at eight in the morning.
First of all, I go over the things I have to do that day.
I normally have a to-do list on my desk.
I usually have a lot of paperwork to take care of throughout the day.

Meanwhile, we have regular meetings on Mondays and Wednesdays.
Plus, we have ad-hoc meetings when there are new issues to address.
We go over the progress that was made over certain projects.
Also, we do some brainstorming and exchange ideas about issues at concern.

I get off around six every day.
However, there are times when I have to work afterhours.
That happens quite often when I'm close to deadlines.

All in all, these are the things I do at work.

CORE EXPRESSIONS

- get to my office 회사에 도착하다
- have a to-do list 해야 할 일들의 목록이 있다
- have regular meetings 정기적인 미팅을 하다
- do some brainstorming 브레인스토밍을 하다
- get off 퇴근하다
- go over the things 여러 일들을 훑어보다
- have a lot of paperwork 서류 작업이 많다
- have ad-hoc meetings 임시 미팅을 하다
- exchange ideas 의견을 교환하다
- work afterhours 야근하다

Point Up!

❶ 합성어 have a to-do list 해야 할 일들의 목록이 있다
I normally have a to-do list on my desk.
나는 주로 내 책상에 해야할 일들의 목록이 있다.

❷ 관용 문구 have a lot of paperwork 서류 작업이 많다
I usually have a lot of paperwork to take care of throughout the day.
나는 하루 종일 문서 작업이 많다.

❸ 접속사 Meanwhile 한편
Meanwhile, we have regular meetings on Mondays.
한편, 월요일에 정기 미팅이 있다.

❹ 합성어 have ad-hoc meetings 임시 미팅을 하다
We have ad-hoc meetings when there are new issues to address.
우리는 새로운 문제들이 있을 때 임시 미팅을 한다.

❺ 구동사 get off 퇴근하다
I get off around six every day.
나는 매일 6시경에 퇴근을 한다.

❻ 관용 문구 work afterhours 야근하다
There are times when I have to work afterhours.
야근을 해야 하는 경우도 있다.

아래 해석을 활용하여 나만의 답변을 완성해 보세요.

TRANSLATION

저는 현재 영업부에서 근무하고 있습니다.
저의 업무는 우리가 판매하는 제품들의 실질적 판매와 직접적으로 연결되어 있습니다.

저는 아침 8시에 출근합니다.
먼저, 저는 제가 그날 해야 할 일을 훑어봅니다.
저는 보통 책상 위에 해야 할 일의 리스트를 둡니다.
제가 관리할 서류 업무가 많습니다.

우리는 월요일과 수요일마다 정기 회의를 합니다.
그리고, 처리해야 할 새로운 이슈가 있는 경우 임시 회의를 합니다.
특정 프로젝트의 진행 상황을 살펴 봅니다.
또한, 우려 사항에 대해 브레인스토밍을 하고 의견을 교환합니다.

저는 매일 6시에 퇴근합니다.
그러나, 때로는 업무 시간 후 야근해야 하는 경우도 있습니다.
마감 기한이 임박한 경우에는 그런 일이 자주 있습니다.

전체적으로, 저는 회사에서 이와 같은 일들을 합니다.

Q3 실전문제 연습하기

Adv 지난 주에 진행한 업무 (서류, 발표, 데드라인, 미팅)

Now, tell me about a project you did for work last week. What kind of project was it? What did you have to do for the project? When was the deadline? Did you have any meetings to attend for the project? How did it go?

 BEST RESPONSE  Ch01-A3

I had a pretty hectic work schedule last week.
I had to meet an important deadline regarding a large project.
I had a lot on my plate and I had to work overtime

There were lots of things to take care of.
I had to make many phone calls here and there.
Also, I had to correspond with other companies we work with.
Next, I had to attend meetings back-to-back.
Of course, I had to make briefings to my supervisor on the progress every day.

In the end, I managed to successfully finish the project.
There were some ups and downs on the way, but the results were satisfactory.
I'm still waiting for the final sales numbers, but they don't look too bad so far.

So, there it is. This is what my last week at work was like.

CORE EXPRESSIONS

- hectic work schedule 정신 없는 업무 스케줄
- make phone calls 전화통화를 하다
- correspond with 연락을 하다
- back-to-back 바로 연이어
- ups and downs 우여곡절
- final sales numbers 최종 매출 수치
- have a lot on one's plate 할 일이 많다
- take care of 처리하다
- attend meetings 미팅에 참석하다
- make briefings 브리핑을 하다
- satisfactory 만족스러운

Point Up!

❶ 형용사 **hectic** 정신 없는
I had a pretty **hectic** work schedule last week.
지난 주에 정말 정신 없는 스케줄이 있었습니다.

❷ 관용 문구 **meet an important deadline.** 데드라인을 맞추다
I had to **meet an important deadline**.
나는 중요한 데드라인을 맞춰야 했습니다.

❸ 관용 문구 **have a lot on my plate** 할 일이 많다
I **had a lot on my plate** and I had to work overtime
할 일이 많아서, 야근을 해야 했습니다.

❹ 합성어 **back-to-back** 바오 연이어
I had to attend meetings **back-to-back**.
더불어 연이은 미팅에 참석을 해야 했습니다.

❺ 관용 문구 **take care of** 처리하다
There were lots of things to **take care of**.
처리해야 할 일들이 엄청 많았습니다.

❻ 관용 문구 **ups and downs** 우여곡절
There were some **ups and downs** on the way.
그 과정에 여러가지 유여곡절이 있었습니다.

아래 해석을 활용하여 나만의 답변을 완성해 보세요.

TRANSLATION

지난 주에는 업무 일정이 무척 바빴습니다.
제가 참여하고 있는 대형 프로젝트와 관련하여 중요한 마감 기한을 맞춰야 했습니다.
당연히, 제가 할 일이 매우 많았습니다.

관리할 것들이 많아서 야근을 해야 했습니다.
여기 저기 전화도 많이 해야 했습니다.
또한, 함께 일하는 다른 회사와 연락을 취해야 했습니다.
다음으로, 중요한 이슈에 대해 연속으로 회의에 참석해야 했습니다.
물론, 매일 상사에게 진행 상황 보고를 해야 했습니다.

결국, 저는 그 프로젝트를 성공적으로 마칠 수 있었습니다.
과정에서 일부 우여곡절이 있었지만, 결과는 만족스러웠습니다.
저는 아직 최종 판매수치를 기다리고 있지만, 아직까지는 그렇게 나쁜 것 같지 않습니다.

네, 그렇습니다. 지난 주에 저는 이렇게 일주일을 보냈습니다.

Level-Up! 한국인의 말하기 취약점 분석

관용 문구가 부족하다.

[회사 생활] 관용 문구의 강화!

우리말에 "고전을 면치 못하다"와 같은 관용 문구들이 있듯이, 영어에도 관용적으로 쓰이는 문구들이 있다. 이 문구들은 주제와 연계해서 자주 사용되는 것이 사실이다. 한국의 말하기 특징 중에 이러한 관용 문구가 부족하여, 모든 주제에 비슷한 표현들을 사용하는 경우가 많다. 오픽의 CONTEXT AND CONTENT라는 평가 요소는 맥락에 맞는 표현들이 빈출 되어 쓰이는 정도를 가늠하는 기준으로 주제별 연관도가 높은 표현들을 잘 숙지해야 오픽에서 고득점을 받을 수 있다.

I **have a to-do list** on my desk.
내 책상에 해야 하는 일들의 목록이 있다.

I **have a lot of paperwork** to take care of.
처리해야 하는 서류들이 많아.

We **have weekly meetings** on Monday mornings.
우리는 월요일 아침마다 주간 미팅이 있다.

We **have ad-hoc meetings** when there are new issues to address.
처리해야 하는 새로운 문제들이 있을 때 임시 회의를 한다.

I **get off around six** every day.
저는 매일 6시에 퇴근하다.

There are times when I have to **work afterhours**.
야근을 해야 하는 상황도 있다.

I had a **pretty hectic work schedule** last week.
지난 주에 스케줄이 매우 정신없이 바빴다.

I had to **meet an important deadline**.
중요한 데드라인을 맞췄다.

I had to **make briefings to my supervisor** every day.
매일 상사에게 보고를 해야 한다.

I had to **correspond with other companies** we work with.
같이 일하는 회사들과 연락을 취해야 했다.

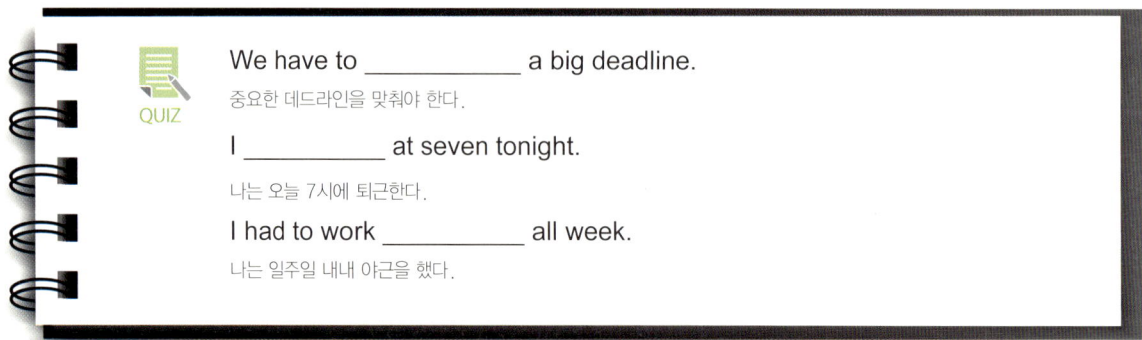

QUIZ

We have to _____ a big deadline.
중요한 데드라인을 맞춰야 한다.

I _____ at seven tonight.
나는 오늘 7시에 퇴근한다.

I had to work _____ all week.
나는 일주일 내내 야근을 했다.

 ANSWERS   meet / get off / afterhours

Chapter 02

선택형 주제 |
HOUSING
집

● 주제에 알맞은 다양한 문항 유형을 알아보세요.

묘사 나의 집 묘사

변화 서술 집에 준 변화

서술 집에 생길 수 있는 문제점

 다음 질문을 듣고 질문의 키워드를 확인해 보세요. Ch02-Q1~3

1 Int 나의 집 묘사

I would like to know where you live. Describe your house in detail.
What does it look like? How many rooms do you have? What kind of furniture do you have? Which is your favorite room at home? Why do you like that room?

당신이 사는 곳을 알고 싶습니다. 당신의 집을 상세히 묘사해 주세요.
당신의 집은 어떻게 생겼습니까? 방은 몇 개인가요? 어떤 가구를 갖추고 있습니까?
집에서 가장 좋아하는 방은 어떤 방인가요? 왜 그 방을 좋아하나요?

2 Adv 집에 준 변화

Tell me about a change you made to your home.
What was the change and why did you make that change?
How did your home look like afterwards? Give me all the details.

집에 준 변화에 대해서 설명해 주십시오.
어떤 변화가 있었으며, 왜 그렇게 바꾸었습니까?
바꾼 후 집이 어떻게 보입니까? 아주 상세하게 설명해 주십시오.

3 Adv 집에 생길 수 있는 여러 문제점 묘사

Tell me about the problems that happen at your home. What are those problems?
Why do they occur? How do you personally deal with those problems?

집에서 생긴 문제들에 대해 설명해 주십시오. 어떤 문제가 있었습니까?
왜 그런 문제가 발생했습니까? 개인적으로 어떻게 그러한 문제들을 해결했습니까?

Q1 실전문제 연습하기

Int 나의 집 묘사 (가장 좋아하는 방)

I would like to know where you live. Describe your house in detail. What does it look like? How many rooms do you have? What kind of furniture do you have? Which is your favorite room at home? Why do you like that room?

 **BEST RESPONSE**

 Ch02-A1

I live in a three-bedroom apartment with my family.
　　　+ I live in a two-bedroom house with my parents.
　　　+ I live in a studio by myself.
There is the living room, the kitchen, the bathroom, and the balcony.
　　　+ The living room is connected to the kitchen.
　　　+ There is the utility room next to the kitchen.
I have lived in this apartment for four years.
　　　+ two years and a half　+ for all my life
There are many types of furniture in my house.
First, there is a sofa in the living room. There is a tea table in front of that.
In my bedroom, I have a desk and a chair. I also have a bookshelf and a bed.
My bed would have to be my favorite piece of furniture because I love to sleep.
It's a very comfy bed. I have had it for a long time.
Plus, I have some built-in closets in my room.

Among the rooms, my favorite room would have to be my own bedroom.
My room is the best place to get some rest.
I can wind down and relax when I get home.
Also, I can do everything in private in my room.
No one disturbs me when I'm in my room.
Overall, this is what my apartment looks like.

CORE EXPRESSIONS

- three-bedroom apartment 침실이 3개인 아파트
- the living room 거실
- the bathroom 화장실
- be connected to 연결되어 있다
- comfy (comfortable 줄임말) 편한
- get some rest 휴식을 취하다
- get home 집에 도착하다

- studio 원룸
- the kitchen 부엌
- the balcony 베란다
- would have to be ~해야 할 것이다
- built-in closet 붙박이장
- wind down and relax 긴장을 풀고 쉬다
- do everything in private 모든 것을 혼자 하다

Point Up!

❶ 합성어 **three-bedroom apartment** 침실이 3개인 아파트
I live in a **three-bedroom apartment** with my family.
저는 가족과 함께 방 3개짜리 아파트에 살고 있습니다.

❷ 현재 완료 **have lived** 살아 왔다
I **have lived** in this apartment for four years.
저는 이 아파트에 4년간 살아 왔습니다.

❸ 조동사 **would have to be my favorite piece** 내가 가장 좋아하는 가구라고 해야 할 것이다
My bed **would have to be my favorite piece** of furniture because I love to sleep.
제가 자는 것을 좋아해서, 제가 좋아하는 가구는 침대라고 할 수 있습니다.

❹ 관용 문구 **comfy** 편안한
It's a very **comfy** bed.
너무도 편한 침대입니다.

❺ 전치사 **among the rooms** 여러 방 중 에서도
Among the rooms, my favorite room would have to be my own bedroom.
여러 방 중에서, 제가 좋아하는 방은 아마 제 방일 것입니다.

❻ 관용 문구 **wind down and relax** 긴장 풀고 쉬다
I can **wind down and relax** when I get home.
저는 집에 오면 긴장을 풀고 휴식을 취합니다.

아래 해석을 활용하여 나만의 답변을 완성해 보세요.

TRANSLATION

저는 가족과 함께 방 3개짜리 아파트에 살고 있습니다.
　　+ 저는 부모님과 함께 방 2개짜리 집에 살고 있습니다.
　　+ 저는 원룸에서 혼자 삽니다.
집에는 거실, 부엌, 화장실, 베란다가 있습니다.
　　+ 거실은 부엌,과 연결되어 있습니다.
　　+ 부엌, 옆에는 다용도실이 있습니다.
저는 이 아파트에 4년간 살았습니다.
　　+ 2년 반　　+ 평생 동안
우리 집에는 여러 가지 종류의 가구들이 있습니다.
먼저, 거실에는 소파가 있습니다. 소파 앞에는 탁자가 있습니다.
제 침실에는, 책상과 의자가 있습니다. 또 책장과 침대도 있습니다.
제가 자는 것을 좋아해서, 제가 좋아하는 가구는 침대라고 할 수 있습니다.
제 침대는 매우 편안합니다. 저는 이 침대를 오랫동안 사용해 왔습니다.
또한, 제 방에는 붙박이 장도 있습니다.

여러 방 중에서, 제가 좋아하는 방은 아마 제 방일 것입니다.
제 방은 휴식을 취하기에 가장 좋은 곳입니다.
저는 집에 오면 긴장을 풀고 휴식을 취합니다.
또, 제 방에서는 뭐든지 혼자 할 수 있습니다.
제가 제 방에 있을 때에는 아무도 방해하지 않습니다.
정리하자면, 제 아파트는 위의 설명과 같습니다.

Q2 실전문제 연습하기

Adv 집에 준 변화

Tell me about a change you made to your home.
What was the change and why did you make that change?
How did your home look like afterwards? Give me all the details.

 **BEST RESPONSE**  Ch02-A2

I remember renovating our apartment (when we were moving in) a few years back.
We got some help from a professional renovation company.
　　　+ We did the renovation by ourselves.
They redid the floors and redid the wallpaper on the walls.
　　　+ They expanded the living room out to the balcony.
The renovation took two weeks to finish.
After they were done, the apartment looked brand new.
We were very happy with the new look.
It was worth the money we spent.
　　　+ It was also worth the time and effort.
Plus, I remember when they redid the paint for our apartment building.
They repainted all the buildings in the apartment complex.
The apartment looked very nice after they did that.
Next, I remember when we bought some new furniture (curtains) for the house.
　　　+ We bought a new sofa and a new tea table (dinner table / vanity table)
　　　+ And then, we rearranged the furniture in the house.
　　　+ Also, we bought some plants for the house.
　　　+ Plus, We bought a fish tank.
　　　+ Next, We bought some picture frames and put them up on the wall.
　　　+ Also, We took a family picture and put it up on the wall in the living room.
All in all, these are the changes I remember.

CORE EXPRESSIONS

- renovate 리모델링하다
- move in 이사 들어오다
- redo the floors 바닥을 다시 하다
- expand the living room 거실을 확장하다
- the new look 새로 단장한 모습
- be worth the time and effort 시간과 노력이 아깝지 않다
- in the apartment complex 아파트 단지 안의
- a new fish tank 새로운 어항

- renovation 리모델링
- get some help 도움을 받다
- redo the wallpaper 벽지를 다시 하다
- look brand new 완전히 새로워 보이다
- be worth the money 돈이 아깝지 않다
- repaint the building 건물을 다시 칠하다
- rearrange the furniture 가구를 재배치하다
- all in all 대체로

Point Up!

❶ 관용 문구 I remember renovating our apartment 아파트를 리모델링 했던 기억이 나다
I remember renovating our apartment (when we were moving in) a few years back.
몇 년 전 (우리가 이사 들어왔을 때) 아파트를 리모델링 했던 기억이 납니다.

❷ 특수 동사 redo the floors 바닥을 다시 하다
They redid the floors and redid the wallpaper on the walls.
그들은 바닥을 새로 하고 벽의 벽지를 새로 도배했습니다.

❸ 관용 문구 look brand new 완전히 새로워 보이다
The apartment looked brand new.
아파트가 완전히 새 집처럼 보였습니다.

❹ 관용 문구 It is worth the money 돈이 아깝지 않다
It was worth the money.
돈이 아깝지 않았습니다.

❺ 관용 문구 I remember when we bought some new furniture 새로운 가구를 샀던 적이 기억나다
Next, I remember when we bought some new furniture (curtains) for the house.
그 다음으로, 우리가 집에 새로운 가구(커튼)을 사 왔던 때가 기억이 납니다.

❻ 특수 동사 rearrange the furniture 가구를 재배치 하다
We rearranged the furniture in the house.
우리는 집 안의 가구들을 재배치 했습니다.

 아래 해석을 활용하여 나만의 답변을 완성해 보세요.

TRANSLATION

몇 년 전 (우리가 이사 들어왔을 때) 아파트를 리모델링 했던 기억이 납니다.
우리는 전문 리모델링 회사의 도움을 받았습니다.
　　+ 우리는 직접 리모델링을 했습니다.
그들은 바닥을 새로 하고 벽의 벽지를 새로 도배했습니다.
　　+ 그들은 거실 베란다를 확장했습니다.
리모델링을 마치기까지 2주가 걸렸습니다.
리모델링을 마치자, 아파트는 완전히 새 것처럼 보였습니다.
우리는 새로운 모습에 매우 기뻤습니다.
돈을 쓴 만큼의 가치가 있었습니다.
　　+ 또한 시간과 노력을 들인 가치가 있었습니다.
그리고, 저는 우리 아파트 건물을 새로 칠했던 때가 기억납니다.
그들은 아파트 단지의 모든 건물들을 다시 칠했습니다.
칠을 하고 난 후 아파트는 매우 멋져 보였습니다.

그 다음으로, 우리가 집에 새로운 가구(커튼)을 사 왔던 때가 기억이 납니다.
　　+ 우리는 새 소파와 탁자 (식탁/ 화장대)를 구입했습니다.
　　+ 그 다음. 집 안의 가구들을 재배치 했습니다.
　　+ 또, 집에 둘 화분도 몇 개 샀습니다.
　　+ 우리는 어항을 샀습니다.
　　+ 우리는 액자를 사서 벽에 걸었습니다.
　　+ 우리는 가족 사진을 씌워서 거실 먹에 설녔습니다.
전체적으로, 저는 이러한 변화들이 기억납니다.

Q3 실전문제 연습하기

Adv 집에 생길 수 있는 여러 문제점들 묘사

Tell me about the problems that happen at your home. What are those problems? Why do they occur? How do you personally deal with those problems?

[기기 고장 / 기물 파손 / 누수 / 단수 / 벌레 / 곰팡이 / 정전]
There are many problems that can occur at our homes.
First, things may not work properly.
Doors may not open or close well. Doors may also get locked.
Switches may not work properly or light bulbs may go out.
　　　　+ I remember when the lights went out in the bathroom.
　　　　+ I had to get new bulbs and replace the old bulbs.
Next, home appliances or machines at home may break down.
　　　　+ I remember when the heater broke down at my house a few years ago.
　　　　+ It was very cold because we didn't have any heating.
　　　　+ He had to call a repair person to fix it.
And then, something may break at our homes.
Perhaps, dishes may break while you do the dishes.
　　　　+ In fact, I remember breaking a dish while I was doing the dishes recently.
Also, there may be a leakage somewhere.
Water can leak from the pipes (the fridge or the A/C).
　　　　+ I remember when the water leaked from the water cooler last year.
　　　　+ I remember when the water did not come out at my house.
Next, there may be bug problems.
　　　　+ I remember when there were cockroaches in my house.
　　　　+ We had to get rid of them.
Also, there may be mold problems.
　　　　+ I remember when there was mold on the wall at my house long time ago.
　　　　+ We had to redo the wallpaper.
Last of all, there may be a power outage.
If the electricity goes out, everything stops.
　　　　+ I remember when the power went out at my house early this year.
+ There was a short circuit somewhere in the house.
So, there it is. These are the problems that can happen at our homes.

CORE EXPRESSIONS

- not work properly 제대로 작동하지 않다
- go out 나가다
- home appliance 가전 제품
- call a repair person 수리공을 부르다
- leakage 누출
- coackroach 바퀴벌레
- mold on the wall 벽에 곰팡이
- short circuit 누전
- light bulb 전구
- replace the old bulb 오래된 전구를 대체하다
- break down 고장나다
- do the dishes 설거지를 하다
- leak from the water cooler 냉각기에서 물이 새다
- get rid of 없애다
- power outage 정전

Point Up!

❶ 관용 문구 **not work properly** 제대로 작동하지 않다
First, things may not work properly.
첫 번째로, 물건이 제대로 작동하지 않을 수 있습니다.

❷ GET 동사 **get locked** 잠기다
Doors may also get locked.
또 문이 잠길 수도 있습니다.

❸ 구동사 **break down** 고장날 수 있다
Next, home appliances or machies at home may break down.
다음으로는, 가전 제품이나 집안의 기계들이 고장 날 수도 있습니다.

❹ 관용 문구 **call a repair person** 수리공을 부르다
He had to call a repair person to fix it.
그는 보일러를 고칠 수리공을 불러야 했습니다.

❺ 조동사 **may be a leakage** 어디엔가 샐 수 있다
Also, there may be a leakage somewhere.
그리고, 어딘가가 샐 수도 있습니다.

❻ 특수동사 **redo the wallpaper** 도배를 다시 하다
We had to redo the wallpaper.
우리는 도배를 새로 해야 했습니다.

아래 해석을 활용하여 나만의 답변을 완성해 보세요.

TRANSLATION

많은 문제가 집에서 일어날 수 있습니다.
첫 번째로, 물건이 제대로 작동하지 않을 수 있습니다.
문이 잘 닫히거나 열리지 않을 수 있습니다. 또 문이 잠길 수도 있습니다.
스위치가 제대로 작동하지 않거나, 전등이 나갈 수 있습니다.
　+ 저는 화장실 전등이 나갔던 때가 기억납니다.
　+ 새 전등을 사 와서 옛날 전등을 바꿔주어야 했습니다.
다음으로는, 가전 제품이나 집안의 기계들이 고장 날 수도 있습니다.
　+ 저는 몇 년 전 집의 보일러가 고장 났던 때가 기억납니다.
　+ 난방이 되지 않아서 몹시 추웠습니다.
　+ 그는 보일러를 고칠 수리공을 불러야 했습니다.
그리고, 집에서 무언가 파손될 수도 있습니다.
아마도, 설거지를 하다가 접시가 깨질 수 있습니다.
　+ 사실, 저도 최근에 설거지를 하다가 접시를 깼던 기억이 납니다.
그리고, 어딘가가 샐 수도 있습니다.
파이프 (냉장고나 에어컨)에서 물이 샐 수 있습니다.

　+ 저는 작년에 냉각기에서 물이 샜던 것이 기억납니다.
　+ 집에서 물이 안 나왔던 때가 기억납니다.
다음으로, 벌레 문제가 있을 수 있습니다.
　+ 집에 바퀴벌레가 있었던 것이 기억납니다.
　+ 우리는 바퀴벌레를 없애야 했습니다.
또한, 곰팡이 문제가 있을 수 있습니다.
　+ 옛날 우리 집 벽 위에 곰팡이가 있었던 것이 기억납니다.
　+ 우리는 도배를 새로 해야 했습니다.
마지막으로, 정전이 일어날 수 있습니다.
전기가 나가면, 모든 것이 멈춥니다.
　+ 저는 올해 초 우리 집의 전기가 나갔던 것이 기억납니다.
　+ 집 어딘가가 합선이 되었었습니다.
그렇습니다. 이러한 것들이 바로 집에서 생길 수 있는 문제점들입니다.

Level-Up! 한국인의 말하기 취약점 분석

과거 사건이 부족하다.

과거 사건 서술

오픽에서는 과거 시제를 정확히 쓰는 것 만으로도 IH수준의 언어 구사력으로 보고 있다. 그러나 과거 사건에 대해 서술할 때, 거두절미하고 과거시제로 사건을 읊는 것 보다, '과거에 어떠한 사건이 기억난다'로 서술을 시작하는 것이 오픽에서 고득점을 받을 수 있는 팁이다. I remember뒤에 동사의 ing형이 붙으면 '과거에 ~했던 것을 기억하다' 라는 표현이 된다. 혹은 I remember a time when I 뒤에 동사의 과거시제를 붙여서 '과거에 ~했던 때가 기억난다'라고 표현할 수 있다. 이러한 표현들을 잘 활용하면 오픽에서 고득점을 받을 수 있다.

* I remember +ing
* 저는 ~했던 기억이 납니다.

I remember renovating our apartment a few years back.
몇 년 전에 저희 아파트를 수리했던 기억이 납니다.

I remember going to a concert last year.
작년에 콘서트에 갔던 기억이 납니다.

* I remember (a time) when S +V
* 저는 ~했던 때가 기억납니다.

I remember when I spilt coffee all over myself at a coffee shop.
커피숍에서 온 몸에 커피를 엎질렀던 때가 기억납니다.

I remember when I bought a new cell phone a year ago.
일 년 전에 새 휴대전화를 구입했던 때가 기억납니다.

QUIZ

I remember _____ to a birthday party of a close friend.
친한 친구의 생일파티에 갔던 때가 기억납니다.

I remember a _____ when I bumped into an old friend.
오래된 친구를 우연히 만난 것이 기억납니다.

_____ I accidentally spilt coffee all over myself.
실수로 커피를 쏟았던 적이 기억납니다.

 ANSWERS   going / time / I remember a time when

〈ADD-ON〉

HOUSING 집

● 주제에 알맞은 다양한 문항 유형을 알아보세요.

비교 주택 구조 과거-현재 비교

사회 이슈 서술 집 렌트 할 때 겪는 어려움
주택시장 문제점

 다음 질문을 듣고 질문의 키워드를 확인해 보세요.  Ch02A-Q1~2

1 Adv 주택 구조 과거-현재 비교

Houses have changed over the years. How are houses different from in the past?
What kind of materials are used to build new houses?
What are the differences and the similarities? Give me all the details.

수 년 간 주택들은 변화해 왔습니다. 과거와 비교하여 집이 어떻게 달라졌습니까?
신축 주택을 지을 때 어떤 자재들이 사용됩니까?
차이점과 유사점은 무엇입니까? 상세하게 설명해 주십시오.

2 Adv 집 렌트 할 때 겪는 어려움 or 주택시장 문제점

(1) Talk about the problems people have when they rent a house.
   Why do those problems occur and how do people solve those problems?
(2) What are some problems in the housing market in your country?
   How can those problems be solved?

사람들이 집을 임대할 때 겪는 문제점에 대해 설명해 주십시오.
(1) 왜 이런 문제들이 발생합니까? 사람들은 이러한 문제를 어떻게 해결합니까?
(2) 당신이 사는 국가의 주택 시장에는 어떤 문제들이 있습니까?
이러한 문제들을 어떻게 해결할 것인가?

Q1 실전문제 연습하기

Adv 주택 구조 과거-현재 비교

Houses have changed over the years. How are houses different from in the past?
What kind of materials are used to build new houses?
What are the differences and the similarities? Give me all the details.

BEST RESPONSE

First of all, new apartments are built much higher than in the past.
Back in the day, they used to be about 5 to 10 stories high.
But now, many new apartments are a lot taller than that.
Some have more than 50 floors.

Also, old apartments used to be built in the same structure.
But the apartments that are built today have various structures.
Even apartment buildings in the same complex have different layouts.
They have variations like type A, type B, and type C.

Plus, people can customize their apartments these days.
In other words, apartments are custom-made.
There are some options they can pick from.

Overall, these are the differences between apartments in the past and now.

CORE EXPRESSIONS

- first of all 먼저, 첫 째로
- back in the day 예전에는
- used to ~하곤 했었다
- buildings in the same complex 같은 단지의 빌딩들
- customize the apartment 아파트를 맞춤설계 하다
- be built much higher 훨씬 더 높게 지어지다
- 5 to 10 stories high 5층에서 10층 건물
- have various structures 다양한 구조를 가지다
- have variation 변형을 가지다
- custom-made 맞춤형

Point Up!

❶ 관용 문구 be about 5 to 10 stories high 5층에서 10층 정도이다
Back in the day, they used to be about 5 to 10 stories high.
예전에는 5층에서 10층 정도였는데요.

❷ 비교급 be a lot taller than that 그보다 훨씬 높다
But now, many new apartments are a lot taller than that.
지금은 많은 신축 아파트들이 그보다 훨씬 높습니다.

❸ 조동사 used to be built in the same structure 동일한 구조로 지어지곤 했었다
Also, old apartments used to be built in the same structure.
또한, 예전 아파트들은 동일한 구조로 지어지곤 했었습니다.

❹ 관용 문구 have various structures 다양한 구조를 가지다
But the apartments that are built today have various structures.
하지만 오늘날 지어진 아파트들은 다양한 구조를 갖추고 있습니다.

❺ 특수 동사 customize 맞춤설계 하다
Plus, people can customize their apartments these days.
그리고, 요즘 사람들은 아파트를 맞춤 설계 할 수 있습니다.

❻ 합성어 custom-made 맞춤형
In other words, apartments are custom-made.
즉, 아파트가 맞춤형으로 만들어지는 것입니다.

아래 해석을 활용하여 나만의 답변을 완성해 보세요.

TRANSLATION

먼저, 신축 아파트들은 예전보다 훨씬 높게 지어집니다.
예전에는 5층에서 10층 정도였습니다.
지금은 많은 신축 아파트들이 그보다 훨씬 높습니다.
어떤 아파트들은 50층 이상인 경우도 있습니다.

또한, 예전 아파트들은 동일한 구조로 지어지곤 했었습니다.
하지만 오늘날 지어진 아파트들은 다양한 구조를 갖추고 있습니다.
같은 동의 아파트 건물들이라도 설계가 각기 다릅니다.
A타입, B타입, C타입 등으로 되어 있습니다.

그리고, 요즘 사람들은 아파트를 맞춤 설계할 수 있습니다.
즉, 아파트가 맞춤형으로 만들어지는 것입니다.
당신이 고를 수 있는 선택사항들이 몇 가지 있습니다.

정리하자면, 이것이 바로 과거와 현재의 아파트 간의 차이점입니다.

Q2 실전문제 연습하기

Adv 집 렌트 할 때 겪는 어려움 or 주택시장 문제점

(1) Talk about the problems people have when they rent a house. Why do those problems occur and how do people solve those problems?
(2) What are some problems in the housing market in your country? How can those problems be solved?

 **BEST RESPONSE**  Ch02A-A2

[집세 / 크기 / 구조 / 위치 / 집주인 / 교통]

There are many problems that can occur in the housing market.
People can experience various problems when they want to rent a house.
They may have trouble finding a place they like.

First of all, the place may be too small (or too big) for them.
They may want a larger (or smaller) house.
  + Parking may be a problem as well.
  + There may not be enough parking space.
Of course, they may like the house, but the rent may be too high.
They may be looking for a cheaper house.

Next, people may not like the structure of the house.
Also, the location may be a problem as well.
  + Transportation may be a problem.
  + For instance, the house may be too far from the subway station.
Last of all, people may not like the landlord or the landlady.

Overall, finding a house you like is not easy at all.
You have to do your homework and do a lot of legwork to find the right house for you.

CORE EXPRESSIONS

- housing market 주택 시장
- enough parking space 충분한 주차 공간
- structure of the house 집의 구조
- last of all 마지막으로
- be not easy at all 정말 쉽지 않다
- rent a house 집을 임대하다
- rent 임대료
- landlord/landlady 집주인
- overall 전반적으로
- do a lot of legwork 발품을 많이 팔다

Point Up!

① `관용 문구` have trouble finding 찾는 데 어려움을 겪다
They may have trouble finding a place they like.
마음에 드는 집을 찾는 데 어려움을 겪을 수 있습니다.

② `조동사` may be ~일 수 있다
The rent may be too high.
임대료가 너무 높을 수도 있습니다.

③ `관용 문구` may be a problem 위치가 문제가 될 수 있다
The location may be a problem as well.
위치가 문제가 될 수도 있습니다.

④ `동명사 주어` finding a house you like 마음에 드는 집을 찾는 것
Finding a house you like is not easy at all.
마음에 드는 집을 찾는 것은 정말 쉬운 일이 아닙니다.

⑤ `관용 문구` be not easy at all 정말 쉽지 않다
Finding a house you like is not easy at all.
마음에 드는 집을 찾는 것은 정말 쉬운 일이 아닙니다.

⑥ `관용 문구` do your homework and do a lot of legwork 사전 조사를 하고 발품도 많이 팔다
You have to do your homework and do a lot of legwork to find the right house for you.
당신에게 꼭 맞는 집을 찾으려면 사전 조사를 하고 발품도 많이 팔아야 합니다.

아래 해석을 활용하여 나만의 답변을 완성해 보세요.

TRANSLATION

주택시장에서 일어날 수 있는 많은 문제점들이 있습니다.
사람들은 집을 임대하고자 할 때, 다양한 문제들을 겪을 수 있습니다.
마음에 드는 집을 찾는 데 어려움을 겪을 수 있습니다.

먼저, 집이 너무 작거나 (너무 큰) 경우가 있을 수 있습니다.
사람들은 더 큰 (또는 작은) 집을 원할 수 있습니다.
　+ 주차징도 문제가 될 수 있습니다.
　+ 주차 공간이 충분하지 않을 수 있습니다.
물론, 집은 마음에 들지만 임대료가 너무 높을 수도 있습니다.
그러면 더 저렴한 집을 찾게 될 것입니다.

다음으로, 사람들이 집의 구조를 좋아하지 않을 수도 있습니다.
또 위치가 문제가 될 수도 있습니다.
　+ 교통이 문제가 될 수 있습니다.

+ 예를 들면, 집이 지하철 역에서 너무 먼 경우가 있을 수 있습니다.
마지막으로, 집주인이 마음에 들지 않을 수도 있습니다.

정리하자면, 마음에 드는 집을 찾는 것은 정말 쉬운 일이 아닙니다.
당신에게 꼭 맞는 집을 찾으려면 사전 조사를 하고 발품도 많이 팔이야 합니다.

Chapter 03

선택형 주제 | MUSIC 음악 감상하기

● 주제에 알맞은 다양한 문항 유형을 알아보세요.

| 묘사 | 좋아하는 음악 장르/가수 | 서술 | 음악을 언제, 어디서, 왜 듣는지 |

| 과거 경험 | 라이브 음악 들었던 경험 |

다음 질문을 듣고 질문의 키워드를 확인해 보세요.  Ch03-Q1~3

1 [Int] 좋아하는 음악 장르/가수

You indicated that you like to listen to music.
What type of music do you like? Plus, who is your favorite singer or composer?
What is special about his or her music?

당신은 음악을 좋아한다고 했는데요.
어떤 종류의 음악을 좋아 합니까? 또, 좋아하는 가수나 작곡가는 누구입니까?
그 혹은 그녀의 음악에서 특별한 점은 무엇입니까?

2 [Int] 음악을 언제 어디서 듣는지, 왜 듣는지

When and where do you like to listen to music? Why do you listen to music?
언제 어디서 음악을 듣고 싶습니까? 왜 음악을 듣습니까?

3 [Adv] 라이브 음악 들었던 경험

Tell me about a time when you went to listen to some live music.
Perhaps it was at a concert or a live cafe.
What was the mood like and what was special about that experience?

라이브 음악을 들으러 갔던 경험에 대해 설명해 주십시오.
아마도 콘서트나 라이브 카페였을 수 있습니다.
분위기는 어땠나요? 그 경험에서 특별했던 점은 무엇입니까?

Q1 실전문제 연습하기

Int 좋아하는 음악 장르/가수 (비교)

You indicated that you like to listen to music.
What type of music do you like? Plus, who is your favorite singer or composer?
What is special about his or her music?

 **BEST RESPONSE**  Ch03-A1

I don't have a particular genre I like when it comes to music.
I just listen to whatever is big at that point of time.
I listen to songs that top the charts.
It doesn't matter whether it's hip-hop or R&B.
I pretty much listen to everything.
The only type of music I don't like is Rock.
  + pop / ballad / rock / dance / R&B / soul / country music / heavy-metal

As for my favorite singer, I personally like a Korean singer called 이승철 and his music.
He is one of the most well-known singers in Korea. He has tons of hit songs.
  + Among his songs, "Never Ending Story" and "희야" are my favorites.
  + He holds many live concerts and many people go to his concert.
  + He is an amazing singer.
Another band I like is Maroon 5. They are one of the biggest bands in the world.
They have a lot of fans worldwide.
  + Among their songs, "Sugar" and "Payphone" are my favorites.
  + They released a new single recently and it was a big hit.
  + Among the members, I like the main vocalist Adam Levine the best.
  + He has a very nice and unique voice. + He is very good-looking.
I like their songs because of the catchy melody and the lyrics.
Both 이승철 and Maroon 5 are very popular, but their music is different.
  + and their music is very similar
They both have fans in all age groups.
  + The fans of _____ are a little younger.
  + Their fans are mostly girls (guys).
I hope they both become bigger singers in the future.

CORE EXPRESSIONS

- particular 특별한
- whatever is big 유행하는 무엇이든
- songs that top the chart 차트 상위권에 있는 노래
- as for ~에 대해서 말하자면
- well-known 잘 알려진
- amazing 환상적인
- big hit 큰 성공
- catchy 귀를 잡아 끄는
- when it comes to music 음악에 관한 한
- at that point of time 그 때 당시에
- it doesn't matter 상관 없다
- personally like 개인적으로 좋아하다
- tons of 엄청 많은
- release a new single 새로운 싱글을 발표하다
- good-looking 잘 생긴
- in all age groups 모든 연령대에

Point Up!

❶ 연결어 **As for my favorite singer** 좋아하는 가수에 대해 말하자면
As for my favorite singer, I personally like a Korean singer called 이승철 and his music.
좋아하는 가수에 대해 말하자면, 저는 개인적으로 한국 가수인 이승철과 그의 음악을 좋아합니다.

❷ 합성어 **well-known** 잘 알려진
He is one of the most **well-known** singers in Korea.
그는 한국에서 가장 유명한 가수 중 한 명 입니다.

❸ 관용 문구 **tons of** 엄청 많은
He has **tons of** hit songs.
그는 히트곡이 엄청 많답니다.

❹ 최상급 **one of the biggest groups** 가장 유명한 그룹 중 하나
They are **one of the biggest groups** in the world.
그들은 세계적으로 가장 유명한 밴드 중 하나에요.

❺ 형용사 **catchy** 귀를 잡아 끄는
I like their songs because of the **catchy** melody and the lyrics.
저는 귀를 잡아 끄는 멜로디와 가사 때문에 그들의 노래를 좋아합니다.

❻ 관용 문구 **in all age groups** 모든 연령대의
They both have fans **in all age groups**.
둘 다 모든 연령대의 팬을 보유하고 있습니다.

아래 해석을 활용하여 나만의 답변을 완성해 보세요.

TRANSLATION

음악의 경우, 제가 특별히 좋아하는 장르는 없습니다.
저는 무엇이든 그 때 당시에 유행하는 음악을 듣습니다.
저는 차트 상위권에 있는 곡들을 듣습니다.
힙합이건 R&B건 상관 없습니다.
저는 거의 모든 음악을 다 듣습니다.
제가 좋아하지 않은 유일한 장르는 락입니다.
+ 팝/ 발라드/ 락/ 댄스/ R&B/ 소울/ 컨트리 뮤직/ 헤비메탈
좋아하는 가수에 대해 말하자면, 저는 개인적으로 한국 가수인
이승철과 그의 음악을 좋아합니다.
그는 한국에서 가장 잘 유명한 가수 중 한 명입니다. 그는 수많은
히트곡을 보유하고 있습니다.
+ 그의 노래 중에서, 저는 "네버엔딩 스토리"와 "희아"를
좋아합니다.
+ 그는 콘서트를 많이 열고, 많은 사람들이 그의 콘서트에
갑니다.
+ 그는 정말 멋진 가수입니다.
제가 또 좋아하는 밴드는 Maroon 5입니다. 그들은 세계에서 가장
인기 있는 밴드 중 하나입니다.

그들은 전 세계에 팬을 지니고 있습니다.
+ 그들의 노래 중에서, 저는 "Sugar"와 "Payphone"을
좋아합니다.
+ 그들은 최근 새 싱글을 발표했는데 엄청난 히트를
기록했습니다.
+ 저는 멤버들 중에서도 메일 보컬리스트인 Adam Levine 을
가장 좋아합니다.
+ 그는 정말 멋지고 독특한 목소리를 지녔습니다. + 그는 아주
잘생겼습니다.
저는 귀를 잡아 끄는 멜로디와 가사 때문에 그들의 노래를
좋아합니다.
이승철과 Maroon 5 모두 매우 인기가 높지만, 그들의 음악은
다릅니다.
+ 그리고 그들의 음악도 매우 비슷합니다.
그들은 모두 전 연령대에 걸쳐 팬을 보유하고 있습니다.
+ _____의 팬들이 조금 더 연령대가 낮습니다.
+ 그들의 팬은 대부분 여성 (남성)입니다.
저는 그들이 둘 다 앞으로 더욱 높은 인기를 누리길 바랍니다.

Q2 실전문제 연습하기

> **Int** 음악을 언제 어디서 듣는지, 왜 듣는지
>
> When and where do you like to listen to music? Why do you listen to music?

 **BEST RESPONSE**  Ch03-A2

I most often listen to music when I'm on the move.
I always have my cell phone on me, so I can listen to music wherever I am.
  + I plug in my earphones on the subway or the bus.
  + I listen to music when I'm walking on the street.
Plus, I have some music on in the car when I'm driving.
  + Plus, I listen to music when I'm down or when I'm bored.
  + Also, I like to listen to music when I'm studying or reading a book.
  + Next, I like to listen to music when I'm working out at the gym.
  + And then, I have some music on when I'm doing housework.
  + Of course, I have some music on when I go to sleep.
Last of all, when I have to concentrate on something at a noisy place, I normally listen to music.
So, once again, I listen to music wherever I am whenever I want to.

CORE EXPRESSIONS

- on the move 이동 중에
- plug in 꽂다
- be down 기분이 우울하다
- work out 운동하다
- do housework 집안일을 하다
- last of all 마지막으로
- overall 전반적으로

- wherever I am 어디든지
- have music on 음악을 듣다
- be bored 심심하다
- gym 체육관, 헬스장
- normally 보통
- concentrate 집중하다
- whenever I want to 원할 때 언제든지

Point Up!

❶ 관용 문구 **when I'm on the move** 이동 중에
I most often listen to music **when I'm on the move**.
저는 이동 중에 음악을 가장 자주 듣습니다.

❷ 관용 문구 **have my cellphone on me** 항상 휴대전화를 가지고 다니다
I always **have my cell phone on me**, so I can listen to music wherever I am.
저는 항상 휴대전화를 가지고 다니기 때문에, 제가 어디에 있든지 음악을 들을 수 있습니다.

❸ 복합관계부사 **wherever I am** 내가 어디에 있든지
I always have my cell phone on me, so I can listen to music **wherever I am**.
저는 항상 휴대전화를 가지고 다니기 때문에, 제가 어디에 있든지 음악을 들을 수 있습니다.

❹ 관용 문구 **have some music on** 음악을 듣다
I **have some music on** in the car when I'm driving.
그리고 운전할 때 차에서 음악을 듣기도 합니다.

❺ 연결어 **last of all** 마지막으로
Last of all, when I have to concentrate on something at a noisy place, I normally listen to music.
마지막으로, 시끄러운 장소에서 무언가에 집중해야 할 경우, 저는 보통 음악을 듣습니다.

❻ 복합관계부사 **wherever I am, whenever I want to** 언제 어디서든지
I listen to music **wherever I am, whenever I want to**.
저는 언제 어디서건 제가 원할 때에는 음악을 듣습니다.

 아래 해석을 활용하여 나만의 답변을 완성해 보세요

TRANSLATION

저는 이동 중에 음악을 가장 자주 듣습니다.
저는 항상 휴대전화를 가지고 다니기 때문에, 제가 어디에 있든지 음악을 들을 수 있습니다.
　　+ 지하철이나 버스에서는 이어폰을 꽂습니다.
　　+ 거리를 걸을 때 음악을 듣습니다.
그리고 운전을 할 때에도 음악을 듣습니다.
　　+ 그리고, 기분이 우울하거나 지루할 때에도 음악을 듣습니다.
　　+ 또한, 공부를 하거나 책을 읽을 때에도 음악을 즐겨 듣습니다.
　　+ 다음으로, 헬스클럽에서 운동을 할 때에도 음악을 즐겨 듣습니다.
　　+ 그 다음, 저는 집안일을 할 때에도 음악을 켜 둡니다.
　　+ 물론, 잠자리에 들 때에도 음악을 켜 둡니다.
마지막으로, 시끄러운 장소에서 무언가에 집중해야 할 경우, 저는 보통 음악을 듣습니다.
그래서, 다시 한번 말하자면, 저는 언제 어디서건 제가 원할 때에는 음악을 듣습니다.

Q3 실전문제 연습하기

Adv 라이브 음악 들었던 경험 (콘서트, 라이브 카페)

Tell me about a time when you went to listen to some live music.
Perhaps it was at a concert or a live cafe.
What was the mood like and what was special about that experience?

 **BEST RESPONSE**  Ch03-A3

I remember going to a concert with my husband three years ago.
       + wife / friends / cousin / colleagues
It was a concert by a Korean singer (group) called 이승철.
He is one of my favorite signers in Korea.
       + It was a jazz (rock) music festival.
       + Many singers (bands) came to perform.
The overall mood of the concert was very lively.
이승철 sang most of his hit-songs.
The fans were screaming throughout the concert.
There were many special effects that made the concert spectacular.
It was quite overwhelming.

The concert hall was packed with people.
In fact, the concert was completely sold-out.
Looking back, it was one of the best concerts I have been to.
It was worth the money I spent.
I hope to go again if there is a chance.

CORE EXPRESSIONS

- overall mood 전반적인 분위기
- throughout the concert 콘서트 내내
- spectacular 화려한
- be packed with 꽉 차다
- looking back 돌이켜보면
- lively 생기 넘치는
- special effect 특수 효과
- overwhelming 압도적인
- sold-out 매진
- be worth the money 돈이 아깝지 않다

Point Up!

❶ [형용사] **overwhelming** 압도적인
It was quite overwhelming.
제법 압도적인 공연이었습니다.

❷ [관용 문구] **be packed with** 꽉 찼다
The concert hall was packed with people.
공연장은 사람들로 꽉 찼었습니다.

❸ [합성어] **sold-out** 매진
In fact, the concert was completely sold-out.
실제로 공연은 완전히 매진이 되었습니다.

❹ [연결어] **looking back** 되돌아 보니, 돌이켜보면
Looking back, it was one of the best concerts I have been to.
돌이켜보면 그 콘서트는 제가 갔었던 최고의 콘서트 중의 하나였던 것 같습니다.

❺ [최상급] **one of the best concerts** 최고의 콘서트 중 하나
Looking back, it was one of the best concerts I have been to.
돌이켜보면 그 콘서트는 제가 갔었던 최고의 콘서트 중의 하나였던 것 같습니다.

❻ [관용 문구] **be worth the money** 돈이 아깝지 않다
It was worth the money I spent.
쓴 돈이 아깝지 않았습니다.

아래 해석을 활용하여 나만의 답변을 완성해 보세요.

TRANSLATION

저는 3년 전에 남편과 콘서트에 갔던 기억이 납니다.
　　+ 아내/ 친구/ 사촌/ 동료
한국의 이승철이라는 가수 (그룹)의 콘서트였습니다.
그는 제가 좋아하는 한국 가수 중 한 명입니다.
　　+ 그것은 재즈(락) 음악 페스티벌이었습니다.
　　+ 많은 가수들 (밴드)가 공연하러 왔습니다.
콘서트의 전반적 분위기는 매우 생기 넘쳤습니다.
이승철은 자신의 히트곡 대부분을 불렀습니다.
팬들은 콘서트 내내 소리를 질렀습니다.
콘서트를 화려하게 보이도록 하는 특수효과도 많았습니다.

압도적인 공연이었습니다.
공연장은 사람들로 꽉 찼었습니다.
실제로 공연은 완전히 매진이 되었습니다.
돌이켜보면 그 콘서트는 제가 갔었던 최고의 콘서트 중의 하나였습니다.
쓴 돈이 아깝지 않았습니다. 기회가 된다면 다시 한번 가고 싶습니다.

Level-Up! 한국인의 말하기 취약점 분석

연결어가 부족하다.

[일상 생활] 연결어의 강화!

문장과 문장 사이에 다양한 연결어를 쓰는 것은 고득점 획득의 가장 필수 요소 중 하나이다. And, so와 같은 기본적인 연결어를 쓸 수 있지만, 쉬운 연결어를 계속해서 반복하는 것은 오히려 감점요소가 될 수 있다. 여러가지 문장을 나열할 때는 and 대신에 '더불어'나 '또한'의 의미를 가진 next, also, plus, and then 등 다양한 단어를 써서 등급을 상향 조정 시키자.

연결어/접속어 사용

[마무리]

Overall / All in all / Once again
전반적으로 / 정리하자면 / 다시 한번 말하자면

So, there it is. / So, that's how it is.
네, 그렇습니다. / 네, 이와 같습니다.

Looking back / Ever since that incident
돌이켜 보면 / 그 사건 이후로

[순서]

First of all / Next / Also / Plus / And then / Last of all
일단 / 그 다음 / 또한 / 그리고 / 그 다음으로 / 마지막으로

[역접]

However / But now / But these days
그러나 / 하지만 지금은 / 하지만 요즘은

[전환]

On the other hand / Meanwhile
반면에 / 한편

As for + 명사
~에 있어서는

[예시]

For example / For instance +S +V
예를 들어 / 예를 들면 + 주어 + 동사

such as + 명사 + 명사
+ 명사 + 명사와 같은

QUIZ

_____, I listen to music wherever I am whenever I want to.
전반적으로, 저는 제가 원하면 언제 어디서든지 음악을 듣습니다.

_____, summer is extremely hot in Korea.
반면에, 한국의 여름은 아주 덥습니다.

_____, coffee shops are all over the place.
그러나 요즘은 커피숍이 없는 데가 없습니다.

 ANSWERS   Overall / On the other hand / But these days

〈ADD-ON〉
MUSIC 음악 감상하기

● 주제에 알맞은 다양한 문항 유형을 알아보세요.

| 변화 서술 | 음악 즐기게 된 계기, 취향 변화 | 서술 | 요즘 화제가 되는 음악 기기/설비 |

 다음 질문을 듣고 질문의 키워드를 확인해 보세요.  Ch03A-Q1~2

1 [Adv] 음악을 처음 즐기게 된 계기, 취향의 변화
How did you first get interested in music?
What kind of music did you listen to when you were young?
How was that music different from the music you listen to today?
How has your interest in music changed over the years?
어떻게 음악에 처음 관심을 가지게 되었습니까?
어렸을 때는 어떤 음악을 들었습니까?
지금 듣는 음악과 그 음악은 어떻게 다릅니까?
시간이 지나며 음악에 대한 당신의 관심은 어떻게 바뀌었습니까?

2 [Adv] 요즘 화제가 되는 음악 기기/설비
Tell me about some of the new electronic gadgets or equipment related to music.
What kinds of devices are people interested in these days?
음악과 관련된 최신 전자제품이나 장비에 대해 설명해 주십시오.
요즘은 사람들이 어떤 장비에 관심을 갖고 있습니까?

Q1 실전문제 연습하기

Adv 음악을 처음 즐기게 된 계기, 취향의 변화

How did you first get interested in music?
What kind of music did you listen to when you were young?
How was that music different from the music you listen to today?
How has your interest in music changed over the years?

 **BEST RESPONSE**

In my teenage years, I used to listen to a Korean group called 서태지와 아이들 a lot.
They were sensational and everyone listened to their songs.
　　　+ They were legendary in Korea back then.
　　　+ The members were great singers, dancers, and rappers.
　　　+ They even wrote and produced their own songs.
But as I got older, I started to listen to various types of music.
Sometimes, I feel like listening to soft and quiet music.
These songs help me wind down and relax.
　　　+ For instance, I like to listen to _____'s songs.
　　　+ I like to listen to his songs when I'm studying.
On the other hand, I feel like listening to fast and upbeat music from time to time.
These types of songs make me feel good and keep me awake.
　　　+ For example, I like to listen to _____'s songs.
　　　+ I like to listen to their songs when I'm down or gloomy.
Overall, I think I am starting to appreciate a bigger variety of songs as I get older.

CORE EXPRESSIONS

- in my teenage years 중고등학교 시절에
- legendary 전설적인
- wind down and relax 긴장을 풀고 쉬다
- upbeat music 경쾌한 음악
- be down 기분이 울적하다
- variety of songs 다양한 종류의 노래들
- sensational 선풍적인 인기를 누리는
- various types of music 다양한 종류의 음악
- on the other hand 반면에
- from time to time 가끔, 때때로
- be gloomy 마음이 울적하다

Point Up!

❶ [조동사] **used to** ~하곤 했었다
I **used to** listen to a Korean group called 서태지와 아이들 a lot.
서태지와 아이들이라는 한국 그룹의 노래를 정말 많이 듣곤 했습니다.

❷ [관용 문구] **as I get older** 나이가 들면서
But **as I got older**, I started to listen to various types of music.
그러나 저는 나이가 들면서, 다양한 종류의 음악을 듣기 시작했습니다.

❸ [관용 문구] **feel like listening to** ~를 듣고 싶다
Sometimes, I **feel like listening to** soft and quiet music.
가끔씩은 잔잔하고 조용한 노래를 듣고 싶을 때가 있습니다.

❹ [관용 문구] **wind down and relax** 긴장 풀고 쉬다
These songs help me **wind down and relax**.
이런 음악들은 긴장을 풀고 쉬는데 도움을 줍니다.

❺ [연결어] **on the other hand** 반면에
On the other hand, I feel like listening to fast and upbeat music from time to time.
반면에 가끔은 빠르고 경쾌한 음악을 듣고 싶은 기분이 들 때도 있습니다.

❻ [빈도 구문] **from time to time** 가끔, 때때로
On the other hand, I feel like listening to fast and upbeat music **from time to time**.
반면에 가끔은 빠르고 경쾌한 음악을 듣고 싶은 기분이 들 때도 있습니다.

아래 해석을 활용하여 나만의 답변을 완성해 보세요.

TRANSLATION

저는 십대 시절, 서태지와 아이들이라는 한국 그룹의 노래를 정말 많이 듣곤 했습니다.
그들은 폭발적 인기를 누렸고 모두가 그들의 음악을 들었습니다.
  + 그 당시 그들은 한국의 전설이었습니다.
  + 멤버들은 뛰어난 가수, 댄서, 래퍼였습니다.
  + 그들은 심지어 직접 곡을 쓰고 프로듀싱하기도 했습니다.
그러나 저는 나이가 들면서 다양한 종류의 음악을 듣기 시작했습니다.
가끔씩은 잔잔하고 조용한 노래를 듣고 싶을 때가 있습니다.
이런 음악들은 긴장을 풀고 쉬는데 도움을 줍니다.
  + 예를 들면 저는 _____의 노래를 듣는 것을 좋아합니다.
  + 공부할 때 그의 음악을 듣는 것을 좋아합니다.
반면에 가끔은 빠르고 경쾌한 음악을 듣고 싶은 기분이 들 때도 있습니다.
이런 음악들은 기분을 좋게 해주고 잠이 들지 않도록 해준답니다.
  + 예를 들어, _____의 노래를 듣는 것을 좋아합니다.
  + 우울하거나 축 쳐져 있을 때 그들의 노래를 듣는 것을 좋아합니다.
정리하자면, 저는 나이가 들면서 더욱 다양한 종류의 노래들을 이해하기 시작한 것 같습니다.

Q2 실전문제 연습하기

Adv 요즘 화제가 되는 음악 기기/설비

Tell me about some of the new electronic gadgets or equipment related to music. What kinds of devices are people interested in these days?

 **BEST RESPONSE**  Ch03A-A2

The buzzword in the music industry these days is Bluetooth.
Everyone listens to music on their cell phones.
Cell phones have Bluetooth functions on them.
So, you can connect them to all types of devices.
    + You can connect them to your car audios or your audios at home.
    + You can connect them to your Bluetooth headsets or your Bluetooth speakers.
It's very convenient because you don't need any wires.
    + I also use Bluetooth quite often myself to listen to music.
    + I don't use Bluetooth that often myself, but people around me do.
Plus, you always have your phone on you.
So, you don't need to carry around an extra device to listen to music.
Phones have a lot of storage on them, so you can store hundreds of songs.
Many people also use the streaming service to listen to songs.
    + Plus, it's easy to search for songs.
    + Also, you can listen to songs randomly.
    + And then, you can listen to the same song over and over again.
    + Also, you can see the lyrics on the screen while listening to songs.
    + Next, the sound quality is pretty good as well.
So, once again, the hottest items in music are cell phones and Bluetooth technology.

CORE EXPRESSIONS

- buzzword 화두
- all types of devices 모든 종류의 기기
- carry around 가지고 다니다
- storage 저장 용량
- see the lyrics on the screen 화면으로 가사를 보다
- once again 다시 말하자면
- have Bluetooth function on ~에 블루투스 기능을 탑재하다
- convenient 편리한
- extra 별도의
- listen to songs randomly 노래를 무작위로 듣다

Point Up!

❶ 관용 문구 the buzzword in the music industry 음악 산업의 화두
The buzzword in the music industry these days is Bluetooth.
요즘 음악 산업의 화두는 블루투스입니다.

❷ 전치사 on their cell phones 휴대전화로 음악을 듣다
Everyone listens to music on their cell phones.
모든 사람들이 휴대전화로 음악을 듣습니다.

❸ 관용 문구 have Bluetooth functions on ~에 블루투스 기능을 탑재하다
Cell phones have Bluetooth functions on them.
휴대전화에는 블루투스 기능이 탑재되어 있습니다.

❹ 재귀대명사 myself 내 스스로
I also use Bluetooth quite often myself to listen to music.
저 또한 스스로 음악을 들을 때 블루투스를 꽤 자주 사용합니다.

❺ 관용 문구 people around me 내 주변 사람들
I don't use Bluetooth that often myself, but people around me do.
저 스스로 블루투스를 그렇게 자주 쓰는 편은 아니지만, 제 주변 사람들은 사용합니다.

❻ 구동사 carry around 휴대하고 다니다
You don't need to carry around an extra device to listen to music.
음악을 듣기 위한 별도의 장치를 가지고 다니지 않아도 됩니다.

아래 해석을 활용하여 나만의 답변을 완성해 보세요.

TRANSLATION

요즘 음악 산업의 화두는 블루투스입니다.
모든 사람들이 휴대전화로 음악을 듣습니다.
휴대전화에는 블루투스 기능이 탑재되어 있습니다.
그래서, 휴대전화를 모든 종류의 기기에 연결할 수 있습니다.
+ 휴대전화를 카 오디오나 집에 있는 오디오에 연결할 수 있습니다.
+ 블루투스 헤드셋이나 스피커에도 연결할 수 있습니다.
선이 필요 없기 때문에 매우 편리합니다.
+ 저 또한 스스로 음악을 들을 때 블루투스를 꽤 자주 사용합니다.
+ 저 스스로 블루투스를 그렇게 자주 쓰는 편은 아니지만, 제 주변 사람들은 사용합니다.
그리고, 우리는 항상 휴대전화를 가지고 다닙니다.
그래서 음악을 듣기 위한 별도의 장치를 가지고 다니지 않아도 됩니다.
휴대전화의 저장 용량도 크기 때문에, 수백 곡의 노래를 저장할 수 있습니다.
또한 많은 사람들이 음악을 듣기 위해 스트리밍 서비스를 사용하기도 합니다.
+ 게다가, 노래를 검색하기도 쉽습니다.
+ 또한, 노래를 무작위로 들을 수도 있습니다.
+ 그리고, 같은 노래를 여러 번 반복해서 들을 수도 있습니다.
+ 또, 노래를 들으면서 화면으로는 가사를 볼 수도 있습니다.
+ 다음으로, 음질 역시 상당히 뛰어납니다.
그래서 다시 말하자면, 요즘 음악계에서 가장 인기 있는 것은 휴대전화와 블루투스 기술입니다.

Chapter 04 DOMESTIC TRIPS 국내여행

선택형 주제 |

● 주제에 알맞은 다양한 문항 유형을 알아보세요.

묘사 좋아하는 국내여행 장소

서술 최근 방문한 국내 여행지에서 한 일

과거 경험 기억에 남는 국내여행 에피소드

 다음 질문을 듣고 질문의 키워드를 확인해 보세요.  Ch04-Q1~3

1 [Int] 좋아하는 국내여행 장소
You indicated that you like to go on trips domestically.
Tell me about places you like to visit the most.
Why do you like to visit that place?
Describe that location in as much detail as possible.

당신은 국내여행을 좋아한다고 하였습니다.
가장 방문하고 싶은 곳에 대해 설명해 주십시오.
왜 그 장소를 방문하고 싶습니까?
해당 장소를 가능한 자세하게 묘사하세요.

2 [Int] 최근 방문했던 국내 여행지에 가서 무엇을 했는지
Talk about a domestic trip you went on recently.
What did you do there? Who did you go with?
Tell me everything that you did on that trip.

최근에 갔었던 국내여행에 대해 이야기 해 보시오.
그 곳에서 무엇을 했습니까? 누구와 함께 갔습니까?
여행에서 했던 일을 모두 설명해 주십시오.

3 [Adv] 국내여행 중에 기억에 남는 에피소드
Unexpected things can happened on trips.
Talk about an unforgettable or memorable thing that happened on a trip.
Why was the experience special? Give me all the details.

여행 중에 예상치 못했던 일들이 일어날 수 있습니다.
여행 중에 일어난 잊을 수 없는, 또는 기억에 남는 일에 대해 이야기해 보시오.
그 경험이 왜 특별했습니까? 상세하게 설명해 주십시오.

Q1 실전문제 연습하기

Int 좋아하는 국내여행 장소
You indicated that you like to go on trips domestically.
Tell me about places you like to visit the most.
Why do you like to visit that place?
Describe that location in as much detail as possible.

 BEST RESPONSE  Ch04-A1

Korea is a peninsula, so there are many beaches in our country.
Some beaches are popular vacation spots, and the coastline is very scenic.
People often go on vacations to coastal areas.
    + In fact, I went to the beach for my vacation with my family last year.

Next, there are many mountains in Korea.
In fact, 70 percent of Korea is mountains.
    Many people like to go hiking or camping to the mountains.
    I like to go hiking (go camping) off and on myself.
    + In fact, I went hiking last weekend with my family.
    + It felt very refreshing to breathe in the fresh air in the mountains.

Last of all, there are many rivers and lakes in Korea.
There are various riverside and lakeside resorts and hotels.
I also go to these places for my vacations from time to time.
Overall, these are the places I go to when I go on trips.

CORE EXPRESSIONS

- peninsula 반도
- coastline 해안선
- go on a vacation 휴가를 가다
- go hiking 하이킹을 가다
- riverside 강가, 강변의
- from time to time 가끔, 때때로
- popular vacation spot 인기 있는 휴양지
- scenic 경치가 좋은
- coastal area 해안 지역
- off and on 때때로, 가끔
- lakeside 호숫가

Point Up!

❶ 관용 문구 popular vacation spots 인기 있는 휴양지
Some beaches are popular vacation spots.
몇몇 해변은 아주 인기 있는 휴양지입니다.

❷ 형용사 scenic 경치가 좋은
The coastline is very scenic.
해안선이 매우 아름답습니다.

❸ 관용 문구 go on vacations 휴가를 가다
People often go on vacations to coastal areas.
사람들은 해안 지역으로 휴가를 종종 떠납니다.

❹ 빈도 구문 off and on 때때로, 가끔
I like to go hiking (go camping) off and on myself.
저도 가끔씩 스스로 등산 (캠핑)을 가는 것을 좋아합니다.

❺ 재귀대명사 myself 내 스스로
I like to go hiking (go camping) off and on myself.
저도 가끔씩 스스로 등산 (캠핑)을 가는 것을 좋아합니다.

❻ 빈도 구문 from time to time 가끔, 때때로
I also go to these places for my vacations from time to time.
저 또한 가끔은 휴가를 보내러 이런 곳에 가기도 합니다.

아래 해석을 활용하여 나만의 답변을 완성해 보세요.

TRANSLATION

한국은 반도지형이기 때문에 우리나라에는 해변이 많이 있습니다.
몇몇 해변은 아주 인기 있는 휴양지입니다. 해안선이 매우 아름답습니다.
이런 지형 때문에 사람들은 해안지역으로 휴가를 종종 떠납니다.
　+ 실제로 저는 작년에 가족과 함께 해변으로 휴가를 다녀왔습니다.

다음으로, 한국에는 산이 많습니다.
사실, 한국의 70퍼센트는 산악지대입니다.
많은 사람들이 산으로 등산이나 캠핑 가는 것을 좋아합니다.
저도 가끔씩 스스로 등산 (캠핑)을 가는 것을 좋아합니다.
　+ 사실, 저는 지난 주에 가족과 등산을 다녀 왔습니다.
　+ 산의 신선한 공기를 마시고 기분이 매우 상쾌해졌습니다.

마지막으로, 한국에는 산과 호수가 많습니다.
강변과 호숫가에는 다양한 리조트와 호텔들이 있습니다.
저 또한 가끔은 휴가를 보내러 이런 곳에 가기도 합니다.
전반적으로, 이 장소들이 제가 여행을 갈 때 가는 장소들입니다.

Q2 실전문제 연습하기

Int 최근 방문했던 국내 여행지에 가서 무엇을 했는지

Talk about a domestic trip you went on recently.
What did you do there? Who did you go with?
Tell me everything that you did on that trip.

 **BEST RESPONSE**  Ch04-A2

I remember going to the beach for a vacation with my family two years ago.
　　　　+ with my friends / with my parents / with my boyfriend / girlfriend
　　　　+ last year / this summer / several years ago
We went to the beach on the East (West/South) coast of Korea.
We stayed at a beachside hotel (cabin).
The place had a great ocean view.
We stayed there for three days.

During the day, we swam in the ocean and played with the sand on the beach.
We also took a lot of pictures and posted them up online on the spot.
　　　　+ We went out on a boat (to fish).
　　　　+ We also did a lot of water sports.
In the evening, we went out for some seafood.
We ate some raw fish and shellfish.
We also drank a little while having the meal.
The food tasted extra good because we ate right in front of the beach.
At night, we took a walk along the beach and played with some firecrackers.

Overall, I enjoyed every minute of that vacation at the beach.

CORE EXPRESSIONS

- east coast 동해안
- cabin 펜션, 오두막
- during the day 낮에는, 낮 동안
- on the beach 모래사장 위에서
- on the spot 그 자리에서
- go out 외출하다, 나가다
- shellfish 어패류
- right in front of the beach 바닷가 바로 앞에서
- take a walk along the beach 바닷가를 따라서 산책하다
- enjoy every minute 일분 일초를 즐기다

- beachside hotel 바닷가 근처의 호텔
- ocean view 바다가 보이는 전망
- swim in the ocean 바다에서 수영하다
- post up online 온라인에 올리다
- in the evening 저녁에
- raw fish 회
- taste extra good 유난히 더 맛있다
- at night 밤에
- play with firecrackers 폭죽놀이를 하다

Point Up!

❶ 전치사 on the beach 모래사장 위에서
During the day, we swam in the ocean and played with the sand on the beach.
낮에는 바다에서 수영을 하거나 모래사장 위에서 모래를 가지고 놀았습니다.

❷ 관용 문구 on the spot 그 자리에서 바로 온라인에 올리다
We also took a lot of pictures and posted them up online on the spot.
사진도 많이 찍어서 그 자리에서 온라인에 바로 올렸습니다.

❸ 관용 문구 the food taste extra good 음식이 유난히 맛있다
The food tasted extra good because we ate right in front of the beach.
바다 바로 앞에서 식사를 해서 음식이 유난히 더 맛있었습니다.

❹ 전치사 right in front of the beach 바닷가 바로 앞에서
The food tasted extra good because we ate right in front of the beach.
바다 바로 앞에서 식사를 해서 음식이 유난히 더 맛있었습니다.

❺ 전치사 along the beach 해변가를 따라
At night, we took a walk along the beach and played with some firecrackers.
밤에는 해변가를 따라 산책하고 폭죽 놀이를 했습니다.

❻ 관용 문구 enjoy every minute 일분 일초를 즐기다
Overall, I enjoyed every minute of that vacation at the beach.
전반적으로 그 해변에서 즐긴 휴가는 일분 일초가 모두 즐거웠습니다.

아래 해석을 활용하여 나만의 답변을 완성해 보세요.

TRANSLATION

2년 전에 가족끼리 휴가 때 해변을 갔던 기억이 납니다.
   + 친구들과 / 부모님과 / 남자친구/ 여자친구와
   + 작년에 / 이번 여름에 / 몇 년 전에
동해안(서해안/남해안) 쪽의 해변에 갔습니다.
바닷가 근처의 호텔(객실)에서 머물렀습니다.
멋진 바다 전망이 보이는 곳이었습니다.
우리는 그 곳에서 3일 동안 머물렀습니다.

낮 동안에는 바다에서 수영을 하거나 모래사장 위에서 모래를 가지고 놀았습니다.
사진도 많이 찍어서 그 자리에서 온라인에 바로 올렸습니다.
   + 우리는 배를 타러 갔습니다. (낚시하러)
   + 또 수상 스포츠도 많이 했습니다.
저녁에는 해산물을 먹으러 갔습니다.
회와 어패류를 먹었습니다.

또 식사를 하며 술도 조금 마셨습니다.
바다 바로 앞에서 식사를 해서 음식이 유난히 더 맛있었습니다.
밤에는 해변가를 따라 산책하고 폭죽 놀이를 했습니다.

전반적으로, 해변에서 보냈던 그 휴가는 일분일초가 모두 즐거웠습니다.

Q3-1 실전문제 연습하기

Adv 국내여행 중에 기억에 남는 에피소드

Unexpected things can happened on trips.
Talk about an unforgettable or memorable thing that happened on a trip.
Why was the experience special? Give me all the details.

 **BEST RESPONSE**

 Ch04-A3-1

[어딘가를 다친 경험]
I remember hurting my ankle during a trip a few years ago.
I twisted (sprained) my ankle walking down the stairs.
      + finger / toe / wrist / knee / elbow / arm / shoulder / neck / back / forehead
      + I got a cut on my forehead.
      + I cut my finger on a knife while I was cooking.
      + I burnt my hand while I was cooking something.
It was so painful and I nearly cried.
      + I got a huge bruise on my knee.
      + My ankle swelled up a lot.
      + It was bleeding a lot.
      + I got a blister on my finger.
I went to the pharmacy (the doctor) immediately.
Fortunately, I didn't break a bone, but I had to put a bandage around my ankle.
      + Unfortunately, I broke a bone, and I had to get a cast on my ankle.
I took (applied) some medicine to ease the pain and make it heal faster.
      + I put an ice pack on it.
      + I had to get it stitched up.
      + I cleaned the cut and put a band-aid on it.
I couldn't move my ankle properly during the entire vacation.
It was one of the worst vacations in my life.

CORE EXPRESSIONS

- twist ankle 발목을 접지르다
- walk down the stairs 계단을 내려가다
- get a huge bruise 멍이 크게 들다
- bleed 피를 흘리다
- pharmacy 약국
- fortunately 다행스럽게도
- put a bandage 붕대를 감다
- ease the pain 고통을 줄이다
- put a band-aid 반창고를 붙이다

- sprain ankle 발목을 접지르다
- get a cut 베이다
- get a blister 물집 잡히다
- swell up 부어 오르다
- immediately 즉시
- break a bone 뼈가 부러지다
- get a cast 깁스를 하다
- get it stitched up 꿰매다
- move properly 제대로 움직이다

Point Up!

❶ 관용 문구 **walking down the stairs** 계단을 내려가면서
I twisted (sprained) my ankle **walking down the stairs**.
저는 계단을 내려가다가 발목을 접질렸습니다. (삐었습니다.)

❷ 관용 문구 **go to the doctor** 병원에 가다
I **went to the doctor** / pharmacy immediately
저는 즉시 약국에 (병원에) 갔습니다.

❸ 부사 **painful** 고통스러운
It was so **painful** and I nearly cried.
너무 아파서 눈물이 핑돌았다.

❹ 관용 문구 **put a bandage around my ankle** 발목에 붕대를 감다
Fortunately, I didn't break a bone, but I had to **put a bandage around my ankle**.
다행히도 뼈가 부러진 것은 아니었지만, 발목에 붕대를 감아야 했습니다.

❺ 조동사 **cannot move my ankle properly** 발목을 제대로 움직일 수 없다
I **couldn't move my ankle properly** during the entire vacation.
휴가 내내 발목을 제대로 움직일 수가 없었습니다.

❻ 최상급 **one of the worst vacations** 최악의 휴가 중 하나
It was **one of the worst vacations** in my life.
제 인생 최악의 휴가 중 하나였습니다.

아래 해석을 활용하여 나만의 답변을 완성해 보세요.

TRANSLATION

몇 해 전 휴가 중에 발목을 다쳤던 것이 기억납니다.
저는 계단을 내려가다가 발목을 접질렸습니다. (삐었습니다.)
  + 손가락 / 발가락 / 손목 / 무릎 / 팔꿈치 / 팔 / 어깨 / 목 / 등 / 이마
  + 이마에 상처가 났습니다.
  + 요리를 하다가 손가락을 베었습니다.
  + 뭔가 요리를 하다가 손을 데었습니다.
너무 아파서 거의 울 뻔 했습니다.
  + 증상 무릎에 큰 멍이 들었습니다.
  + 증상 발목이 많이 부었습니다.
  + 피가 많이 났습니다
  + 손가락에 물집이 잡혔습니다.
저는 즉시 약국에 (병원에) 갔습니다.
다행히도 뼈가 부러진 것은 아니었지만, 발목에 붕대를 감아야 했습니다.

  + 불행히도 뼈가 부러져서 발목에 깁스를 해야 했습니다.
통증을 완화하고 더 빨리 낫도록 하기 위해 약을 먹었습니다. (발랐습니다)
  + 저는 상처 위에 얼음찜질을 했습니다.
  + 상처를 꿰매야 했습니다.
  + 상처를 소독하고 위에 반창고를 붙였습니다.
휴가 기간 내내 발목을 제대로 움직일 수가 없었습니다.
제 인생 최악의 휴가 중 하나였습니다.

Q3-2 실전문제 연습하기

> **Adv** 국내여행 중에 기억에 남는 에피소드
> Unexpected things can happened on trips.
> Talk about an unforgettable or memorable thing that happened on a trip.
> Why was the experience special? Give me all the details.

 **BEST RESPONSE**  Ch04-A3-2

[음식 때문에 고생한 경험]
I remember when I ate something wrong at the beach a few years ago.
　　　+ I ate too fast while having dinner
　　　+ I ate food that was undercooked.
　　　+ I drank too much and got drunk.
　　　+ I ate some seafood that went bad.
　　　+ soup + stew + shellfish + raw fish + oysters
I had a stomachache and I felt like throwing up.
　　　+ I even threw up several times.
　　　+ I had the runs and I had to go to the bathroom many times.
　　　+ I got the stomach flu.
I couldn't do anything because I felt sick.
I went to the pharmacy (doctor) to get some medicine.
The pharmacist (doctor) said I had food poisoning.
　　　+ indigestion + allergies + the stomach flu
I took some medicine to get better.
I just had to stay inside and get some rest.
Looking back, it was one of the worst vacations in my life.

CORE EXPRESSIONS

- eat something wrong 무언가를 잘못 먹다
- seafood that went bad 상한 해산물
- have a stomachache 복통이 있다
- have the runs 설사하다
- have food poisoning 식중독에 걸리다
- allergy 알레르기
- food that is undercooked 덜 익은 음식
- oyster 굴
- throw up 토하다
- get the stomach flu 장염, 위장염에 걸리다
- indigestion 소화불량
- stay inside 실내에 머무르다

Point Up!

❶ 관용 문구 **eat something wrong** 무언가를 잘못 먹다
I remember when I ate something wrong at the beach a few years ago.
몇 년 전 여행 중에 무언가 잘못 먹었던 때가 기억납니다.

❷ 관용 문구 **go bad** 상하다
I ate some seafood that went bad.
상한 해산물을 먹었습니다.

❸ 관용 문구 **feel like throwing up** 토할 것 같다
I felt like throwing up.
토할 것 같았습니다.

❹ 관용 문구 **have food poisoning** 식중독에 걸리다
The pharmacist (doctor) said I had food poisoning.
약사 (의사)는 제가 식중독에 걸렸다고 말했습니다.

❺ GET 동사 **get some rest** 휴식을 취하다
I just had to stay inside and get some rest.
실내에 있으며 휴식을 취할 수 밖에 없었습니다.

❻ 최상급 **one of the worst vacations** 최악의 휴가 중 하나
Looking back, it was one of the worst vacations in my life.
돌이켜 보니, 제 인생 최악의 휴가 중 하나였습니다.

아래 해석을 활용하여 나만의 답변을 완성해 보세요.

TRANSLATION

몇 년 전 여행 중에 무언가 잘못 먹었던 때가 기억납니다.
　＋ 저녁 식사 때 너무 빨리 먹었습니다.
　＋ 덜 익은 음식을 먹었습니다.
　＋ 술을 너무 많이 마시고 취해 버렸습니다.
　＋ 상한 해산물을 먹었습니다.
　＋ 국 ＋ 찌개 ＋ 조개 ＋ 회 ＋ 굴
저는 복통을 일으켰고 토할 것 같았습니다.
　＋ 몇 번씩 토하기까지 했습니다.
　＋ 설사가 와서 화장실에 여러 번 가야 했습니다.
　＋ 위장염에 걸렸습니다.
아파서 아무것도 할 수 없었습니다.
저는 약을 사러 약국 (병원)에 갔습니다.
약사 (의사)는 제가 식중독에 걸렸다고 말했습니다.
　＋ 소화불량 ＋ 알레르기 ＋ 위장염
저는 회복을 위해 약을 먹었습니다.
실내에 있으며 휴식을 취할 수 밖에 없었습니다.
돌이켜 보니, 제 인생 최악의 휴가 중 하나였습니다.

Level-Up! 한국인의 말하기 취약점 분석

최상급 표현이 부족하다.

one of the 최상급 + 복수 명사

강조를 할 때 최상급을 쓰는 것은 AL등급의 기본 요건 중 하나이다. 최상급을 쓸 때 앞에 'one of the~'를 붙이면 우리말로 '가장 ~한 것 중 하나'라는 의미이며, "one of the 최상급 + 복수 명사"의 형태로 써야 한다. 명사는 꼭 복수명사를 써야 하는 데, '여러개 중 가장 ~한 하나'를 가리키기 때문이다. 최상급 표현을 정확히 사용해 고득점을 받을 수 있도록 해보자.

It was **one of the worst** vacations in my life.
내 인생 최악의 휴가 중에 하나였습니다.

It was **one of the best** movies I have seen in years.
내가 최근 몇 년 사이 본 최고의 영화 중에 하나였습니다.

It has grown to become **one of the largest** companies in the world.
전 세계에서 가장 큰 회사 중 하나로 거듭났습니다.

He is **one of the most** well-known singers in Korea.
한국에서 가장 잘 알려진 가수 중에 하나입니다.

It **was one of the best** concerts I have been to.
내가 지금까지 가본 콘서트 중에서 최고의 콘서트였습니다.

Taking a walk is **one of the easiest** ways to get some exercise.
산책을 하는 것은 운동이 되게 할 수 있는 가장 쉬운 방법 중에 하나입니다.

QUIZ

They are _____ groups in the world.
그들은 세계적으로 가장 유명한 밴드 중 하나에요.

He is _____ famous singers in Korea.
한국에서 가장 유명한 가수 중 한 명입니다.

It was _____ memorable movies I have watched in my life.
제 인생에서 봤던 영화 중 가장 기억에 남는 영화라고 할 수 있겠습니다.

 **ANSWERS**   one of the biggest / one of the most / one of the most

Chapter 05

선택형 주제 |
BARS 술집/바에 가기

● 주제에 알맞은 다양한 문항 유형을 알아보세요.

| 묘사 | 술집 묘사 |
| 묘사 | 바 공간 묘사 |

| 서술 | 술집에 언제 가는지, 뭐 하는지 |
| 과거 경험 | 술집/바에 있었던 에피소드 |

 다음 질문을 듣고 질문의 키워드를 확인해 보세요.  Ch05-Q1~4

1 [Int] 본인이 즐겨가는 집/바 묘사
You indicated that you go to bars. Describe the bar you go to most often. Tell me everything about that place in detail.
당신은 술집에 간다고 했습니다. 가장 자주 찾는 술집을 묘사해 보시오.
해당 장소를 매우 상세하게 설명해 주십시오.

2 [Int] 바 공간 묘사
Describe the bar area at the bar you go to. What does it look like? What is special about that area? Give me all the details.
당신이 가는 술집의 바 공간을 묘사해 보시오. 어떻게 생겼습니까?
바 공간에서 특별한 점은 무엇입니까? 상세히 설명해 주십시오.

3 [Int] 술집/바에 주로 언제 가는지, 가서 무엇을 하는지
Tell me about what people normally do at bars. What do you personally do there? Who do you normally go with? Tell me everything about your experience of going to bars.
사람들이 보통 술집에서 무엇을 하는지 설명해 주십시오.
당신은 개인적으로 술집에서 무엇을 합니까? 보통 누구와 함께 갑니까?
바에 가서 있었던 경험에 대해 상세히 설명해 주십시오.

4 [Adv] 술집/바에 있었던 에피소드
Tell me about a memorable incident that happened at a bar. What exactly happened and why was it special? Tell me everything about that drinking experience at the bar that day.
술집에서 있었던 기억에 남는 사건에 대해 이야기해 보시오.
정확히 어떤 일이 일어났으며, 왜 그 일이 특별했습니까?
그 날 술집에서 술을 마신 경험에 대해 상세히 설명해 주십시오.

Q1 실전문제 연습하기

Int 본인이 즐겨가는 집/바 묘사

You indicated that you go to bars. Describe the bar you go to most often. Tell me everything about that place in detail.

 **BEST RESPONSE**  Ch05-A1

Bars are everywhere in Korea these days.
Many bars are on busy streets with a lot of foot traffic.
They are concentrated near subway stations or universities.

First of all, there are typical Korean bars that serve a Korean drink called soju.
Next, there are typical western bars that serve hard liquor such as Whiskey.
And then, there are pubs that serve beer.
　　　　+ They serve both bottled beer and draft beer.
Plus, there are Japanese places that serve sake and kebab.

I personally like going to a traditional Korean bar.
They serve various flavors of Korean rice wine called makgeolli there.
I know the owner (the staff) pretty well because I'm a regular there.
　　　　+ I like going there because I like the food and the mood at that bar.
　　　　+ It has a great view and the staff are very friendly.
　　　　+ The drinks taste great and it's cheaper than other bars.

I also like to go to another bar near my office.
It's a fancy pub that serves various beer from all over the world.
The fried chicken tastes amazing (incredible) there.
　　　　+ It's a Japanese bar that serves raw fish and kebab as the main dish.
　　　　+ It's a tent bar on the street. + I order beer and soju when I go there.

So, these are the two bars I go to pretty often.

CORE EXPRESSIONS

- be everywhere 모든 곳에, 어디나 있다
- a lot of foot traffic 유동인구가 많은
- first of all 먼저, 첫째로
- serve 제공하다, 팔다
- hard liquor 양주
- sake and kebab 사케와 꼬치구이
- know the owner pretty well 주인을 잘 알다
- taste amazing (incredible) 놀랄만큼 맛있다
- on busy streets 번화가에
- be concentrated near ~근처에 밀집하다
- typical Korean bar 일반적인 한국 술집
- a Korean drink called soju 소주라 부르는 한국 술
- bottled beer and draft beer 병맥주와 생맥주
- personally like 개인적으로 좋아하다
- be a regular 단골이다
- tent bar on the street 포장마차

Point Up!

❶ 관용 문구 bars are everywhere 어디에나 술집이 있다
Bars are everywhere in Korea these days.
요즘 우리나라에는 어디에나 술집이 있습니다.

❷ 관용 문구 on busy streets with a lot of foot traffic 유동인구가 많은 번화가에
Many bars are **on busy streets with a lot of foot traffic**.
술집들은 유동인구가 많은 번화가에 많습니다.

❸ 수동태 be concentrate near ~근처에 밀집되어 있다
They **are concentrated near** subway stations or universities.
지하철역이나 대학교 근처에 밀집되어 있습니다.

❹ 연결어 such as ~와 같은
There are typical western bars that serve hard liquor **such as** Whiskey.
위스키와 같은 양주를 파는 일반적인 웨스턴 바가 있습니다.

❺ 관용 문구 serve beer 맥주를 팔다
There are pubs that **serve beer**.
맥주를 파는 호프집들이 있습니다.

❻ 부사 personally 개인적으로
I **personally** like going to a traditional Korean bar.
개인적으로 저는 전통 한국 주점에 가는 것을 좋아합니다.

아래 해석을 활용하여 나만의 답변을 완성해 보세요.

TRANSLATION

요즘 우리나라에는 어디에나 술집이 있습니다.
술집들은 유동인구가 많은 번화가에 많습니다. 지하철역이나 대학교 근처에 밀집되어 있습니다.

먼저, 한국 술인 소주를 파는 일반적인 한국식 술집들이 있습니다.
다음으로, 위스키와 같은 양주를 파는 일반적인 웨스턴 바가 있습니다.
그리고, 맥주를 파는 호프집들이 있습니다.
 + 호프집에서는 병맥주와 생맥주를 모두 판매합니다.
또한, 사케와 꼬치구이를 파는 일본식 선술집이 있습니다.
개인적으로 저는 전통 한국 주점에 가는 것을 좋아합니다.
주점에서는 다양한 맛의 한국식 쌀 발효주인 막걸리를 판매합니다.

제가 그 곳의 단골이라 저는 술집 주인 (직원)을 잘 알고 있습니다.
 + 저는 그 술집의 음식과 분위기가 마음에 들어서 그 곳을 즐겨 찾습니다.
 + 전망이 좋고 직원들도 매우 친절합니다.
 + 술 맛이 훌륭하고 다른 술집보다 가격이 저렴합니다.

또한 저는 직장 근처의 다른 술집에 가는 것도 좋아합니다.
그 곳은 전 세계의 다양한 맥주들을 판매하는 근사한 호프집입니다.
그 집의 치킨은 정말 맛있습니다. (훌륭합니다.)
 + 그 곳은 회와 꼬치구이를 주 요리로 하는 일식 주점입니다.
 + 그 곳은 길거리 포장마차입니다.
 + 저는 거기에 가면 맥주와 소주를 주문합니다.

그래서, 이 두 술집이 제가 자주 가는 곳입니다.

Q2 실전문제 연습하기

Int 바 공간 묘사

Describe the bar area at the bar you go to. What does it look like? What is special about that area? Give me all the details.

Ch05-A2

I go to Korean bars most often.
At the bar I go to, there is no separate bar area.
They make the food and drinks inside the kitchen.
So, you can't see the bar area.
Most of the bars in Korea are like this.
So, I really don't have much to say about this topic.

CORE EXPRESSIONS

- most often 가장 자주
- bar area 바 공간
- inside the kitchen 부엌 안에서

Point Up!

❶ 전치사 at the bar I go to 내가 가는 술집에는
At the bar I go to, there is no separate bar area.
제가 가는 술집에는, 별도의 바 공간이 없습니다.

❷ 관용 문구 most ... are like this 대부분의 ~는 이렇다
Most of the bars in Korea are like this.
대부분의 한국 술집은 이와 비슷합니다.

❸ 관용 문구 not have much to say about this topic 이 주제에 대해 말할게 별로 없다
So, I really **don't have much to say about this topic**.
그래서, 저는 이 주제에 대해서는 별로 말할 내용이 없습니다.

아래 해석을 활용하여 나만의 답변을 완성해 보세요.

TRANSLATION

저는 한국 전통주점에 가장 자주 갑니다.
제가 가는 술집에는, 별도의 바 공간이 없습니다.
음식과 술을 주방 안에서 만들어서, 바를 볼 수가 없습니다.
대부분의 한국 술집은 이와 비슷합니다.
그래서, 저는 이 주제에 대해서는 별로 말할 내용이 없습니다.

Q3 실전문제 연습하기

> **Int** 술집/바에 주로 언제 가는지, 가서 무엇을 하는지
>
> Tell me about what people normally do at bars.
> What do you personally do there? Who do you normally go with?
> Tell me everything about your experience of going to bars.

 **BEST RESPONSE**  Ch05-A3

I typically go to bars for social gatherings.
My friends and I normally grab some drinks with some side dishes.
Drinks help to break the ice.
We sometimes play drinking games to spice up the mood.
We also go from one bar to another to do several rounds.
We end up drinking until late at night sometimes.

Plus, we also have staff-dinners or after-parties at bars.
It's a great chance to bond with colleagues or classmates.

I also go to bars for special occasions such as birthday parties.
　　　+ farewell/welcome parties + year-end parties + New Year parties
I can't drink that well, so I always try to watch how much I drink.
　　　+ I am a pretty good drinker, so I can drink a lot.
　　　+ I am an okay drinker, and I like the mood at bars.
Overall, I commonly go to bars to hang out with friends or colleagues.

CORE EXPRESSIONS

- typically 보통
- normally 보통
- break the ice 어색함을 깨다
- spice up the mood 분위기를 띄우다
- do several rounds 몇 차를 가다
- until late at night 밤 늦게 까지
- after-party 뒷풀이
- bond with 유대감을 형성하다, 친하게 지내다
- special occasion 특별한 경우
- welcome party 환영회
- new year party 신년회
- be a good drinker 술을 잘 먹는다
- hang out with friends 친구들과 어울리다

- social gathering 친목회, 모임
- grab some drinks 몇 잔 마시다
- play drinking games 술게임을 하다
- go from one bar to another 한 술집에서 다른 곳으로 가다
- end up 결국 ~하다
- staff-dinner 직원 회식
- be a great chance 좋은 기회이다
- colleague 동료
- farewell party 송별회
- year-end party 송년회
- can't drink well 술을 잘 못마시다
- commonly 보통

Point Up!

❶ 관용 문구 social gatherings 친구들 모임
I typically go to bars for social gatherings.
저는 보통 모임을 가지러 술집에 갑니다.

❷ 관용 문구 break the ice 어색함을 깨다
Drinks help to break the ice.
술은 어색함을 없애는데 도움이 됩니다.

❸ 관용 문구 spice up the mood 분위기를 띄우다
We sometimes play drinking games to spice up the mood.
우리는 가끔 분위기를 띄우기 위해 술자리 게임을 합니다.

❹ 관용 문구 until late at night 밤 늦게까지
We end up drinking until late at night sometimes.
가끔씩은 밤 늦게까지 술을 마시게 되는 경우도 있습니다.

❺ 합성어 staff-dinners or after-parties 직원 회식 혹은 뒷풀이
We also have staff-dinners or after-parties at bars.
우리는 직원 회식이나 뒷풀이도 술집에서 합니다.

❻ 관용 문구 hang out with friends 친구들과 어울리다
I commonly go to bars to hang out with friends or colleagues.
저는 보통 친구들이나 직장 동료와 어울리기 위해 술집에 갑니다.

아래 해석을 활용하여 나만의 답변을 완성해 보세요.

TRANSLATION

저는 보통 모임을 가지러 술집에 갑니다.
친구들과 저는 보통 안주 몇 가지와 술을 마십니다.
술은 어색함을 없애는데 도움이 됩니다.
우리는 가끔 분위기를 띄우기 위해 술자리 게임을 합니다.
또 1차 이상 술을 마시기 위해 이 술집에서 다른 술집으로 가기도 합니다.
가끔씩은 밤 늦게까지 술을 마시게 되는 경우도 있습니다.

또 우리는 직원 회식이나 뒷풀이도 술집에서 합니다
직장 동료나 학교 친구들과 친해질 수 있는 좋은 기회입니다.

그리고 저는 생일 파티 등 특별한 경우에도 술집에 갑니다.
　　　+ 송별/ 환영 파티　+ 송년회　+ 신년회
저는 술을 잘 못 마시는 편이라서, 제가 얼마나 마시는지 항상 조심하고 있습니다.
　　　+ 저는 주량이 세서, 술을 많이 마실 수 있습니다.
　　　+ 저는 주량이 보통이고, 술집의 분위기를 좋아합니다.
전반적으로, 저는 보통 친구들이나 직장 동료와 어울리기 위해 술집에 갑니다.

Q4 실전문제 연습하기

Adv 술집/바에 있었던 에피소드

Tell me about a memorable incident that happened at a bar.
What exactly happened and why was it special?
Tell me everything about that drinking experience at the bar that day.

BEST RESPONSE

Ch05-A4

I remember having a staff dinner at a bar several weeks ago.
   + a gathering with my friends
   + a farewell party for my co-worker
   + a year-end party
   + an after-party of an event
   + a birthday party of a close friend
   + my birthday party with some close friends
It was held at a traditional Korean bar.
   + a western bar / a Japanese bar / a fancy pub / a wine bar / a tent bar

We ordered a combo dish with various types of side dishes.
The food and drinks tasted extra good that day, because the mood was very good.

As for drinks, we drank traditional Korean rice wine called makgeolli.
   + soju and beer / red wine / draft beer / sake / Whisky / cocktails
We ended up drinking quite a lot that day.
   + We even went to a karaoke after that.
I got a bit drunk actually I drank too much.
   + I got completely drunk because I drank on an empty stomach.
   + I got drunk pretty fast because I drank too fast.
   + I felt like throwing up.
   + I threw up several times.
   + I felt dizzy (tipsy) and couldn't walk properly.
   + I got wasted and blacked out.
   + I don't remember how I got home.
   + I got into trouble because I got home too late.

Naturally, I had a pretty bad hangover the next day.
It took me quite a while to sober up.
But overall, it was a very memorable staff dinner.
   + gathering / birthday party / after-party

CORE EXPRESSIONS

- staff dinner 직원 회식
- various types of side dishes 다양한 종류의 안주
- as for ~에 대해서 말하자면
- get drunk 술 취하다
- throw up 토하다
- walk properly 제대로 걷다
- black out 필름이 끊기다
- have a hangover 숙취가 있다
- memorable 기억에 남는

- be held at ~에서 열리다
- taste extra good 유난히 맛있다
- end up 결국 ~하다
- drink on an empty stomach 빈 속에 마시다
- feel dizzy (tipsy) 어지럽다
- get wasted 술에 완전히 취하다
- naturally 자연스럽게
- sober up 술을 깨다

Point Up!

❶ 수동태 **be hold at** ~에서 열리다
It **was held at** a traditional Korean bar.
모임은 한국 전통주점에서 이루어졌습니다.

❷ 연결어 **As for drinks** 술에 대해 말하자면
As for drinks, we drank traditional Korean rice wine called makgeolli.
술에 대해 말하자면, 막걸리를 마셨습니다.

❸ 관용 문구 **end up drinking quite a lot** 결국 술을 꽤 많이 마시다
We **ended up drinking quite a lot** that day.
결국 그 날 우리는 술을 꽤 많이 마시게 되었습니다.

❹ GET 동사 **get a bit drunk** 조금 취하다
I **got a bit drunk** actually I drank too much.
사실 저는 술을 너무 많이 마셔서 조금 취했었습니다.

❺ 관용 문구 **have a pretty bad hangover** 숙취가 매우 심하다
I **had a pretty bad hangover** the next day.
그 다음날 숙취가 매우 심했습니다.

❻ 구동사 **sober up** 술을 깨다
It took me quite a while to **sober up**.
술이 깨는데 꽤 오랜 시간이 걸렸습니다.

아래 해석을 활용하여 나만의 답변을 완성해 보세요.

TRANSLATION

몇 주 전에 어떤 술집에서 직원 회식을 했던 것이 기억납니다.
+ 친구들과의 모임
+ 직장 동료의 송별회
+ 송년회
+ 행사 뒤풀이
+ 친한 친구의 생일 파티
+ 가까운 친구들과 제 생일 파티

모임은 한국 전통주점에서 이루어졌습니다.
+ 웨스턴 바/ 일본식 선술집 / 멋진 호프집 / 와인 바 / 포장마차

우리는 다양한 안주가 나오는 세트 메뉴를 주문했습니다.
그 날 따라 음식과 술이 특별히 더 맛있었고, 분위기도 정말 좋았습니다.
술에 대해 말하자면, 막걸리를 마셨습니다.
+ 소주와 맥주/ 레드 와인 / 생맥주 / 사케 / 위스키 / 칵테일

결국 그 날 우리는 술을 꽤 많이 마시게 되었습니다.
사실 저는 술을 너무 많이 마셔서 조금 취했었습니다.
+ 빈 속에 술을 마셔서 완전히 취해 버렸습니다.
+ 너무 빨리 마셔서 금방 술에 취해 버렸습니다.
+ 토할 것 같았습니다.
+ 여러 번 토했습니다.
+ 어지러웠고 (취했고) 똑바로 걸을 수 없었습니다.
+ 완전히 취해서 필름이 끊겼습니다.
+ 집에 어떻게 왔는지 기억나지 않습니다.
+ 집에 너무 늦게 와서 문제가 좀 있었습니다.

당연히. 그 다음날 숙취가 매우 심했습니다.
술이 깨는데 꽤 오랜 시간이 걸렸습니다.
그래도 전반적으로 아주 기억에 남는 직원 회식이었습니다.
+ 모임 / 생일 파티 / 뒤풀이

Level-Up! 한국인의 말하기 취약점 분석

관용 문구가 부족하다.

[술집/바] 관용 문구의 강화!

관용 문구를 다양하게 구사하는 것은 오픽 고득점의 지름길이다. 그 중에서도 CONTEXT AND CONTENT 평가 요소는 주제별 상황에 맞는 표현을 쓸 때 가산점을 준다. 그렇기 때문에 술집/바 주제가 나오게 된다면 술과 관련된 다양한 관용 문구를 써서 등급을 상향 조정 시켜야 한다. 이러한 표현들은 일상 생활을 할 때도 유용한 표현들이기 때문에 꼭 숙지하도록 하자.

We have staff-dinners or after-parties at bars.
우리는 술집에서 직원 회식이나 뒤풀이를 합니다.

Drinks help to break the ice.
술을 마시면 어색한 분위기가 풀립니다.

We play drinking games to spice up the mood.
분위기를 띄우기 위해 술자리 게임을 합니다.

I got a bit drunk actually I drank too much.
사실 저는 너무 많이 마셔서 조금 취했었습니다.

I had a pretty bad hangover the next day.
다음 날 지독한 숙취에 시달렸습니다.

It took me quite a while to sober up.
술에서 깨는데 시간이 꽤 걸렸습니다.

I'm a regular there.
저는 그 곳의 단골 손님입니다.

QUIZ

I _____ actually I drank too fast.
사실 저는 너무 빨리 마셔서 완전히 취했었습니다.

We're _____ there.
우리는 그 곳의 단골 손님입니다.

I tried to _____, but I couldn't.
술을 깨려고 노력했지만, 그럴 수 없었습니다.

 ANSWERS   got completely drunk / regulars / sober up

Chapter 06

선택형 주제 |
MOVIES 영화보기

● 주제에 알맞은 다양한 문항 유형을 알아보세요.

| 서술 | 좋아하는 영화 장르 |

| 묘사 | 영화관 묘사 |

| 서술 | 기억에 남는 영화, 줄거리, 특이사항 |

 다음 질문을 듣고 질문의 키워드를 확인해 보세요.  Ch06-Q1~3

1 **Int** 좋아하는 영화 장르

You indicated that you like to go to the movies.
What is your favorite genre of movies?
Why do you like those types of movies?

당신은 영화 보러 가는 것을 좋아한다고 했는데요.
좋아하는 영화 장르는 무엇입니까?
이러한 영화를 좋아하는 이유는 무엇입니까?

2 **Int** 영화관 묘사

Tell me about the movie theaters you typically go to. What are they like?
Describe a movie theater you often go to in as much detail as possible.

당신이 보통 가는 영화관에 대해 설명해 주십시오. 영화관은 어떻습니까?
자주 가는 영화관을 최대한 상세하게 묘사하시오.

3 **Adv** 기억에 남는 영화, 줄거리, 특이사항

What was the most memorable movie you watched in the past?
What was it about? What was so special about that movie?
Would you recommend that movie to other people?

과거에 본 영화 중 가장 기억에 남는 것은 무엇입니까?
무엇에 대한 영화였습니까? 그 영화의 특별한 점은 무엇이었습니까?
그 영화를 다른 사람에게도 추천하겠습니까?

Q1 실전문제 연습하기

Int 좋아하는 영화 장르

You indicated that you like to go to the movies.
What is your favorite genre of movies?
Why do you like those types of movies?

 **BEST RESPONSE**  Ch06-A1

I don't have a particular genre I like when it comes to movies.
I just watch whatever is fun (big) at that point of time
    + I just watch movies that top the charts.
It doesn't matter whether it's action movies or sci-fi.
The only genre I don't like is horror movies.
    + romantic comedies + fantasy movies + thrillers
    + horror movies + animations
I recently went to see the Star Wars sequel.
    + It was a great sci-fi movie.
    + It was very entertaining (touching / funny) as well.
I also enjoy watching Korean movies.
They have become much better than in the past.
They are much better in quality.
In fact, Korean movies are being exported overseas.

So, once again, I don't have a particular genre of movies that I like.
I watch everything from romantic comedies to animations.

CORE EXPRESSIONS

- don't have a particular genre I like 좋아하는 특별한 장르가 없다
- when it comes to ~에 관한 한
- at that point of time 그 시점에
- sequel 속편
- as well 또한, 역시
- much better in quality 질적으로 훨씬 나은
- once again 한번 더, 다시
- whatever is fun 재미있는 건 무엇이든지
- sci-fi 공상과학 (science fiction줄임말)
- be touching 감동적이다
- much better than in the past 과거보다 훨씬 나은
- be exported overseas 해외로 수출되다

Point Up!

❶ 연결어 **when it comes to** ~에 관한 한, ~에 관해서라면
I don't have a particular genre I like **when it comes to** movies.
영화에 관해서라면 특별하게 좋아하는 장르는 없는 것 같습니다.

❷ 복합관계대명사 **whatever is fun** 재미있는 건 무엇이든지, 무엇이나
I just watch **whatever is fun** (big) at that point of time.
그 당시에 그냥 재미있는 (유명한) 영화면 무엇이든 보는 편입니다.

❸ 비교급 **much better** 훨씬 나은
They have become **much better** than in the past.
예전에 비해서 훨씬 더 작품성이 좋아졌습니다.

❹ in + 명사 **in quality** 작품성 면에서
They are much better **in quality**.
작품성 면에서 크게 나아졌습니다.

❺ 수동태 **are being exported** 수출되다
In fact, Korean movies **are being exported** overseas.
실제로 한국영화는 해외에 수출되고 있기도 합니다.

❻ 연결어 **once again** 다시 한번 말하자면
So **once again**, I don't have a particular genre of movies that I like.
그래서 다시 한번 말하자면, 저는 특별히 좋아하는 장르는 없습니다.

아래 해석을 활용하여 나만의 답변을 완성해 보세요.

TRANSLATION

영화에 대해서라면, 제가 특별히 좋아하는 장르는 없습니다.
그 때 당시에 그냥 재미있으면(인기가 있으면) 보는 편입니다.
　　+ 그냥 흥행하는 영화를 보는 편입니다.
액션 영화든 SF영화든 별로 상관 없습니다.
제가 유일하게 좋아하지 않는 장르는 공포 영화 입니다.
　　+ 로맨틱 코미디 + 판타지 영화 + 스릴러
　　+ 공포영화 + 애니메이션
저는 최근에 스타워즈의 속편을 보러 갔다 왔습니다.
　　+ 아주 훌륭한 SF영화였습니다.
　　+ 정말 재미있기도 (감동적이기도 / 웃기기도) 했습니다.
또한 저는 한국영화를 보는 것도 좋아합니다.
한국영화들이 예전에 비해서 정말 많이 좋아졌습니다.
작품성 면에서 크게 나아졌습니다.

사실, 한국영화는 해외에도 수출되고 있습니다.

그래서 다시 한번 말하자면, 저는 특별히 좋아하는 영화 장르는 없습니다.
저는 로맨틱 코미디부터 애니메이션까지 모든 영화를 다 봅니다.

Q2 실전문제 연습하기

Int 영화관 묘사

Tell me about the movie theaters you typically go to. What are they like?
Describe a movie theater you often go to in as much detail as possible.

 **BEST RESPONSE**  Ch06-A2

I usually go to a large theater near my house.
    + near my office (school) + in my neighborhood + in the downtown area
    + I went there recently to see the Star Wars sequel.
There are three major multiplex chains in Korea: CGV, Mega Box, and Lotte Cinema.
They are normally on busy streets with a lot of foot traffic.
The one I went to was Mega Box.
They have 3D, 4D, and an IMAX theater there.
I like going there because it's close to my house.
    + Plus, it doesn't get too crowded.
    + Also, it's connected to the subway station.
    + Next, I like the garlic/onion pop-corn there.
    + And then, I can get points (get discounts) on my membership card.
There are about 12 theaters altogether.
So, you always have a lot to choose from.
Plus, there are lots of places to eat and shop near the theater.
So, you can do other stuff before and after movies.
Last of all, it's easy to park there because there is plenty of parking space.

CORE EXPRESSIONS

- usually 보통
- in my neighborhood 집 근처의, 동네의
- multiplex 멀티플렉스, 복합상영관
- on busy streets 번화가에
- altogether 모두 합쳐, 완전히
- before and after movies 영화 전후로
- plenty of 많은

- theater 극장, 상영관
- in the downtown area 시내에
- normally 보통
- a lot of foot traffic 유동인구가 많은
- have a lot to choose from 선택의 폭이 넓다
- last of all 마지막으로

Point Up!

❶ 〔관용 문구〕 **on busy streets with a lot of foot traffic** 유동인구가 많은 번화가에
They are normally on busy streets with a lot of foot traffic.
보통 유동인구가 많은 번화가에 위치해 있습니다.

❷ 〔부정대명사〕 **the one** (가산 명사 반복을 피하기 위해) 곳
The one I went to was Mega Box.
제가 갔던 곳은 메가박스 입니다.

❸ 〔관용 문구〕 **a lot to choose from** 선택의 폭이 넓은
You always have a lot to choose from.
항상 선택의 폭이 많습니다.

❹ 〔관용 문구〕 **places to eat and shop** 먹거나 쇼핑할 곳들
There are lots of places to eat and shop near the theater.
영화관 근처에는 먹거나 쇼핑할 만한 곳들이 많습니다.

❺ 〔전치사〕 **before and after** 전후에
You can do other stuff before and after movies.
영화를 보기 전이나 후에 다른 것들도 할 수 있습니다.

❻ 〔연결어〕 **last of all** 마지막으로, 최후로
Last of all, it's easy to park there because there is plenty of parking space.
마지막으로, 주차공간이 넓기 때문에 주차하기도 쉽습니다.

아래 해석을 활용하여 나만의 답변을 완성해 보세요.

TRANSLATION

저는 보통 집 근처에 있는 큰 영화관에 갑니다.
　　+ 사무실 (학교) 근처 + 동네의 + 시내의
　　+ 최근에는 스타워즈 속편을 보러 다녀왔습니다.
한국에는 세 개의 큰 멀티플렉스 영화관이 있습니다. CGV, 메가박스, 롯데시네마 입니다.
영화관들은 보통 유동인구가 많은 번화가에 있습니다.
제가 갔던 곳은 메가박스 입니다.
거기에는 3D, 4D 그리고 IMAX 상영관이 있습니다.
집에서 가깝기 때문에 그 곳에 가는 것을 좋아합니다.
　　+ 그리고, 사람이 그렇게 붐비지도 않습니다.
　　+ 또한, 지하철역과 연결되어 있기도 합니다.
　　+ 다음으로, 저는 그 곳의 갈릭/어니언 팝콘도
　　　좋아합니다.
　　+ 그리고 멤버십 카드에 포인트를 쌓을 수 있습니다.

(할인을 받을 수 있습니다.)
그 곳에는 모두 12개의 상영관이 있습니다.
그래서, 항상 선택의 폭이 넓습니다.
게다가, 영화관 근처에는 먹거나 쇼핑할 만한 곳들이 많습니다.
그래서 영화를 보기 전이나 후에 다른 것들도 할 수 있습니다.
마지막으로, 주차공간이 넉넉해서 주차하기도 쉽습니다.

Q3 실전문제 연습하기

Adv 기억에 남는 영화, 줄거리, 특이사항

What was the most memorable movie you watched in the past?
What was it about? What was so special about that movie?
Would you recommend that movie to other people?

 **BEST RESPONSE**  Ch06-A3

A movie I watched recently was a Korean movie called 베테랑.
It starred some of my favorite actors.
The movie was about the tug-of-war between a businessman and a detective.
  + [암살] Korean independent fighters during Japan's occupation
  + [아저씨] a person taking revenge on the bad guys
  + [7번방의 선물] a mentally-challenged father taking care of his daughter
  + [국제시장] a father sacrificing his life for his family
  + [명량] a historic Korean admiral who fought against the Japanese invasion
  + [해운대] a big earthquake and a tsunami that hit a Korean city called Busan
The movie was very entertaining.
There were many exciting scenes in the movie.
It was very funny as well.
     + thrilling   + touching   + beautiful   + sad
I really liked the storyline and the acting in the movie.
     + I also liked the message it was sending.
     + I also liked the original sound track in the movie.
     + I couldn't stop my tears during the movie.
The movie did very well in the box office.
It was one of the most memorable movies I have watched in recent years.
     + It was worth the money.

CORE EXPRESSIONS

- recently 최근에
- tug-of-war 줄다리기, 힘겨루기
- occupation 점령, 직업
- admiral 해군 장성
- earthquake 지진
- thrilling 흥분 되는, 스릴 있는
- storyline 줄거리
- in the box office 흥행 면에서

- star 주역을 맡다, 주연을 맡다
- detective 형사, 탐정
- mentally-challenged 정신 장애가 있는
- invasion 침략
- exciting scene 신나는 장면, 현장
- touching 감동적인
- acting 연기
- one of the most memorable 가장 기억에 남는 것 중 하나

Point Up!

❶ **관계대명사 주어** a movie (that) I watched recently 최근에 봤던 영화
A movie (that) I watched recently was a Korean movie called "Veteran."
제가 최근에 봤던 영화는 '베테랑'이라고 하는 한국영화입니다.

❷ **특수 동사** star 주연을 맡다
It starred some of my favorite actors.
제가 좋아하는 배우들이 주연을 맡았습니다.

❸ **형용사** touching 감동적인
The movie was very touching as well.
또한 아주 감동적이었습니다.

❹ **관용 문구** in the box office 흥행 면에서
The movie did very well in the box office.
이 영화는 흥행에도 큰 성공했습니다.

❺ **최상급** one of the most memorable 가장 기억에 남는 것 중 하나
It was one of the most memorable movies I have watched in recent years.
최근에 봐왔던 영화 중 가장 기억에 남는 영화입니다.

❻ **현재 완료** have watched 봐왔다
It was one of the most memorable movies I have watched in recent years.
최근에 봐왔던 영화 중 가장 기억에 남는 영화입니다.

아래 해석을 활용하여 나만의 답변을 완성해 보세요.

TRANSLATION

제가 최근에 봤던 영화는 '베테랑'이라는 한국영화입니다.
제가 좋아하는 배우들이 주연을 맡았습니다.
줄거리는 한 사업가와 형사 간의 힘겨루기에 대한
내용이었습니다.
    + [암살] 일제 강점기 중 한국 독립 운동가들
    + [아저씨] 악당에게 복수하는 사람
    + [7번방의 선물] 딸을 돌보는 지적 장애인 아버지
    + [국제시장] 가족을 위해 자신의 삶을 희생하는
       아버지
    + [명량] 일본의 침략에 맞서 싸운 한국의 역사적 장군
    + [해운대] 한국의 부산시를 강타했던 대지진과 쓰나미
영화는 매우 재미있었습니다.
영화에는 흥미진진한 장면들이 많았습니다.
또 아주 웃기기도 했습니다.

    + 스릴 있는 + 감동적인 + 아름다운 + 슬픈
영화의 줄거리와 액션들이 정말 좋았습니다.
    + 또 영화가 주는 메시지도 좋았습니다.
    + 영화의 OST도 좋았습니다.
    + 영화를 보는 동안 눈물을 멈출 수 없었습니다.
이 영화는 흥행에도 큰 성공했습니다.
최근에 봐왔던 영화 중 가장 기억에 남는 영화입니다.
    + 돈을 낸 가치가 있었습니다.

Level-Up! 한국인의 말하기 취약점 분석

복합관계사 사용이 부족하다.

[일상 생활] 복합관계대명사의 강화!

'모든 영화를 본다' 라는 표현을 할 때 I watch every movie.라는 문장을 쓰면 기본적인 등급 밖에 받지 못한다. 같은 뜻이지만 I watch whatever is fun.이라고 하면 '재미 있으면 무엇이든 본다'의 의미로 복합관계대명사로 고득점을 받을 수 있다. 아래와 같은 다양한 복합관계대명사 표현을 숙지해 오픽 등급을 상향시킬 수 있도록 해보자.

복합관계대명사

I just watch **whatever is fun**.
저는 그냥 재미있으면 봅니다.

I just listen to **whatever is good**.
저는 그냥 좋으면 듣습니다.

I just buy **whatever is cheap**.
저는 그냥 좋으면 듣습니다.

I just read **whatever is interesting**.
뭐든지 흥미진진하면 읽는다.

I just take **whatever is available**.
그냥 사용 가능한 무엇이든 가져간다.

QUIZ

I always try my best in _____ I do.
내가 하는 뭐든지 최선을 다한다.

I watch _____ is good when it comes to movies.
영화에 있어서 좋은 건 뭐든지 다 본다

I always give it my all in _____ I do.
뭐든지 최선을 다한다.

 ANSWERS   whatever / whatever / whatever

‹ADD-ON›

MOVIES 영화보기

- 주제에 알맞은 다양한 문항 유형을 알아보세요.

| 변화 서술 과거-현재 영화 작품 변화 | 서술 최근 영화계 화제, 트렌드 |

 다음 질문을 듣고 질문의 키워드를 확인해 보세요.  Ch06A-Q1~2

1 **Adv** 과거-현재 영화 작품들의 변화
   Could you compare the movies made today to movies you saw in the past?
   How have movies changed over the years?
   What are the differences and similarities?

   과거에 보았던 영화들과 현재의 영화들을 비교해 줄 수 있습니까?
   수 년간 영화들이 어떻게 바뀌어 왔습니까?
   차이점과 유사점은 무엇입니까?

2 **Adv** 최근 영화계 화제, 트렌드
   When your friends talk about movies, what topics do they discuss?
   Why are these issues of interest or concern to you and your friends?
   Plus, what are some recent trends in the movie industry?

   친구들이 영화에 대해 이야기 할 때, 어떤 주제에 대해 논의합니까?
   이것들이 당신과 친구들에게 흥미거리 또는 걱정거리가 되는 이유는 무엇입니까?
   그리고, 영화계의 최근 트렌드는 무엇입니까?

Q1 실전문제 연습하기

Adv 과거-현재 영화 작품들의 변화

Could you compare the movies made today to movies you saw in the past?
How have movies changed over the years?
What are the differences and similarities?

BEST RESPONSE

 Ch06A-A1

I used to watch Hollywood movies quite often in the past.
But now, I also enjoy watching Korean movies.
They have become much better than in the past.
They are a lot better in quality.

For example, I recently watched a great Korean movie called 베테랑
The movie was about the tug-of-war between a businessman and a detective.
The movie was very entertaining.
There were many exciting scenes in the movie.
I really liked the storyline and the acting in the movie.

Korean movies these days are hitting the record in the box office.
Many movies are also being released in other countries.
Plus, some are winning awards at big film festivals.
Also, some Korean actors and directors are making their debut in Hollywood.

Overall, Korean films have become a lot better in quality than in the past.

CORE EXPRESSIONS

- used to ~하곤 했다
- in quality 작품성 면에서
- in the box office 흥행 면에서
- win awards 상을 타다
- quite often 제법 자주
- hit the record 신기록을 세우다
- be released in other countries 해외에서 개봉되다
- make debut in Hollywood 할리우드에 데뷔하다

Point Up!

❶ 조동사 used to ~하곤 했었다
I used to watch Hollywood movies quite often in the past.
저는 예전에는 할리우드 영화들을 제법 자주 보곤 했습니다.

❷ 현재 완료 have become much better 훨씬 좋아졌다
They have become much better than in the past.
과거보다 훨씬 좋아졌기 때문입니다.

❸ in + 명사 in quality 작품성 면에서
They are a lot better in quality.
작품성 면에서도 훨씬 나아졌습니다.

❹ 관용 문구 be hitting the record in the box office 흥행 신기록을 세우고 있다
Korean movies these days are hitting the record in the box office.
요즘 한국영화들은 흥행 신기록을 세우고 있습니다.

❺ 수동태 are being released 개봉되고 있다
Many movies are also being released in other countries.
많은 영화들이 해외에서도 개봉되기도 합니다.

❻ [비교급] a lot better than in the past 과거보다 훨씬 더 나은
Korean films have become a lot better in quality than in the past.
한국영화들은 과거보다 질적인 면에서 훨씬 더 성장했습니다.

아래 해석을 활용하여 나만의 답변을 완성해 보세요.

TRANSLATION

저는 예전에는 할리우드 영화들을 제법 자주 보곤 했습니다.
그러나 지금은 한국영화를 보는 것도 좋아합니다.
과거보다 훨씬 좋아졌기 때문입니다.
작품성 면에서도 훨씬 나아졌습니다.

예를 들어, 저는 최근에 베테랑이라는 멋진 한국영화를 보았습니다.
줄거리는 한 사업가와 형사 간의 줄다리기에 대한 내용이었습니다.
영화는 매우 재미있었습니다.
영화에는 흥미진진한 장면들이 많았습니다.
저는 영화의 줄거리와 연기가 정말 마음에 들었습니다.

요즘 한국영화들은 흥행 신기록을 세우고 있습니다.
많은 영화들이 해외에서도 개봉되기도 합니다.
그리고, 큰 영화제에서 수상한 영화들도 있습니다.
또한, 일부 한국 배우와 감독들은 헐리우드에서 데뷔하기도 합니다.

전반적으로, 한국영화들은 과거보다 작품성 면에서 훨씬 더 성장했습니다.

Q2 실전문제 연습하기

Adv 최근 영화계 화제, 트렌드

When your friends talk about movies, what topics do they discuss?
Why are these issues of interest or concern to you and your friends?
Plus, what are some recent trends in the movie industry?

 **BEST RESPONSE**

The buzzword in the movie industry these days is 3D or 4D.
Many movies are shot 3D and people are getting used to the concept.
Some movies are released 4D as well.
Plus, big-scale movies are showed on large screens such as the IMAX theaters.

Many movie theaters have built premium theaters because of this trend.
   + I recently watched the Star Wars sequel 3D/4D.
   + The scenes were much more real because of the 3D/4D effects.

Meanwhile, the 3D trend has moved on to the DVD industry as well.
3D TVs are becoming more common.
People watch movies 3D at home as well these days.

Overall, 3D technology is giving movie-goers more to choose from.
So, once again, the key topic in the movie industry these days is 3D or 4D.

CORE EXPRESSIONS

- buzzword 화두
- be shot 3D 3D로 찍히다
- be released 4D 4D로 개봉되다
- be showed on large screens 큰 스크린에 상영되다
- sequel 속편
- movie-goer 영화 관람객

- movie industry 영화 산업
- get used to 익숙해지다
- big-scale 스케일이 큰
- premium theater 프리미엄 상영관
- meanwhile 한편
- once again 다시 말하자면

Point Up!

❶ 관용 문구 **the buzzword in the movie industry** 영화 산업의 화두
The buzzword in the movie industry these days is 3D or 4D.
요즘 영화 산업에서 화두는 3D입니다.

❷ 조동사 **get used to the concept** 개념에 익숙해지다
Many movies are shot 3D and people **are getting used to the concept**.
많은 영화들이 3D로 촬영 되었고 사람들은 이러한 개념에 익숙해지고 있습니다.

❸ 수동태 **be released 4D** 4D로 개봉되다
Some movies **are released 4D** as well.
몇몇 영화들은 4D로도 개봉됩니다.

❹ 현재 완료 **have built** 지어 왔다
Many movie theaters **have built** premium theaters because of this trend.
이러한 추세 때문에 많은 영화관들이 프리미엄 상영관을 지어 왔습니다.

❺ 관용 문구 **watch the Star Wars sequel** 스타워즈 속편을 보다
I recently **watched the Star Wars sequel** 3D/4D.
최근 영화 스타워즈 속편을 3D/4D로 보았다.

❻ 합성어 **movie-goers** 영화 관람객
3D technology is giving movie-goers more to choose from.
3D 기술은 영화 관람객들의 선택의 폭을 넓혀 주고 있습니다.

아래 해석을 활용하여 나만의 답변을 완성해 보세요.

TRANSLATION

요즘 영화 산업에서 화두는 3D입니다.
많은 영화들이 3D로 촬영 되었고 사람들은 이러한 개념에 익숙해지고 있습니다.
몇몇 영화들은 4D로도 개봉됩니다.
큰 규모의 영화들은 IMAX 영화관 같은 대형 스크린에서 상영되곤 합니다.

이러한 추세 때문에 많은 영화관들이 프리미엄 상영관을 지어 왔습니다.
　　＋ 최근 영화 스타워즈 속편을 3D/4D로 보았다.
　　＋ 3D/4D 효과 덕분에 화면들이 훨씬 더 생생했다.
한편 그 추세는 DVD 업계로도 옮겨 갔습니다.
3D TV가 더 보편화 되고 있습니다.
요즘은 사람들이 집에서도 3D 영화를 봅니다.

전반적으로, 3D 기술은 영화 관람객들의 선택의 폭을 넓혀 주고 있습니다.
그래서 다시 한 번 말하자면, 요즘 영화 업계의 화두는 3D 또는 4D입니다.

Chapter 07 SNS에 글 올리기

선택형 주제 I

● 주제에 알맞은 다양한 문항 유형을 알아보세요.

| 서술 | 일반적인 SNS 게시물 종류 |
| 서술 | SNS 개인적인 이용 성향 |

| 서술 | 기억에 남는 게시물 |

 다음 질문을 듣고 질문의 키워드를 확인해 보세요.    Ch07-Q1~3

1 Int 일반적인 SNS 게시물 종류
You indicated that you post up things on social networking sites.
Tell me about the kinds of messages people post up in general.
What are they about? How often do people post up messages on these sites?
당신은 SNS에 여러 가지를 올린다고 하였습니다.
사람들이 일반적으로 올리는 메시지의 종류에 대해 설명해 주십시오.
무엇에 대한 메시지입니까? 사람들은 이러한 사이트에 얼마나 자주 메시지를 올립니까?

2 Int SNS 개인적인 이용 성향
Now, tell me about the messages you personally post up on social networking sites.
How often do you post things up on your social networking account?
What kind of comments do you leave on other people's postings?
이제, 당신이 개인적으로 SNS에 올리는 메시지에 대해 이야기해 주십시오.
당신은 SNS에 얼마나 자주 글을 올립니까?
다른 사람의 게시물에는 어떤 댓글을 남깁니까?

3 Int 기억에 남는 SNS 게시물
Tell me about a social networking posting that you remember.
Maybe it was something that you put up, or it was by another person.
Was there a picture or a video clip attached to it?
Give me all the details about that posting and why it was memorable.
기억에 남는 SNS 게시물에 대해 이야기해 보십시오.
당신이 올린 것일 수도 있고, 다른 사람이 올린 게시물일 수도 있습니다.
첨부된 사진이나 동영상이 있었습니까?
그러한 게시물에 대해 상세히 설명하고 왜 기억에 남았는지 이야기해 보시오.

Q1 실전문제 연습하기

Int 일반적인 SNS 게시물 종류

You indicated that you post up things on social networking sites.
Tell me about the kinds of messages people post up in general.
What are they about? How often do people post up messages on these sites?

  Ch07-A1

BEST RESPONSE

People post up various things on their social networking sites.
Many people post pictures to share with other people.
Some pictures are about daily things that people are up to such as having meals.
Some are about special events that happened such as weddings.
   + Plus, people post up pictures of their families, their babies or their pets.
   + Also, people post up group pictures or selfies that they took.
   + Plus, people like to post up pictures of food that they ate.

Next, some people post up video clips that they shot.
   + Also, some people repost other people's video clips.
Some people post up links to news articles or news clips.

People also leave messages on their postings.
People leave replies on other people's postings.
   + Plus, people leave congratulation messages for birthdays or weddings.
   + Also, people repost other people's postings on their accounts.
Last of all, companies post up ads for marketing purposes.

Meanwhile, some people make status updates several times a day.
Others just do that once every now and then.
It's different from person to person.

CORE EXPRESSIONS

- post up 게시하다
- such as ~와 같은
- video clip 동영상
- link to news article 뉴스기사 링크
- leave a reply 댓글을 남기다
- marketing purpose 마케팅 목적
- several times a day 하루에 여러번
- be different from person to person 사람마다 다르다

- share with other people 남들과 공유하다
- selfie 셀카
- repost 다시 게시하다 (게시물 퍼올 때)
- leave a message 메시지를 남기다
- post up ads 광고를 게시하다
- make status update 상태 업데이트를 하다
- once every now and then 어쩌다 한 번씩

Point Up!

❶ 구동사 **post up** 게시하다, 올리다
People **post up** various things on their social networking sites.
사람들은 자신의 SNS에 다양한 것들을 올립니다.

❷ 연결어 **such as** ~와 같은
Some are about special events that happened **such as** weddings.
결혼식과 같은 특별한 행사에 대한 사진들도 있습니다.

❸ 관용 문구 **leave messages on their postings** 게시물에 메시지를 남기다
People also **leave messages on their postings**.
또 사람들은 게시물에 메시지를 남기기도 합니다.

❹ 관용 문구 **make status updates** 상태 업데이트를 하다
Some people **make status updates** several times a day.
어떤 사람들은 하루에도 몇 번씩 상태 업데이트를 합니다.

❺ 빈도구문 **once every now and then** 어쩌다 한 번씩
Others just do that **once every now and then**.
어쩌다 한 번씩 업데이트를 하는 사람들도 있습니다.

❻ 관용 문구 **different from person to person** 사람마다 다르다
It's **different from person to person**.
사람들마다 각자 다릅니다.

아래 해석을 활용하여 나만의 답변을 완성해 보세요.

TRANSLATION

사람들은 자신의 SNS에 다양한 것들을 올립니다.
많은 사람들이 다른 이들과의 공유를 위해 사진을 올립니다.
어떤 사진들은 식사 등 사람들의 일상 생활에 대한 것들입니다.
결혼식과 같은 특별한 행사에 대한 사진들도 있습니다.
+ 그리고, 사람들은 자신의 가족, 아기나 애완동물의 사진을 올리기도 합니다.
+ 또한, 사람들은 자신이 찍은 단체 사진이나 셀카를 올립니다.
+ 그리고, 사람들은 자신이 먹은 음식 사진을 올리는 것을 좋아합니다.

다음으로, 어떤 사람들은 자신들이 찍은 동영상을 올립니다.
+ 또한, 다른 사람들의 동영상을 다시 올리는 사람들도 있습니다.

어떤 사람들은 뉴스 기사나 뉴스 영상을 올립니다.

또 사람들은 게시물에 메시지를 남기기도 합니다.
사람들은 다른 사람들의 게시물에 댓글을 남깁니다.
+ 그리고, 사람들은 생일이나 결혼 축하 메시지를 남깁니다.
+ 또한, 다른 사람들의 게시물을 자신의 계정으로 다시 올립니다.

마지막으로, 기업들은 마케팅을 목적으로 광고를 올립니다.

한편, 어떤 사람들은 하루에도 몇 번씩 상태 업데이트를 합니다.
어쩌다 한 번씩 업데이트를 하는 사람들도 있습니다.
사람들마다 각자 다릅니다.

Q2 실전문제 연습하기

Int SNS 개인적인 이용 성향

Now, tell me about the messages you personally post up on social networking sites. How often do you post things up on your social networking account? What kind of comments do you leave on other people's postings?

BEST RESPONSE

I make status updates on Facebook quite often
  + I make status updates on Facebook once every now and then.
  + I also like to browse through other people's postings.
I most often post pictures on my Facebook page.
I leave a short message about what the picture is about.
I also mention where the picture was taken.
I also tag the people in the picture.
  + Plus, I hash-tag key words or people's names.
I also like to post pictures of food at restaurants or nice places that I go to.

Next, I like to take selfies off and on.
I like to post them up on the spot.
  + I also post group pictures I took with friends or family.
  + I also leave replies on other people's postings.
  + I press the "LIKE" button if I like other people's pictures.
People leave replies on my postings, and vice versa.

CORE EXPRESSIONS

- make status update 상태 업데이트를 하다
- once every now and then 어쩌다 한 번씩
- leave a short message 짧은 메시지를 남기다
- hash-tag 해시태그
- off and on 가끔, 때때로
- on the spot 그 자리에서
- vice versa 거꾸로

- quite often 제법 자주
- browse through 훑어보다
- mention 언급하다
- selfie 셀카
- post up 게시하다
- press the LIKE button '좋아요'를 누르다

Point Up!

❶ 관용 문구 **browse through other people's postings** 다른 사람들의 게시물을 훑어 보다
I also like to **browse through other people's postings**.
저는 다른 사람들의 게시물을 훑어 보는 것도 좋아합니다.

❷ 관용 문구 **where the picture was taken** 어디서 찍은 사진인지 언급하다
I also mention **where the picture was taken**.
또 어디서 찍은 사진인지도 언급합니다.

❸ 관용 문구 **take selfies** 셀카를 찍다
I like to **take selfies** off and on.
저는 가끔씩 셀카 찍는 것을 좋아합니다.

❹ 빈도구문 **off and on** 때때로, 가끔
I like to take selfies **off and on**.
저는 가끔씩 셀카 찍는 것을 좋아합니다.

❺ 관용 문구 **on the spot** 그 자리에서
I like to post them up **on the spot**.
사진을 그 자리에서 올리는 것을 좋아합니다.

❻ 관용 문구 **and vice versa** 반대의 경우도 마찬가지다
People leave replies on my postings, **and vice versa**.
사람들은 제 게시물에 댓글을 달고, 반대의 경우도 마찬가지이다.

아래 해석을 활용하여 나만의 답변을 완성해 보세요.

TRANSLATION

저는 페이스 북의 상태 업데이트를 상당히 자주 남기는 편입니다.
　＋ 저는 페이스 북에 어쩌다 가끔 상태 업데이트를 남깁니다.
　＋ 저는 다른 사람들의 게시물을 훑어 보는 것도 좋아합니다.
제 페이스 북 페이지에는 주로 사진들을 올립니다.
무엇에 대한 사진인지 짧은 메시지를 남깁니다.
또 어디서 찍은 사진인지도 언급합니다.
또한 사진 속의 사람들을 태그하기도 합니다.
　＋ 그리고, 키워드나 사람들의 이름에 해시태그를 겁니다.
또 저는 음식점의 음식 사진이나 제가 갔던 멋진 장소들의 사진을 올리는 것을 좋아합니다.

다음으로, 저는 가끔씩 셀카 찍는 것을 좋아합니다.
사진을 그 자리에서 올리는 것을 좋아합니다.
　＋ 제가 친구나 가족들과 함께 찍은 단체 사진도 올립니다.
　＋ 다른 사람들의 게시물에 댓글을 남기기도 합니다.
　＋ 다른 사람들의 사진이 맘에 들면 "좋아요" 버튼을 누릅니다.
사람들은 제 게시물에 댓글을 달고, 저도 거꾸로 그렇게 합니다.

Q3 실전문제 연습하기

Int 기억에 남는 SNS 게시물

Tell me about a social networking posting that you remember.
Maybe it was something that you put up, or it was by another person.
Was there a picture or a video clip attached to it?
Give me all the details about that posting and why it was memorable.

 **BEST RESPONSE**  Ch07-A3

I remember one of my friends posting a message on Facebook two months days ago.
　　　+ He posted that he was getting married.
　　　+ He posted up a wedding invitation with the message.
Also, I remember a friend posting pictures of his/her wedding.
　　　+ The bride was very pretty and she looked very happy.
I also remember my friend posting pictures of the Korean barbeque he was having.
　　　+ The barbeque he was having looked really good.
　　　+ It made my mouth water.
I also remember postings of people's babies.
　　　+ One of my friends (cousins) posted pictures of his/her baby.
　　　+ The baby (My baby nephew/niece) was adorable.
Plus, I remember a friend posting pictures of her dog (cat).
Next, I also remember a friend posting pictures of his/her overseas trip.
　　　+ birthday party　+ graduation ceremony　+ trip to Hong Kong
　　　+ He posted pictures of landmarks in London.
　　　+ I felt very jealous and I wanted to go on a trip myself.
I also remember seeing a very funny video clip on Facebook.
　　　+ It was about two comedians doing their gig.
It was hilarious and it made me crack up.
　　　+ I pressed (clicked) the "LIKE" button for the clip.
　　　+ It got a lot of "LIKE"s (hits).
　　　+ I reposted the clip on my page because I liked it so much.
Overall, these are the postings I remember.

CORE EXPRESSIONS

- post a message 메시지를 올리다
- wedding invitation 청첩장
- make one's mouth water 군침이 돌게 하다
- graduation ceremony 졸업식
- feel jealous 질투하다
- do a gig 공연을 하다
- make one crack up 누군가를 몹시 웃기다
- get married 결혼하다
- bride 신부
- overseas trip 해외여행
- landmark 랜드마크, 주요 지형지물
- go on a trip 여행을 가다
- hilarious 아주 웃긴

Point Up!

❶ **GET 동사** get married 결혼하다
He posted that he was getting married.
그 친구는 결혼한다는 글을 올렸었습니다.

❷ **관용 문구** I remember a friend posting pictures 친구가 사진을 올린 것이 기억나다
I remember a friend posting pictures of his/her wedding.
저는 자신의 결혼 사진을 올린 친구도 기억납니다.

❸ **관용 문구** make my mouth water 군침이 돌다
It made my mouth water.
사진을 보고 군침이 돌았습니다.

❹ **재귀대명사** myself 내 스스로
I felt very jealous and I wanted to go on a trip myself.
저는 몹시 부러웠고 저 스스로도 여행을 가고 싶었습니다.

❺ **구동사** crack up 몹시 웃겼다, 웃음이 나게 했다
It was hilarious and it made me crack up.
영상이 정말 웃겨서 저는 웃음을 터뜨렸습니다.

❻ **특수동사** repost 다시 게시하다 (게시물 퍼올 때)
I reposted the clip on my page because I liked it so much.
그 영상이 무척 마음에 들어서 제 페이지에도 다시 올렸습니다.

아래 해석을 활용하여 나만의 답변을 완성해 보세요.

TRANSLATION

두 달 전에 제 친구 중 하나가 페이스 북에 올린 글이 기억납니다.
+ 그 친구는 결혼한다는 글을 올렸었습니다.
+ 글과 함께 청첩장도 올렸습니다.
또, 저는 자신의 결혼 사진을 올린 친구도 기억납니다.
+ 신부가 정말 예뻤고 아주 행복해 보였습니다.
그리고 갈비를 먹고 있는 사진을 올린 친구가 기억납니다.
+ 그 친구가 먹는 갈비는 정말 맛있어 보였습니다.
+ 사진을 보고 군침이 돌았습니다.
또 사람들이 아기 사진을 올린 것이 기억납니다.
+ 제 친구 (사촌) 중 하나가 자기 아기 사진을 올렸습니다.
+ 아기 (저의 꼬마 조카)가 정말 귀여웠습니다.
그리고, 저는 자기 강아지 (고양이) 사진을 올린 친구가 기억납니다.
다음으로, 저는 해외여행 사진들을 올린 친구가 기억납니다.
+ 생일 파티 + 졸업식 + 홍콩 여행
+ 그는 런던의 명물 사진을 올렸습니다.

+ 저는 몹시 부러웠고 저 스스로도 여행을 가고 싶었습니다.
또 저는 페이스 북에서 아주 웃긴 동영상을 봤던 기억이 납니다.
+ 개그를 하는 두 명의 코미디언이 나오는 영상이었습니다.
영상이 정말 웃겨서 저는 웃음을 터뜨렸습니다.
+ 저는 그 동영상에 "좋아요" 버튼을 눌렀습니다.
   (클릭했습니다.)
+ 그 영상에는 "좋아요"가 많았습니다. (많이 재생되었습니다.)
+ 그 영상이 무척 마음에 들어서 제 페이지에도 올렸습니다.
전체적으로, 제가 기억하는 게시물들은 이 정도입니다.
사람들이 제 게시물에 댓글을 남깁니다.
사진 속의 사람들을 태그합니다.
키워드나 사람들의 이름에 해시태그를 겁니다.

Level-Up! 한국인의 말하기 취약점 분석

관용 문구가 부족하다.

[SNS] 주제 관련 관용 문구

오픽의 AL평가 요소 중 하나인 CONTEXT AND CONTENT에서 고득점을 받기 위해선 주제 별 특화된 표현들을 최대한 많이 써야 한다. Social Network Service가 주제로 나올 경우 게시물을 올리는 것과 관련된 관용 문구들을 쓰는 것이 중요하다. 예를 들면 '댓글을 남기다'의 의미를 가진 leave a reply 같은 표현을 숙지해 좋은 등급을 받을 수 있도록 노력해야 한다.

SNS 관련 표현

I make status updates on Facebook quite often.
저는 페이스 북 상태 업데이트를 상당히 자주 합니다.

I like to post selfies off and on.
저는 종종 셀카 올리는 것을 좋아합니다.

I sometimes repost other people's postings on my page.
저는 가끔씩 다른 사람들의 게시물을 저의 페이지에 다시 올립니다.

I leave messages on my Facebook page from time to time.
가끔은 페이스 북에 메시지를 남깁니다.

People leave replies on my postings.
사람들은 제 게시물에 댓글을 남깁니다.

I tag people in the picture.
저는 사진 속 사람들을 태그합니다.

I hash-tag key words or people's names.
키워드나 사람의 이름을 해시태그합니다.

QUIZ

I also _____ where the picture was taken.
또한 사진이 어디서 찍혔는지 언급합니다.

I also _____ group pictures I took with friends or family.
친구나 가족과 찍은 단체 사진을 올리기도 합니다.

I _____ the "LIKE" button if I like other people's pictures.
다른 사람의 사진에 '좋아요' 버튼을 누릅니다.

ANSWERS   mention / post / press

⟨ADD-ON⟩

SNS에 글 올리기

● 주제에 알맞은 다양한 문항 유형을 알아보세요.

| 서술 | SNS상에서의 예의 |

| 서술 | SNS상에서의 소문 |

 다음 질문을 듣고 질문의 키워드를 확인해 보세요.  Ch07A-Q1~2

1 **Adv** SNS상에서 예의

Tell me about when people are impolite on social networking sites. Why do you think those behaviors are rude? Give me specific examples of how people behave impolitely on social networking sites.

SNS상에서 사람들이 무례했던 기억에 대해 이야기 해 보시오. 그러한 행동이 왜 무례하다고 생각합니까? SNS에서 사람들이 어떻게 예의 없는 행동을 하는지 구체적인 예를 드시오.

2 **Adv** SNS상에서의 소문

Rumors tend to spread on social networking sites. Talk about how rumors are born and how they spread. Talk about a specific example of a rumor that caused some controversy.

SNS상에서는 소문이 확산되는 경향이 있습니다. 소문이 어떻게 생겨서 퍼지는지 이야기해 보시오. 논란을 일으켰던 소문을 구체적인 예를 들어 설명해 보시오.

Q1 실전문제 연습하기

Adv SNS상에서 예의

Tell me about when people are impolite on social networking sites. Why do you think those behaviors are rude? Give me specific examples of how people behave impolitely on social networking sites.

 Ch07A-A1

People can be quite rude on social networking sites.
Some people post up mean comments about other people.
Some people use vulgar language in their postings.
Some people spread groundless rumors on social networking sites.
I think these people are very irresponsible.

They just don't know any better.
I think we should be polite to others online.
After all, we are what we say and we are how we act even on the internet.

CORE EXPRESSIONS

- be quite rude 제법 무례하다
- use vulgar language 저속한 언어를 쓰다
- irresponsible 무책임한
- after all 결국에는, 어쨌든
- we are how we act 행동하는게 곧 인격이다
- post up mean comment 악플을 달다
- spread groundless rumor 근거 없는 루머를 퍼뜨리다
- be polite to others 다른 사람에게 예의를 지키다
- we are what we say 말하는게 곧 인격이다
- even on the internet 인터넷 상이라 하더라도

Point Up!

❶ 관용 문구 post up mean comments 악플을 달다
Some people post up mean comments about other people.
어떤 사람들은 다른 사람들에게 악플을 달기도 합니다.

❷ 관용 문구 use vulgar language 저속한 언어를 쓰다
Some people use vulgar language in their postings.
어떤 사람들은 게시물에 저속한 말을 쓰기도 합니다.

❸ 관용 문구 spread groundless rumors 근거 없는 루머를 퍼뜨리다
Some people spread groundless rumors on social networking sites.
SNS에 근거 없는 루머를 퍼뜨리는 사람들도 있습니다.

❹ 관용 문구 don't know any better 배운 것이 그것 뿐 이다
They just don't know any better.
배운 것이 그것 뿐이기 때문에 그렇습니다.

❺ 조동사 should be polite to others online 온라인 상에서 예의를 지켜야 한다
I think we should be polite to others online.
저는 우리가 온라인상에서 예의를 지켜야 한다고 생각합니다.

❻ 관용 문구 we are what we say / we are how we act 말과 행동이 곧 그 사람의 인격이다
After all, we are what we say and we are how we act even on the internet.
어찌 되었건, 인터넷 상이라 하더라도 말과 행동이 곧 그 사람을 보여주기 때문입니다.

아래 해석을 활용하여 나만의 답변을 완성해 보세요.

TRANSLATION

사람들은 SNS상에서 상당히 무례해질 수 있습니다.
어떤 사람들은 다른 사람들에게 악플을 달기도 합니다.
어떤 사람들은 게시물에 저속한 말을 쓰기도 합니다.
SNS에 근거 없는 루머를 퍼뜨리는 사람들도 있습니다.
저는 이런 사람들이 매우 무책임하다고 생각합니다.

배운 것이 그것 뿐이기 때문에 그렇습니다.
저는 우리가 온라인상에서 예의를 지켜야 한다고 생각합니다.
어찌 되었건, 인터넷 상이라 하더라도 말과 행동이 곧 그 사람을 보여주기 때문입니다.

Q2 실전문제 연습하기

Adv SNS상에서의 소문

Rumors tend to spread on social networking sites. Talk about how rumors are born and how they spread. Talk about a specific example of a rumor that caused some controversy.

BEST RESPONSE

Groundless rumors often spread on social networking sites.
It all starts with someone posting something that is not true.
These rumors are often about celebrities.
These rumors often spread very fast.
In fact, some rumors go viral.

For example, there were tons of postings about the MERS outbreak in Korea.
　　　+ the confrontation between North and South Korea.
　　　+ a scandal involving a top star
Many of the postings were not true.
Some created a lot of controversy and confusion.

People who post groundless rumors do that to get attention from others.
I think these people are very irresponsible.
They just don't know any better.
They sometimes get sued from the victims.

Overall, I think posting groundless rumors online is a very bad thing to do.

CORE EXPRESSIONS

- groundless rumor 근거 없는 루머
- go viral 입소문 나다
- the MERS outbreak 메르스 발병
- scandal involving a top star 톱스타가 관련된 스캔들
- confusion 혼란
- get sued from the victim 피해자에게 고소를 당하다
- spread on social networking sites SNS에 퍼지다
- tons of 엄청 많은
- confrontation 대치
- controversy 논란
- get attention from others 남들의 관심을 얻다

Point Up!

❶ 관용 문구 **groundless rumors** 근거없는 루머
Groundless rumors often spread on social networking sites.
근거 없는 루머들이 SNS상에서 퍼지는 일이 자주 있습니다.

❷ 관용 문구 **it all starts with** 모든 것이 ~에서 시작되다
It all starts with someone posting something that is not true.
이는 누군가 사실이 아닌 게시물을 올리며 시작됩니다.

❸ 관용 문구 **go viral** 입소문 나다, 빠르게 퍼지다
Some rumors **go viral**.
어떤 루머들은 엄청난 속도로 퍼집니다.

❹ 관용 문구 **tons of** 엄청 많은
For example, there were **tons of** postings about the MERS outbreak in Korea.
예를 들어, 한국의 메르스 발병에 대해 수많은 게시물이 있었습니다.

❺ GET 동사 **get attention from others** 남들의 관심을 받다
People who post groundless rumors do that to **get attention from others**.
근거 없는 루머를 올리는 사람들은 다른 이들의 관심을 얻기 위해서 이러한 일을 합니다.

❻ GET 동사 **get sued from the victims** 희생자들에게 고소를 당하다
They sometimes **get sued from the victims**.
그들이 루머의 희생자들에게 고소당하는 경우도 있습니다.

아래 해석을 활용하여 나만의 답변을 완성해 보세요.

TRANSLATION

근거 없는 루머들이 SNS상에서 퍼지는 일이 자주 있습니다.
이는 누군가 사실이 아닌 게시물을 올리며 시작됩니다.
이러한 루머는 유명인사들과 관련된 경우가 많습니다.
루머들은 빠른 속도로 확산되는 경우가 많습니다.
실제로, 어떤 루머들은 엄청난 속도로 퍼집니다.

예를 들어, 한국의 메르스 발병에 대해 수많은 게시물이 있었습니다.
　　＋ 남북 대치
　　＋ 톱스타가 관련된 스캔들
상당수 게시물들은 사실이 아니었습니다.
일부는 많은 논란과 혼란을 일으켰습니다.

근거 없는 루머를 올리는 사람들은 다른 이들의 관심을 얻기 위해서 이러한 일을 합니다.
저는 그런 사람들이 매우 무책임하다고 생각합니다.
배운 것이 그것뿐이기 때문에 그렇습니다.
그들이 루머의 희생자들에게 고소당하는 경우도 있습니다.

결과적으로, 저는 근거 없는 소문을 온라인에 올리는 것은 매우 나쁜 행동이라고 생각합니다.

Chapter 08

선택형 주제 |
WALK
걷기(산책)

● 주제에 알맞은 다양한 문항 유형을 알아보세요.

| 묘사 | 걷기(산책) 습관 묘사 |

| 서술 | 최근 걷기 경험 서술 |

| 변화 서술 | 처음 하게 된 계기 및 흥미 변화 |

 다음 질문을 듣고 질문의 키워드를 확인해 보세요.  Ch08-Q1~3

1 [Int] 걷기(산책) 습관 묘사
You indicated that you like to take walks.
Talk about the things you do when you go for walks
Where do you normally go and how do you feel after taking a walk?
당신은 산책을 좋아한다고 말했습니다.
산책하러 갈 때 무엇을 하는지 이야기해 보시오.
보통 어디에 갑니까? 산책 후에는 기분이 어떻습니까?

2 [Int] 최근 걷기(산책) 경험 서술
Tell me about the last time you went for a walk.
Where did you go to and what happened
What did you do to prepare for your walk?
What did you do after you were done?
마지막으로 산책을 했던 때에 대해 이야기해 보시오.
어디에 갔으며, 어떤 일이 있었습니까?
산책할 때 무엇을 준비했습니까?
산책을 마친 후에는 무엇을 했습니까?

3 [Adv] 걷기(산책) 처음 하게 된 계기 및 흥미 변화
Now, tell me why you started to take walks in the first place.
How has your interest in taking walks changed over the years?
Why do you take walks now? Plus, what are the benefits of taking walks?
이제, 처음에 산책을 시작하게 된 이유를 설명해 보시오.
시간이 지나며 산책에 대한 당신의 흥미가 어떻게 바뀌었습니까?
왜 지금도 산책을 합니까? 또, 산책의 장점들은 무엇입니까?

Q1 실전문제 연습하기

Int 걷기(산책) 습관 묘사

You indicated that you like to take walks.
Talk about the things you do when you go for walks
Where do you normally go and how do you feel after taking a walk?

 **BEST RESPONSE**  Ch08-A1

I try to go for walks whenever I can.
I sometimes take walks right after lunch.
I sometimes do that in the evening after dinner.
I think taking a walk is one of the easiest ways to get some exercise.
It also helps me clear my head.

I normally go to parks to take walks.
There are many people who go for walks at parks.
Some people walk their dogs while they take walks themselves.

Overall, it feels refreshing after taking a walk.
I plan on taking walks whenever I have the chance.

CORE EXPRESSIONS

- go for a walk 산책하러 가다
- take a walk 산책하다
- in the evening after dinner 저녁 식사 후 저녁에
- clear one's head 머리 속을 정리하다
- feel refreshing 기분이 상쾌하다
- whenever I can 할 수 있을 때 마다
- right after lunch 점심 식사 직후에
- get some exercise 운동을 하다
- walk a dog 개를 산책시키다
- whenever I have the chance 기회가 있을 때 마다

Point Up!

❶ 관용 문구 **go for walks** 산책을 가다
I try to **go for walks** whenever I can.
저는 할 수 있을 때 마다 산책을 가려고 노력합니다.

❷ 최상급 **one of the easiest ways** 가장 쉬운 방법 중 하나
I think taking a walk is **one of the easiest ways** to get some exercise.
저는 산책은 운동을 하는 가장 쉬운 방법 중 하나라고 생각합니다.

❸ GET 동사 **get some exercise** 운동을 하다
I think taking a walk is one of the easiest ways to **get some exercise**.
저는 산책은 운동을 하는 가장 쉬운 방법 중 하나라고 생각합니다.

❹ 재귀대명사 **themselves** 그들 스스로
Some people walk their dogs while they take walks **themselves**.
어떤 사람들은 그들 스스로 산책하며 자기 강아지도 산책을 시킵니다.

❺ 형용사 **refreshing** 기분이 상쾌하다
It feels **refreshing** after taking a walk.
산책을 하고 나면 기분이 상쾌해집니다.

❻ 복합관계부사 **whenever I have the chance** 기회가 있을 때 마다
I plan on taking walks **whenever I have the chance**.
저는 기회가 될 때마다 언제든지 산책을 가려고 합니다.

아래 해석을 활용하여 나만의 답변을 완성해 보세요.

TRANSLATION

저는 할 수 있을 때 마다 산책을 가려고 노력합니다.
저는 가끔 점심을 먹은 직후에 산책을 합니다.
가끔씩은 저녁 식사 후에 저녁에 걷습니다.
저는 산책은 운동을 하는 가장 쉬운 방법 중 하나라고 생각합니다.
또 머리 속을 정리하는 데에도 도움이 됩니다.

저는 보통 공원에 걸으러 갑니다.
공원에는 산책을 나온 사람들이 많습니다.
어떤 사람들은 그들 스스로 산책하며 자기 강아지도 산책을 시킵니다.

전반적으로, 산책을 하고 나면 기분이 상쾌해집니다.
저는 기회가 될 때마다 언제든지 산책을 가려고 합니다.

Q2 실전문제 연습하기

Int 최근 걷기(산책) 경험 서술

Tell me about the last time you went for a walk.
Where did you go to and what happened
What did you do to prepare for your walk?

BEST RESPONSE

The last time I went for a walk was two days ago.
I went to the park I normally go to.
Before I left the house, I first filled a bottle with water.
I also packed a small towel.
I wore shorts and a light T-shirt.
　　　　　+ I wore a warm jacket because it was quite chilly.

When I got to the park, I first did some stretching to warm up.
Warming up like that helps me not get cramps.
And then, I started to walk.
I did several laps around the park.
I walked for a little less than an hour.
I was sweating a lot.

When I got back home, I took a shower right away.
It felt very good after the walk that day.

CORE EXPRESSIONS

- go for a walk 산책하러 가다
- fill a bottle with water 물병을 물로 채우다
- chilly 쌀쌀한
- do some stretching to warm up 몸풀기 위해 스트레칭을 하다
- do several laps around the park 공원을 몇 바퀴 돌다
- take a shower right away 즉시 샤워를 하다
- normally 보통
- pack a small towel 작은 수건을 챙기다
- get to the park 공원에 도착하다
- get a cramp 쥐가 나다
- sweat a lot 땀을 많이 흘리다

Point Up!

❶ 관용 문구 the last time 마지막, 지난 번에
The last time I went for a walk was two days ago.
제가 마지막으로 산책을 갔던 것은 이틀 전입니다.

❷ 연결어 before I left the house 집에서 나오기 전에
Before I left the house, I first filled a bottle with water.
집에서 나오기 전, 먼저 물병에 물을 가득 채웠습니다.

❸ GET 동사 when I got to the park 공원에 도착했을 때
When I got to the park, I first did some stretching to warm up.
공원에 도착했을 때, 가장 먼저 몸을 풀기 위해 스트레칭을 했습니다.

❹ 구동사 warm up 몸을 (천천히) 풀다
When I got to the park, I first did some stretching to warm up.
공원에 도착했을 때, 가장 먼저 몸을 풀기 위해 스트레칭을 했습니다.

❺ 동명사 주어 warming up like that 그렇게 몸을 푸는 것
Warming up like that helps me not get cramps.
그렇게 몸을 푸는 것은 쥐가 나지 않도록 하는데 도움이 됩니다.

❻ 관용 문구 do several laps 몇 바퀴 돌다
I did several laps around the park.
공원 몇 바퀴를 돌았습니다.

아래 해석을 활용하여 나만의 답변을 완성해 보세요.

TRANSLATION

제가 마지막으로 산책을 갔던 것은 이틀 전입니다.
제가 보통 가는 공원에 갔습니다.
집에서 나오기 전, 먼저 물병에 물을 가득 채웠습니다.
또 작은 수건도 하나 챙겼습니다.
저는 반바지와 가벼운 티셔츠를 입었습니다.
　　+ 날씨가 꽤 쌀쌀해서 따뜻한 재킷을 입었습니다.

공원에 도착했을 때, 가장 먼저 몸을 풀기 위해 스트레칭을 했습니다.
그렇게 몸을 푸는 것은 쥐가 나지 않도록 하는데 도움이 됩니다.
그리고, 저는 걷기 시작했습니다.
공원을 몇 바퀴 돌았습니다.
저는 한 시간이 조금 덜 되게 걸었습니다.
땀이 많이 났습니다.

집에 돌아와서, 저는 바로 샤워를 했습니다.
그 날 산책 이후 기분이 매우 좋았습니다.

Q3 실전문제 연습하기

Adv 걷기(산책) 처음 하게 된 계기 및 흥미 변화

Now, tell me why you started to take walks in the first place.
How has your interest in taking walks changed over the years?
Why do you take walks now? Plus, what are the benefits of taking walks?

 BEST RESPONSE  Ch08-A3

Frankly speaking, I didn't really like taking walks long time ago.
I couldn't understand why people would go for walks.

However, there were people around me who really liked to go for walks.
They said it was the easiest way to get some exercise.
One day, I decided to give it a try myself.
My body wasn't what it used to be.
So, I wanted to get back into shape.

I first started with light walking.
And then, I walked a little more every time I went.
Now, I really enjoy taking walks whenever I have the chance.

Overall, I think walking is a great simple way to get some exercise.

CORE EXPRESSIONS

- frankly speaking 솔직히 말해서
- however 그러나
- get some exercise 운동을 하다
- give it a try 시도하다
- light walking 가벼운 걷기
- get the runner's high 러너스하이를 맛보다
- long time ago 오래 전
- people around me 내 주변 사람들
- one day 어느 날, 언젠가
- get into shape 건강을 유지하다, 몸매를 가꾸다
- every time I go 갈 때마다

Point Up!

❶ 관용 문구 **frankly speaking** 솔직히 말해서
Frankly speaking, I didn't really like taking walks long time ago.
솔직히 말해서, 저는 예전에는 산책을 별로 좋아하지 않았습니다.

❷ 관용 문구 **people around me** 내 주변 사람들
There were **people around me** who really liked to go for walks.
제 주변에는 산책을 정말 즐기는 사람들이 있었습니다.

❸ 최상급 **the easiest way** 가장 쉬운 방법
They said it was **the easiest way** to get some exercise.
그들은 산책이 운동을 하는 가장 쉬운 방법이라고 말했습니다.

❹ 재귀대명사 **myself** 나 스스로
One day, I decided to give it a try **myself**.
어느 날, 저는 산책을 스스로 한번 해 보기로 결심했습니다.

❺ 관용 문구 **not what it used to be** 예전 같지 않다
My body **wasn't what it used to be**.
제 몸이 더 이상 예전 같지 않았습니다.

❻ GET 동사 **get back into shape** 예전 몸매로 돌아가다
I wanted to **get back into shape**.
저는 다시 원래 몸매를 되찾고 싶었습니다.

❻ 복합관계부사 **whenever I have the chance** 기회가 있을 때 마다
I really enjoy taking walks **whenever I have the chance**.
기회가 있을 때 마다 산책하는 것을 정말 즐기고 있습니다.

아래 해석을 활용하여 나만의 답변을 완성해 보세요.

TRANSLATION

솔직히 말해서, 저는 예전에는 산책을 별로 좋아하지 않았습니다.
저는 왜 사람들이 산책을 하러 나가는 것인지 이해할 수 없었습니다.

하지만, 제 주변에는 산책을 정말 즐기는 사람들이 있었습니다.
그들은 산책이 운동을 하는 가장 쉬운 방법이라고 말했습니다.
어느 날, 저는 산책을 한번 해 보기로 결심했습니다.
제 몸이 더 이상 예전 같지 않았습니다.
그래서, 저는 다시 원래 몸매를 되찾고 싶었습니다.

저는 먼저 가벼운 걷기로 시작했습니다.
그리고 나서, 매번 갈 때마다 조금씩 더 걸었습니다.
지금은, 기회가 있을 때 마다 산책하는 것을 정말 즐기고 있습니다.

전반적으로, 저는 걷기는 운동을 하는 훌륭하면서도 간단한 방법이라고 생각합니다.

Level-Up! 한국인의 말하기 취약점 분석

복합관계사 사용이 부족하다.

[일상 생활] 복합관계대명사, 복합관계부사의 강화!

앞서 공부한 복합관계대명사와 같이 복합관계부사도 AL등급을 받을 수 있는 Text Type 중 하나이다. '내가 원할 때 언제든지' whenever I want to와 같은 표현과 '내가 어디 있던지 간에' wherever I am은 오픽에서 쓸 수 있는 가장 대표적인 복합관계부사 구문들이다. 복합관계부사를 쓸 때는 꼭 뒤에 완전한 문장 형태가 나오도록 해야 한다. 최대한 많이 써서 고득점을 받을 수 있도록 해야 한다.

복합관계부사

* whenever 언제든지

I try to go for walks whenever I can.
언제든지 가능할 때면 산책을 가려고 합니다.

I take walks whenever I have the chance.
언제든지 기회가 될 때마다 산책합니다.

I can listen to music whenever I want to.
언제든지 원할 때면 음악을 들을 수 있습니다.

* wherever 어디든지

I can get access to the internet wherever I am.
제가 어디 있든지 인터넷에 접속할 수 있습니다.

I make status updates wherever I am.
저는 어디서든 상태 업데이트를 합니다.

I have my phone on me wherever I go.
저는 어디 가든지 휴대전화를 가지고 다닙니다.

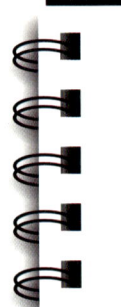

QUIZ

I try to wash my hands well _____ I can.
최대한 자주 손을 씻으려고 노력한다.

I can buy things _____ I am.
어디에 있든지 물건을 살 수 있다.

I clean the bathroom _____ I can.
언제든지 화장실을 깨끗하게 한다

 **ANSWERS** whenever / wherever / whenever

선택형 주제 I

Chapter 09 TECHNOLOGY (PHONES) 기술 (전화기)

● 주제에 알맞은 다양한 문항 유형을 알아보세요.

| 묘사 | 일상 기술 묘사 | 서술 | 새로운 기술 불편했던 경험 |
| 변화 서술 | 기술 과거-현재 비교, 변화 | 서술 | 기술 관련 문제점 |

다음 질문을 듣고 질문의 키워드를 확인해 보세요.

 Ch09-Q1~4

1 [Int] 일상적으로 사용하는 기술 묘사
What piece of technology do you use every day?
How often do you use this technology?
Would you say that you highly depend on technology throughout the day?
당신이 매일 사용하는 기술은 무엇입니까?
당신은 이 기술을 얼마나 자주 사용합니까?
당신은 하루 종일 이 기술에 크게 의존하고 있다고 볼 수 있습니까?

2 [Adv] 새로운 기술 접했을 때 불편했던 경험
A new type of technology can be frustrating.
Tell me about a time when you had trouble due to a new technology.
What kind of problems did that technology give you? Why was it frustrating?
새로운 유형의 기술은 당황스러울 수 있습니다.
새로운 기술로 인해 문제를 겪었던 경험에 대해 설명해 보십시오.
그 기술은 당신에게 어떤 문제를 일으켰습니까? 왜 당황스러웠습니까?

3 [Adv] 기술 과거-현재 비교, 변화
How has the technology you use changed over the years?
What is different compared to the technology you used in the past?
Give me all the details.
당신이 사용하는 기술이 시간이 지나며 어떻게 변화했습니까?
당신이 예전에 사용하던 기술과 비교했을 때 무엇이 다릅니까?
상세히 설명해 보십시오.

4 [Adv] 기술 관련 문제점
Tell me about some issues people talk about related to technology.
Why do people talk about that topic? Why is it a problem?
How do people deal with this problem?
Tell me everything you know about that topic.
사람들이 기술과 관련하여 이야기하는 몇 가지 이슈들을 설명해 보시오.
사람들은 왜 그 주제에 대해 이야기합니까? 그것이 왜 문제입니까?
사람들은 이 문제를 어떻게 처리합니까?
이 주제에 대해 당신이 알고 있는 것을 모두 설명해 보시오.

Q1 실전문제 연습하기

Int 일상적으로 사용하는 기술 묘사

What piece of technology do you use every day?
How often do you use this technology?
Would you say that you highly depend on technology throughout the day?

 **BEST RESPONSE**  Ch09-A1

I use my cell phone every single day.
Smartphones have become a big part of our lives.
First of all, I can get access to the internet on my phone.
The internet on smartphones has become a lot faster these days.

I pretty much do everything on my phone now.
I do searches to search for things most often.
I also listen to music with my phone.
My phone is also my camera.
I take most of my pictures with my phone.
I often post them up on the spot.

+ Plus, I use my cell phone to check the news or the weather forecast.
+ Plus, I use my cell phone to chat with people through a mobile messenger.
+ Also, I use my cell phone to post things on Facebook.
+ Also, I use my cell phone to buy things online.
+ Next, I use my cell phone to take online classes or to watch TV.
+ Next, I use my cell phone as my GPS. It helps me get to places I want to.
+ And then, I use my cell phone as my scheduler and alarm.
+ And then, I do mobile banking on my phone.
+ And then, I play games on my phone.

Last of all, my phone is my address book.
All my contact info is on my phone.

Overall, I cannot imagine living without my phone now.

CORE EXPRESSIONS

- every single day 하루도 빠짐 없이
- first of all 우선, 첫 째로
- do everything on the phone 휴대전화로 모든 것을 하다
- post up 게시하다, 올리다
- check the weather forecast 일기 예보를 확인하다
- GPS 네비게이션
- do mobile banking 모바일 뱅킹을 하다
- cannot imagine living without a phone 휴대전화 없이 사는 것을 상상할 수 없다
- a big part of one's life 삶의 큰 부분
- get access to the internet 인터넷에 접속하다
- do a search 검색하다
- on the spot 그 자리에서
- chat with people 사람들과 채팅하다
- get to a place 장소에 도착하다
- contact info 연락처 정보

Point Up!

❶ 관용 문구 every single day 하루도 빠짐 없이
I use my cell phone every single day.
저는 휴대전화를 하루도 빠지지 않고 사용합니다.

❷ 현재 완료 have become ~하게 되었다
Smartphones have become a big part of our lives.
스마트 폰은 우리 삶의 커다란 부분을 차지하게 되었습니다.

❸ GET 동사 get access to the internet 인터넷에 접속하다
I can get access to the internet on my phone.
저는 제 휴대전화로 인터넷에 접속할 수 있습니다.

❹ 비교급 a lot faster 훨씬 더 빠른
The internet on smartphones has become a lot faster these days.
요즘은 휴대전화 상의 인터넷이 훨씬 더 빨라졌습니다.

❺ 관용 문구 do everything on my phone 휴대전화로 모든 것을 하다
I pretty much do everything on my phone now.
저는 이제 휴대전화로 거의 모든 것을 합니다.

❻ 관용 문구 cannot imagine living without ~없는 삶은 상상할 수 없다
I cannot imagine living without my phone now.
저는 이제 휴대전화 없는 삶은 상상할 수도 없습니다.

아래 해석을 활용하여 나만의 답변을 완성해 보세요.

TRANSLATION

저는 휴대전화를 하루도 빠지지 않고 사용합니다.
스마트 폰은 우리 삶의 커다란 부분을 차지하게 되었습니다.
무엇보다도, 저는 제 휴대전화로 인터넷에 접속할 수 있습니다.
요즘은 휴대전화 상의 인터넷이 훨씬 더 빨라졌습니다.

저는 이제 휴대전화로 거의 모든 것을 합니다.
무언가를 찾기 위해 검색을 가장 자주 합니다.
또 휴대전화로 음악을 듣습니다.
또 휴대전화는 저의 카메라이기도 합니다.
저는 대부분의 사진을 휴대전화로 찍습니다.
저는 사진을 바로 올릴 때가 많습니다.
　+ 그리고, 뉴스나 날씨 예보를 확인하는데 휴대전화를 사용합니다.
　+ 그리고, 모바일 메신저로 사람들과 채팅할 때에도 휴대전화를 사용합니다.

+ 또한, 페이스 북에 무언가를 올릴 때에도 휴대전화를 사용합니다.
+ 또한, 온라인으로 물건을 구매할 때에도 휴대전화를 사용합니다.
+ 다음으로, 온라인 강의나 텔레비전을 볼 때에도 휴대전화를 사용합니다.
+ 다음으로, 휴대전화를 네비게이션으로 사용합니다. 제가 가고자 하는 장소에 도착할 수 있도록 도와줍니다.

마지막으로, 휴대전화는 제 주소록입니다.
모든 연락처 정보가 휴대전화에 있습니다.

결론적으로, 저는 이제 휴대전화 없는 삶은 상상할 수도 없습니다.

Q2 실전문제 연습하기

Adv 새로운 기술 접했을 때 불편했던 경험

A new type of technology can be frustrating.
Tell me about a time when you had trouble due to a new technology.
What kind of problems did that technology give you? Why was it frustrating?

 **BEST RESPONSE**  Ch09-A2

I remember when I bought a new smartphone a year ago.
    + a year and a half ago / 8 months ago / last year / early this year
I used to use an iPhone and switched to Samsung Galaxy S7.
It was a new model, so I was not used to the new features.
It was quite frustrating because I had trouble doing basic things.
    + Plus, I had trouble storing people's numbers.
    + Plus, I had trouble setting ring tones.
    + Also, I had trouble setting the background.
    + Also, I had trouble setting the lock.
    + Next, I had trouble capturing screen images.
    + Next, I had trouble customizing my phone.
    + And then, I had trouble moving my previous data to my new phone.
Plus, I was not used to the keypad.
So, it took me a long time to type in something.
I also made a lot of typos.
In fact, it took me a full week to get used to my new phone.

Overall, I think this is a common thing people experience when they get a new phone.

CORE EXPRESSIONS

- used to use an iPhone 과거에 아이폰을 썼었다
- not used to the new feature 새 기능에 익숙하지 않은
- store one's number 전화번호를 저장하다
- customize a phone 휴대전화를 맞춤 설정 하다
- type in 입력하다
- get used to 익숙해지다
- switch to 갈아타다
- be frustrating 당황스럽다
- capture screen image 이미지를 캡쳐하다
- not used to the keypad 자판에 익숙하지 않은
- make a typo 오타를 내다

Point Up!

❶ 〔조동사〕 **used to use** 과거에 ~을 사용했었다
I **used to use** an iPhone and switched to Samsung Galaxy S7.
저는 과거에 아이폰을 사용했었는데, 삼성 갤럭시 S7으로 갈아탔습니다.

❷ 〔관용 문구〕 **switch to** 갈아타다
I used to use an iPhone and **switched to** Samsung Galaxy S7.
저는 과거에 아이폰을 사용했었는데, 삼성 갤럭시 S7으로 갈아탔습니다.

❸ 〔관용 문구〕 **have trouble -ing** ~하는데 어려움을 겪다
It was quite frustrating because I **had trouble doing** basic things.
기본적인 것들을 하는 것도 어려워서 정말 당황스러웠습니다.

❹ 〔구동사〕 **type in** 입력하다
It took me a long time to **type in** something.
뭔가를 입력하는 데 시간이 오래 걸렸습니다.

❺ 〔관용 문구〕 **make a lot of typos** 오타를 많이 내다
I also **made a lot of typos**.
오타도 정말 많이 냈습니다.

❻ 〔GET 동사〕 **get used to** 익숙해지다
It took me a full week to **get used to** my new phone.
새 휴대전화에 익숙해지는 데에는 일주일이 꼬박 걸렸습니다.

아래 해석을 활용하여 나만의 답변을 완성해 보세요.

TRANSLATION

1년 전에 새 스마트 폰을 샀던 기억이 납니다.
　+ 1년 반 전에 / 8달 전에 / 작년에 / 올해 초에
저는 과거에 아이폰을 사용했었는데, 삼성 갤럭시 S7으로 갈아탔습니다.
새 모델이라서, 저는 새로운 기능들에 익숙하지 않습니다.
기본적인 것들을 하는 것도 어려워서 정말 당황스러웠습니다.
　+ 그리고, 사람들의 전화번호 저장이 힘들었습니다.
　+ 그리고, 벨소리를 설정하는 것이 어려웠습니다.
　+ 또한, 배경화면 설정하는 것이 어려웠습니다.
　+ 또한, 잠금 설정하는 것이 어려웠습니다.
　+ 다음으로, 화면의 이미지를 캡쳐하는 것이 어려웠습니다.
　+ 다음으로, 휴대전화 맞춤 설정이 어려웠습니다.
　+ 그리고 또, 저의 이전 데이터를 새로운 휴대전화에 옮기는 것이 어려웠습니다.

그리고, 저는 키패드에 익숙하지 않습니다.
그래서 뭔가를 입력하는 데 시간이 오래 걸렸습니다.
오타도 정말 많이 냈습니다.
사실, 새 휴대전화에 익숙해지는 데에는 일주일이 꼬박 걸렸습니다.
정리하자면, 이것은 사람들이 새 휴대전화를 사면 흔히 겪게 되는 일이라고 생각합니다.

Q3 실전문제 연습하기

Adv 기술 과거–현재 비교, 변화

How has the technology you use changed over the years?
What is different compared to the technology you used in the past?
Give me all the details.

 **BEST RESPONSE**  Ch09-A3

Phones have changed a lot in the last 20 years.
Phones today can do a lot more than just make calls.
You can get access to the internet with your phone.
So, you can pretty much do everything on the move.
You can surf the internet, do searches, or check your email on your phone.
You can take high-quality pictures with your phone and post them online on the spot.
  + Plus, you can make status updates on Facebook on the move.
  + And then, you can use your cell phone to get the news or the weather forecast.
  + Also, you can use your cell phone to take online classes.
  + Plus, you can buy movie tickets on your phone.
  + Also, you can use your cell phone as your GPS.
  + Also, many people use their cell phones as their scheduler or alarm.
People call smartphones all-in-one devices because they can do so much.
Having a cell phone today makes a big difference.

CORE EXPRESSIONS

- make a call 전화를 걸다
- do everything on the move 이동 중에 모든 것을 하다
- post online 인터넷에 올리다
- make status update 상태 업데이트를 하다
- get access to the internet 인터넷에 접속하다
- take high-quality picture 고화질 사진을 찍다
- on the spot 그 자리에서
- all-in-one device 통합기기

Point Up!

❶ [현재 완료] **have changed** 변해왔다
Phones have changed a lot in the last 20 years.
휴대전화는 지난 20여 년간 많이 변해왔습니다.

❷ [비교급] **a lot more than** ~보다 훨씬 더 많은
Phones today can do a lot more than just make calls.
휴대전화는 이제 음성통화 외에도 훨씬 더 많은 것들을 할 수 있습니다.

❸ [GET 동사] **get access to the internet** 인터넷에 접속하다
You can get access to the internet with your phone.
휴대전화로 인터넷에 접속할 수 있습니다.

❹ [관용 문구] **on the move** 이동 중에
You can pretty much do everything on the move.
이동 중에도 거의 모든 일을 할 수 있습니다.

❺ [합성어] **all-in-one devices** 통합기기
People call smartphones all-in-one devices because they can do so much.
스마트 폰으로 많은 일을 할 수 있기 때문에, 사람들은 스마트폰을 통합기기라고 부릅니다.

❻ [동명사 주어] **having a cell phone today** 오늘날 휴대전화를 가지고 있다는 것
Having a cell phone today makes a big difference.
오늘날 휴대전화를 가지고 있다는 것은 큰 차이를 만듭니다.

아래 해석을 활용하여 나만의 답변을 완성해 보세요.

TRANSLATION

휴대전화는 지난 20여 년간 많이 변해왔습니다.
휴대전화는 이제 음성통화 외에도 훨씬 더 많은 것들을 할 수 있습니다.
휴대전화로 인터넷에 접속할 수 있습니다.
그래서 이동 중에도 거의 모든 일을 할 수 있습니다.
휴대전화로 인터넷 서핑, 검색 또는 이메일을 확인할 수 있습니다.
휴대전화로 고화질 사진을 찍고 바로 올릴 수도 있습니다.
  + 그리고, 이동 중에도 페이스 북 상태 업데이트를 할 수 있습니다.
  + 그리고 또, 뉴스나 날씨 예보를 볼 때에도 휴대전화를 사용할 수 있습니다.
  + 또한, 온라인 강의를 들을 때에도 휴대전화를 사용할 수 있습니다.
  + 그리고, 휴대전화로 영화표를 구입할 수 있습니다.
  + 또한, 휴대전화를 네비게이션으로 사용할 수 있습니다.
  + 또한, 많은 사람들이 휴대전화를 일정표나 알람으로 사용합니다.

스마트 폰으로 많은 일을 할 수 있기 때문에, 사람들은 스마트폰을 통합기기라고 부릅니다.
오늘날 휴대전화를 가지고 있다는 것은 큰 차이를 만듭니다.

Q4 실전문제 연습하기

Adv 기술 관련 문제점

Tell me about some issues people talk about related to technology.
Why do people talk about that topic? Why is it a problem?
How do people deal with this problem?
Tell me everything you know about that topic.

 BEST RESPONSE  Ch09-A4

Smartphones are very convenient, but they do have some side effects.
First of all, we can get distracted because we do so many things on our cell phones.
We constantly check our phones throughout the day.
Plus, many people are glued to their phones.
They just cannot put them down.

I remember when I was getting some work done recently.
However, my phone kept ringing every minute.
I couldn't concentrate on what I was doing.

It made me realize how much our phones could disturb our daily lives.
Once again, our phones can be a distraction at times.

CORE EXPRESSIONS

- be convenient 편리하다
- get distracted 산만해지다
- throughout the day 하루 종일, 하루 내내
- keep ringing every minute 일 분마다 울려대다
- realize 깨닫다
- once again 다시 한번 말하자면
- have a side effect 부작용이 있다
- constantly check a phone 끊임없이 휴대전화를 확인하다
- be glued to the phone 휴대전화에 들러붙어 있다
- concentrate on ~에 집중하다
- disturb one's daily life 누군가의 일상생활을 방해하다
- be a distraction 방해가 되다

Point Up!

❶ [관용 문구] have some side effects 부작용이 있다
They do have some side effects.
부작용도 있습니다.

❷ [GET 동사] get distracted 산만해지다
We can get distracted because we do so many things on our cell phones.
스마트 폰 때문에 산만해질 수 있습니다.

❸ [부사] constantly 끊임없이
We constantly check our phones throughout the day.
우리는 하루 종일 끊임 없이 휴대전화를 확인합니다.

❹ [수동태] be glued to 들러붙어 있다
Many people are glued to their phones.
많은 사람들이 휴대전화를 내려 놓지를 못합니다.

❺ [관용 문구] keep ringing every minute 일 분마다 울리다
My phone kept ringing every minute.
제 휴대전화가 일 분마다 울려댔습니다.

❻ [관용 문구] make me realize 깨닫게 해주다
It made me realize how much our phones could disturb our daily lives.
저는 휴대전화가 우리의 일상 생활을 얼마나 방해할 수 있는지 깨닫게 되었습니다.

아래 해석을 활용하여 나만의 답변을 완성해 보세요.

TRANSLATION

스마트 폰은 매우 편리하지만, 부작용도 있습니다.
먼저, 스마트 폰 때문에 산만해질 수 있습니다.
우리는 하루 종일 끊임 없이 휴대전화를 확인합니다.
그리고, 많은 사람들이 휴대전화에 들러붙어 있습니다.
정말 휴대전화를 내려놓지를 못합니다.

제가 최근에 어떤 일을 하고 있었을 때가 생각납니다.
하지만, 제 휴대전화가 일 분마다 울려댔습니다.
저는 제가 하는 일에 집중할 수가 없었습니다.

저는 휴대전화가 우리의 일상 생활을 얼마나 방해할 수 있는지 깨닫게 되었습니다.
다시 말하자면, 휴대전화는 때로 방해가 될 수 있습니다.

Level-Up! 한국인의 말하기 취약점 분석

다양한 주어가 부족하다.

[동명사 주어] 강화하기!

'손을 잘 씻는 것은 건강에 좋다'라는 표현을 할 때 It is good to wash hands.라고 말한다면 절대 높은 등급을 받을 수 없다. 상위 등급의 문장 구조를 답변에 포함하지 않을 경우, 문법적으로 오류를 내지 않았더라도 높은 등급을 기대하기는 힘들다. 일반적인 주어 대신 동명사를 주어로 쓰는 것은 AL Text Type 중 하나이기 때문에 동명사 행위 주어와 익숙해지는 것이 좋다.

동명사 행위 주어

Having a cell phone today makes a big difference.
요즘은 휴대전화를 가지고 있다는 것이 매우 큰 차이를 만듭니다.

Drinking a lot of water is good for our health.
물을 많이 마시는 것은 건강에 좋습니다.

Washing your hands well is good for your health.
손을 잘 씻는 것은 건강에 좋습니다.

Meeting a new family member is always memorable.
새로운 가족을 만나는 것은 언제나 기억에 남습니다.

Having a positive mindset is the key when it comes to our health.
건강에 있어서는 긍정적인 마음가짐을 갖는 것이 중요합니다.

Being healthy has to do with exercising.
건강하다는 것은 운동과 관련이 있습니다.

QUIZ

_____ like that helps me not get cramps.
그렇게 몸을 푸는 것은 쥐가 나지 않도록 도와줍니다.

_____ a lot of veggies and fruits is good for your health.
채소와 과일을 많이 먹는 것은 건강에 좋다.

_____ is not easy, but I try my best.
운동하는 것은 쉽지 않지만 저는 최선을 다합니다.

ANSWERS warming up / eating / working out

Chapter 10

공통형 주제 |

HEALTH
건강

● 주제에 알맞은 다양한 문항 유형을 알아보세요.

| 묘사 | 건강하게 하는 습관 묘사 | 서술 | 개인적 건강 유지 방법 |
| 서술 | 건강상의 문제, 대처 방법 | 변화 서술 | 과거-현재 건강 인식 변화 |

다음 질문을 듣고 질문의 키워드를 확인해 보세요.

 Ch10-Q1~4

1 Int 사람을 건강하게 하는 습관 묘사
I'd like to ask you to describe a healthy person.
What makes a person healthy? Why do you think that way?
Tell me everything about the things you think makes someone healthier.
건강한 사람을 묘사해 보시오.
무엇이 사람을 건강하게 합니까? 왜 그렇게 생각합니까?
사람을 건강하게 하는 것들에 대해 상세하게 설명해 보시오.

2 Int 개인적 건강 유지 방법
There must be something you do to maintain your health.
Do you work out often? Do you try to eat well?
What are some things that you personally do to stay healthy?
건강 유지를 위해 무언가 하는 것이 있을 것입니다.
자주 운동을 합니까? 잘 먹으려고 노력합니까?
개인적으로 건강을 유지하기 위해 무엇을 합니까?

3 Adv 건강상의 문제, 대처 방법
Something wrong can happen to our health sometimes.
What are some health problems you can have?
Describe in detail what can happen when someone loses his/her health.
How can a health problem be fixed?
때로는 우리의 건강에 문제가 생길 수 있습니다.
당신에게 일어날 수 있는 건강 문제는 무엇이 있습니까?
건강을 잃으면 어떤 일이 일어날 수 있는지 상세하게 설명해 보십시오.
건강 문제를 어떻게 해결할 수 있을까요?

4 Adv 과거-현재 건강에 대한 인식 변화
Now, tell me how people used to maintain their health in the past.
How was it different from what people do today?
How do different generations think differently regarding their health?
이제, 사람들이 과거에는 어떻게 건강을 유지했는지 이야기해 보시오.
지금 사람들이 하는 것과는 어떻게 달랐습니까?
건강에 대해, 세대별로 어떻게 다르게 생각합니까?

Q1 실전문제 연습하기

> **Int** 사람을 건강하게 하는 습관 묘사
>
> I'd like to ask you to describe a healthy person.
> What makes a person healthy? Why do you think that way?
> Tell me everything about the things you think makes someone healthier.

 **BEST RESPONSE**  Ch10-A1

People say you are what you eat.
So, you have to eat healthy and regularly.
You have to have balanced meals.
You have to eat a lot of veggies and fruits as well.

Also, I think being healthy has to do with exercising.
You have to work out as often as you can.

Plus, personal hygiene is very important.
Washing your hands well can help prevent diseases.

Last of all, I think you have to stay positive.
If you have a positive mindset, you will get less stress.

Overall, I think these are the things that make a person healthy.
I try to follow these rules myself.

CORE EXPRESSIONS

- you are what you eat 먹는 것이 곧 건강과 직결된다
- have balanced meals 균형잡힌 식사를 하다
- have to do with 관련이 있다
- as often as one can 최대한 자주
- stay positive 긍정적으로 생각하다
- get less stress 스트레스를 덜 받다
- eat healthy and regularly 건강하고 규칙적으로 먹다
- veggies and fruits 채소와 과일
- work out 운동을 하다
- personal hygiene 개인 위생
- have a positive mindset 긍정적인 가치관을 가지다

Point Up!

❶ 관용 문구 you are what you eat 먹는 것이 곧 건강과 직결된다
People say you are what you eat.
먹는 것이 곧 건강과 직결된다는 말이 있습니다.

❷ 복수형 명사 eat a lot of veggies and fruits 채소와 과일을 많이 먹다
You have to eat a lot of veggies and fruits as well.
또한 많은 양의 채소와 과일을 섭취해야 합니다.

❸ 빈도구문 as often as you can 최대한 자주
You have to work out as often as you can.
최대한 자주 운동을 해야 합니다.

❹ 동명사 주어 washing your hands well 손을 잘 씻는 것
Washing your hands well can help prevent diseases.
손을 잘 씻는 것은 질병 예방에 도움이 됩니다.

❺ GET 동사 get less stress 스트레스를 덜 받다
If you have a positive mindset, you will get less stress.
긍정적인 마음가짐을 가지고 있으면, 스트레스를 덜 받게 될 것입니다.

❻ 재귀대명사 myself 나 스스로
I try to follow these rules myself.
저 역시 스스로 이러한 규칙들을 따르려고 합니다.

아래 해석을 활용하여 나만의 답변을 완성해 보세요.

TRANSLATION

먹는 것이 곧 건강과 직결된다는 말이 있습니다.
그래서, 건강하고 정기적인 식사를 해야 합니다.
균형 잡힌 식사를 해야 합니다.
또한 많은 양의 채소와 과일을 섭취해야 합니다.

또한, 건강하다는 것은 운동과도 관련이 있다고 생각합니다.
최대한 자주 운동을 해야 합니다.

그리고, 개인 위생도 아주 중요합니다.
손을 잘 씻는 것은 질병 예방에 도움이 됩니다.

마지막으로, 긍정적인 자세를 유지해야 합니다.
긍정적인 마음가짐을 가지고 있으면, 스트레스를 덜 받게 될 것입니다.

정리하자면, 저는 이러한 것들이 사람을 건강하게 만들어 준다고 생각합니다.
저 역시 스스로 이러한 규칙들을 따르려고 합니다.

Q2 실전문제 연습하기

> **Int 개인적 건강 유지 방법**
>
> There must be something you do to maintain your health.
> Do you work out often? Do you try to eat well?
> What are some things that you personally do to stay healthy?

BEST RESPONSE — Ch10-A2

To stay healthy, I try to work out as often as I can.
Working out is not easy, but I try my best.
I try to get some exercise by taking walks or going for a run.

Of course, I try to eat properly as well.
I try to eat a lot of veggies and fruits.
I try not to eat too much or too late.
Plus, I try not to drink too much.

Also, I try to follow a regular lifestyle and get enough sleep.
I also try to wash my hands well as often as I can.

Last of all, I always try to stay positive.
I try to look on the bright side of things.
This way, I can get less stress.

So, that's how it is.
These are some of the things I do to stay healthy.

CORE EXPRESSIONS

- stay healthy 건강을 유지하다
- try one's best 최선을 다하다
- take a walk 산책하다
- eat properly 제대로 먹다
- get enough sleep 잠을 충분히 자다
- look on the bright side of things 긍정적인 면을 보다
- as often as one can 최대한 자주
- get some exercise 운동을 하다
- go for a run 뛰러 가다
- follow a regular lifestyle 규칙적인 생활을 하다
- stay positive 긍정적으로 생각하다

Point Up!

❶ 〔동명사 주어〕 **working out** 운동하는 것
Working out is not easy, but I try my best.
운동하는 것이 쉽지는 않지만, 최선을 다합니다.

❷ 〔관용 문구〕 **try one's best** 최선을 다하다
Working out is not easy, but I **try my best**.
운동하는 것이 쉽지는 않지만, 최선을 다합니다.

❸ 〔GET 동사〕 **get some exercise** 운동을 하다
I try to **get some exercise** by taking walks or going for a run.
산책을 하거나 뛰러 나가는 등 운동을 하려고 노력합니다.

❹ 〔관용 문구〕 **try to eat properly** 제대로 먹으려고 노력하다
Of course, I **try to eat properly** as well.
물론, 제대로 먹으려고 노력하기도 합니다.

❺ 〔GET 동사〕 **get enough sleep** 잠을 충분히 자다
Also, I try to follow a regular lifestyle and **get enough sleep**.
또한, 규칙적인 생활을 하고 잠은 충분히 자려고 합니다.

❻ 〔관용 문구〕 **look on the bright side of things** 긍정적인 면을 보다
I try to **look on the bright side of things**.
모든 일의 긍정적인 면을 보려고 노력합니다.

아래 해석을 활용하여 나만의 답변을 완성해 보세요.

TRANSLATION

건강을 유지하기 위해, 저는 가능한 자주 운동을 하려고 합니다.
운동하는 것이 쉽지는 않지만, 최선을 다합니다.
산책을 하거나 뛰러 나가는 등 운동을 하려고 노력합니다.

물론, 제대로 먹으려고 노력하기도 합니다.
저는 채소와 과일을 많이 먹으려고 합니다.
과식이나 야식을 하지 않으려고 노력합니다.
그리고, 과음하지 않으려고 합니다.

또한, 규칙적인 생활을 하고 잠은 충분히 자려고 합니다.
그리고 가능한 자주 손을 씻으려고 합니다.

마지막으로, 저는 항상 긍정적인 자세를 유지하려고 합니다.
모든 일의 긍정적인 면을 보려고 노력합니다.
이렇게 하면, 스트레스를 덜 받을 수 있습니다.

그래서, 저의 방법은 위와 같습니다.
이러한 것들이 제가 건강을 유지하기 위해 하는 일들입니다.

Q3 실전문제 연습하기

Adv 건강상의 문제, 대처 방법

Something wrong can happen to our health sometimes.
What are some health problems you can have?
Describe in detail what can happen when someone loses his/her health.

 **BEST RESPONSE**  Ch10-A3

One of the most common reasons to lose your health is stress.
We get a lot of stress from work, from relationships, or from money problems.

If you get too much stress, you could lose your health.
If you lose your health, you lose everything.
The best way to stay healthy is to be positive.
Of course, this is easier said than done.
But you always have to try!
You always have to look on the bright side of things.
That's what I try to do.

So, once again, having a positive mindset is the key when it comes to our health.

CORE EXPRESSIONS

- lose one's health 건강을 잃다
- be positive 긍정적이다
- look on the bright side of things 긍정적인 면을 보다
- have a positive mindset 긍정적인 가치관을 갖다
- stay healthy 건강을 유지하다
- easier said than done 실천보다 말이 쉬운
- once again 다시 한번 말하자면
- when it comes to one's health 건강에 있어서

Point Up!

❶ 최상급 one of the most common reasons 가장 일반적인 이유 중 하나
One of the most common reasons to lose your health is stress.
건강을 해치는 가장 일반적인 이유 중 하나는 스트레스입니다.

❷ GET 동사 get a lot of stress 많은 스트레스를 받다
We **get a lot of stress** from work, from relationships, or from money problems.
우리는 업무, 인간 관계 또는 경제적인 문제들로부터 많은 스트레스를 받습니다.

❸ 조동사 could lose your health 건강을 잃을 수 있다
If you get too much stress, you **could lose your health**.
과도한 스트레스를 받으면, 건강을 잃을 수 있습니다.

❹ 관용 문구 this is easier said than done 말이야 실천보다 쉽다
Of course, **this is easier said than done**.
물론, 말이야 실천보다 쉽습니다.

❺ 동명사 주어 having a positive mindset 긍정적인 가치관을 갖는 것
Having a positive mindset is the key when it comes to our health.
건강에 있어서는 긍정적인 가치관을 갖는 것이 핵심입니다.

❻ 연결어 when it comes to ~에 있어서
Having a positive mindset is the key **when it comes to** our health.
건강에 있어서는 긍정적인 가치관을 갖는 것이 핵심입니다.

아래 해석을 활용하여 나만의 답변을 완성해 보세요.

TRANSLATION

건강을 해치는 가장 일반적인 이유 중 하나는 스트레스입니다.
우리는 업무, 인간 관계 또는 경제적인 문제들로부터 많은 스트레스를 받습니다.

과도한 스트레스를 받으면, 건강을 잃을 수 있습니다.
건강을 잃으면, 모든 것을 잃는 것입니다.
건강을 유지하기 위한 최고의 방법은 긍정적으로 사는 것 입니다.
물론, 말이야 실천보다 쉽습니다.
하지만 늘 노력해야 합니다!
항상 늘 긍정적인 면을 보아야 합니다.
저는 그렇게 하려고 노력합니다.

다시 말하자면, 건강에 있어서는 긍정적인 가치관을 갖는 것이 핵심입니다.

Q4 실전문제 연습하기

Adv 과거-현재 건강에 대한 인식 변화

Now, tell me how people used to maintain their health in the past.
How was it different from what people do today?
How do different generations think differently regarding their health?

 **BEST RESPONSE**  Ch10-A4

In the past, people just did what was common sense for their health.
They tried to eat well, work out, and get enough sleep.
But now, people have become a lot more health-conscious than in the past.
Plus, people can find out about their health much more easily.
There is a lot of information on our health on the internet.

Plus, people get medical check-ups regularly.
If something is wrong with their health, they can do something about it earlier.

So, once again, people have become more health-conscious than in the past.

CORE EXPRESSIONS

- common sense 상식
- work out 운동하다
- health-conscious 건강을 신경쓰는
- much more easily 훨씬 더 쉽게
- regularly 정기적으로

- eat well 잘 먹다
- get enough sleep 잠을 충분히 자다
- find out about health 건강에 대해 알아보다
- get medical check-up 건강검진을 받다

Point Up!

❶ 관용 문구 what is common sense 상식적인 것
In the past, people just did what was common sense for their health.
예전에는, 사람들이 건강을 위해 상식적인 선에서의 노력만 했습니다.

❷ 합성어 health-conscious 건강을 신경쓰는
But now, people have become a lot more health-conscious than in the past.
그러나 지금은 사람들이 예전보다 훨씬 더 건강에 신경을 쓰게 되었습니다.

❸ 비교급 much more easily 훨씬 더 쉽게
People can find out about their health much more easily.
자신의 건강에 대해 훨씬 더 쉽게 알 수 있게 되었습니다.

❹ GET 동사 get medical check-ups 건강검진을 받다
People get medical check-ups regularly.
사람들이 정기적인 건강 검진도 받습니다.

❺ 관용 문구 do something about it earlier 더 빨리 조치를 취할 수 있다
If something is wrong with their health, they can do something about it earlier.
만약 건강에 문제가 생기면, 보다 빠르게 조치를 취할 수 있습니다.

❻ 현재 완료 have become more health-conscious 더 건강에 신경을 쓰게 되었다
People have become more health-conscious than in the past.
사람들은 과거보다 더 건강에 신경을 쓰게 되었습니다.

아래 해석을 활용하여 나만의 답변을 완성해 보세요.

TRANSLATION

예전에는, 사람들이 건강을 위해 상식적인 선에서의 노력만 했습니다.
잘 먹고, 운동하고, 충분히 잠을 자려고 했습니다.
그러나 지금은 사람들이 예전보다 훨씬 더 건강에 신경을 쓰게 되었습니다.
그리고, 자신의 건강에 대해 훨씬 더 쉽게 알 수 있게 되었습니다.
인터넷에는 건강에 대한 정보가 많습니다.

그리고, 사람들이 정기적인 건강 검진도 받습니다.
만약 건강에 문제가 생기면, 보다 빠르게 조치를 취할 수 있습니다.

그래서 다시 한번 말하자면, 사람들은 과거보다 더 건강에 신경을 쓰게 되었습니다.

Level-Up! 한국인의 말하기 취약점 분석

관용 문구가 부족하다.

[일상 생활] 관용 문구의 강화!

우리말에 '최대한 자주'라는 표현이 '자주'라는 표현보다 더 강조가 되듯, 영어에도 관용적으로 '최대한'을 넣을 수 있는 방법이 있다. 바로 as ~ as I can과 as ~ as possible이다. 두 표현 모두 '최대한'이라는 뜻을 가지고 있으며, 맥락에 맞게 다양하게 쓸 경우 고득점을 받을 수 있다.

as ~ as I can 최대한

as ~ as possible 최대한

I try to work out **as often as I can**.
저는 최대한 자주 운동하려고 합니다.

I try to eat vegies **as much as I can**.
저는 최대한 채소를 많이 먹으려고 합니다.

I went there **as fast as I can**.
저는 최대한 빨리 그 곳에 갔습니다.

Please get back to me **as soon as possible**
최대한 빨리 다시 연락 주세요.

Please let me know **ASAP**.
최대한 빨리 알려 주십시오.

QUIZ

I clean the house _____.
저는 최대한 자주 집 청소를 합니다.

I like to clean up _____ I cook something.
요리를 하자마자 치우는 것을 좋아합니다.

I try to get some exercise at the park _____.
최대한 많이 공원에서 운동을 하려고 노력합니다.

 ANSWERS   as often as I can / as soon as / as much as I can

Chapter 11

공통형 주제 |
RECYCLING
재활용

● 주제에 알맞은 다양한 문항 유형을 알아보세요.

서술 우리나라 재활용 실천, 본인 습관

과거 경험 재활용 관련 에피소드

비교 서술 재활용 과거–현재 비교

 다음 질문을 듣고 질문의 키워드를 확인해 보세요.

 Ch11-Q1~3

1 [Int] 우리나라의 재활용 실천, 본인의 재활용 습관
I'd like to know about how recycling is practiced in your country.
What do people specifically do to recycle?
Do they separately gather things like plastic or glass?
Also, tell me about how you personally recycle.
당신이 사는 나라에서는 어떻게 재활용을 하는지 알고 싶습니다.
재활용을 위해 사람들이 구체적으로 무엇을 합니까?
플라스틱이나 유리 등의 물건을 따로 모으고 있습니까?
그리고, 개인적으로 당신이 어떻게 재활용을 하는지 설명해 보시오.

2 [Int] 재활용 관련 기억에 남는 에피소드
Now, tell me about a memorable or an unexpected incident regarding recycling.
What exactly happened and how did you deal with the situation?
Tell me everything that you did from beginning to end.
이제, 재활용과 관련하여 기억에 남거나 예상치 못했던 일에 대해 설명해 보시오.
정확히 어떤 일이 일어났습니까? 당신은 그 상황을 어떻게 해결했습니까?
처음부터 끝까지 어떻게 했는지 상세히 설명해 보시오.

3 [Adv] 재활용 과거–현재 비교, 변화
How is recycling when you were young different from what you do today?
Are there any big differences? Are there any similarities?
Tell me about how recycling has changed over the years.
지금 하고 있는 재활용과 과거에 당신이 했던 재활용은 어떻게 다릅니까?
큰 차이가 있습니까? 비슷한 점이 있습니까?
수 년간 재활용이 어떻게 바뀌었는지 설명해 보시오.

Q1 실전문제 연습하기

Int 우리나라의 재활용 실천, 본인의 재활용 습관

I'd like to know about how recycling is practiced in your country.
What do people specifically do to recycle?
Do they separately gather things like plastic or glass?
Also, tell me about how you personally recycle.

BEST RESPONSE   Ch11-A1

Recycling is very well-practiced in Korea.
It is a daily routine people engage in.
People gather cans, plastic, paper, and glass at home separately.
They take them out to a designated area for the recycling outside.
It's normally next to the dumpster for regular garbage.

Personally, I have three kinds of garbage cans at home.
One is for regular garbage, the other is for food waste, and the last is for the recycling.
I throw away cans, paper, plastic, or glass in the recycling basket.
And then, I take them out separately.
I do that at least twice a week on average.
I normally take out the recycling on my way out.

Overall, it feels like a hassle to recycle sometimes, but recycling is eco-friendly.
It helps us produce less garbage and reuse our natural resources.
I'm glad that I'm practicing recycling myself.

CORE EXPRESSIONS

- recycling 재활용
- daily routine people engage in 사람들이 참여하는 일과
- take out 내다 버리다
- dumpster for regular garbage 일반쓰레기통
- food waste 음식물 쓰레기
- at least twice a week on average 평균적으로 일주일에 적어도 두 번
- feel like a hassle 귀찮게 느껴지다
- produce less garbage 쓰레기를 덜 만들다
- well-practiced 잘 실행되는
- gather separately 따로 모으다
- designated area 지정된 공간
- personally 개인적으로
- throw away 버리다
- on one's way out 나가는 길에
- eco-friendly 친환경적인
- reuse 다시 사용하다

Point Up!

❶ 합성어 **well-practiced** 잘 실행되는
Recycling is very **well-practiced** in Korea.
한국에서는 재활용이 매우 잘 실천되고 있습니다.

❷ 관용 문구 **a daily routine people engage in** 사람들이 참여하는 일과
It is **a daily routine people engage** in.
재활용은 사람들의 하루 일과입니다.

❸ 구동사 **take them out** 내다 버리다
They **take them out** to a designated area for the recycling outside.
이것들을 바깥의 재활용 지정 구역에 내다 버립니다.

❹ 빈도구문 **at least twice a week on average** 적어도 1주일에 평균 두 번
I do that **at least twice a week on average**.
저는 적어도 평균적으로 일주일에 두 번 정도 그렇게 합니다.

❺ 관용 문구 **it feels like a hassle** 귀찮게 느껴지다
It feels like a hassle to recycle sometimes.
가끔은 재활용하는 것이 귀찮게 느껴지기도 합니다.

❻ 특수 동사 **reuse** 다시 사용하다
It helps us produce less garbage and **reuse** our natural resources.
우리가 쓰레기를 덜 만들고 천연자원을 다시 사용할 수 있도록 해 줍니다.

아래 해석을 활용하여 나만의 답변을 완성해 보세요.

TRANSLATION

한국에서는 재활용이 매우 잘 실천되고 있습니다.
재활용은 사람들의 하루 일과입니다.
캔, 플라스틱, 종이와 유리를 가정에서 각각 따로 모읍니다.
이것들을 바깥의 재활용 지정 구역에 내다 버립니다.
보통은 일반 쓰레기용 쓰레기장 옆에 있습니다.

개인적으로, 저는 집에 3가지 쓰레기통을 가지고 있습니다.
하나는 일반 쓰레기 용이고, 두 번째는 음식물 쓰레기, 마지막은 재활용을 위한 것입니다.
재활용 쓰레기통에는 캔, 종이, 플라스틱이나 유리를 버립니다.
그리고 나서, 따로 분리해서 버립니다.
저는 적어도 평균적으로 일주일에 두 번 정도 그렇게 합니다.
보통 집에서 나가는 길에 재활용 쓰레기를 버립니다.

결론적으로, 가끔은 재활용하는 것이 귀찮게 느껴지기도 하지만, 재활용은 친환경적입니다.
우리가 쓰레기를 덜 만들고 천연자원을 다시 사용할 수 있도록 해 줍니다.
저는 스스로 재활용을 하고 있다는 것이 기쁩니다.

Q2 실전문제 연습하기

Int 재활용 관련 기억에 남는 에피소드

Now, tell me about a memorable or an unexpected incident regarding recycling. What exactly happened and how did you deal with the situation? Tell me everything that you did from beginning to end.

Ch11-A2

The last time I took out the recycling was two days ago.
I carried the recycling out to the designated area.
I threw each item in different bags.

But as I was doing so, some leftover milk from a carton dripped out.
My shirt got wet and it smelled pretty bad.
I came back in and washed my hands.
I also changed into new clothes.
   + I slipped and fell down on some snow.
   + I landed on my butt and it was really painful.
   + Fortunately, I didn't break a bone or anything, but my back was stiff for a while.
   + I got a huge bruise on my knee.
Ever since that incident, I make sure to be careful when I'm taking out the recycling.

CORE EXPRESSIONS

- designated area 지정된 장소
- carton 우유팩, 우유곽
- get wet 젖다
- come back in 다시 돌아오다
- slip and fall down 미끄러져서 넘어지다
- break a bone 뼈가 부러지다
- ever since that incident 그 사건 이후로
- leftover milk 남은 우유
- drip out 흘러 나오다
- smell bad 고약한 냄새가 나다
- change into new clothes 새 옷으로 갈아입다
- land on one's butt 엉덩방아를 찧다
- get a huge bruise 큰 멍이 들다

Point Up!

❶ 구동사 take out the recycling 재활용 쓰레기를 내다 버리다
The last time I took out the recycling was two days ago.
제가 마지막으로 재활용 쓰레기를 내다 버렸던 것은 이틀 전입니다.

❷ 관용 문구 designated area 지정된 장소
I carried the recycling out to the designated area.
저는 지정된 장소에 재활용 쓰레기를 가지고 나갔습니다.

❸ 관용 문구 as I am doing so 그렇게 버리는 와중에
But as I was doing so, some leftover milk from a carton dripped out.
그러나 그렇게 버리는 와중에, 우유팩에 남아 있던 우유가 흘러 나왔습니다.

❹ 관용 문구 some leftover milk 우유팩에 남아 있던 우유
But as I was doing so, some leftover milk from a carton dripped out.
그러나 그렇게 버리는 와중에, 우유팩에 남아 있던 우유가 흘러 나왔습니다.

❺ GET 동사 get wet 젖다
My shirt got wet and it smelled pretty bad.
제 셔츠가 젖어서 고약한 냄새가 났습니다.

❻ 연결어 Ever since that incident 그 사건 이후로
Ever since that incident, I make sure to be careful when I'm taking out the recycling.
그 사건 이후로, 저는 쓰레기를 버리러 나갈 때 조심하도록 하고 있습니다.

아래 해석을 활용하여 나만의 답변을 완성해 보세요.

TRANSLATION

제가 마지막으로 재활용 쓰레기를 내다 버렸던 것은 이틀 전입니다.
저는 지정된 장소에 재활용 쓰레기를 가지고 나갔습니다.
각각의 쓰레기를 다른 봉투에 버렸습니다.

그러나 그렇게 버리는 와중에, 우유팩에 남아 있던 우유가 흘러 나왔습니다.
제 셔츠가 젖어서 고약한 냄새가 났습니다.
저는 돌아와서 손을 씻었습니다.
그리고 새 옷으로 갈아입었습니다.
  + 눈 위에 미끄러져서 넘어졌습니다.
  + 엉덩방아를 찧었는데 정말 아팠습니다.
  + 다행히도, 뼈가 부러지거나 한 것은 아니었지만 한동안 허리가 결렸습니다.
  + 무릎에 엄청나게 큰 멍이 들었습니다.
그 사건 이후로, 저는 쓰레기를 버리러 나갈 때 조심하도록 하고 있습니다.

Q3 실전문제 연습하기

Adv 재활용 과거-현재 비교, 변화

How is recycling when you were young different from what you do today?
Are there any big differences? Are there any similarities?
Tell me about how recycling has changed over the years.

 BEST RESPONSE    Ch11-A3

Back in the day, people did not recycle in Korea.
However, there used to be a recycling day at schools.
Students used to take scrap paper to school on this day.
I remember doing that myself when I was a kid.
　　　+ I didn't do that myself, but people older than me say they did.

But these days, recycling is practiced systematically all across Korea.
It has become a national effort.
It has become a daily routine that people are very used to.

I think Korea is a great example when it comes to recycling now.

CORE EXPRESSIONS

- back in the day 과거에는
- take scrap paper to school 폐지를 학교에 가져가다
- all across Korea 전국적으로
- become a daily routine 일상이 되다
- when it comes to recycling 재활용에 있어서
- used to ~하곤 했다
- be practiced systematically 체계적으로 실행되다
- become a national effort 국가적인 노력이 되다
- great example 모범 사례

Point Up!

❶ [조동사] used to 폐지를 가져가곤 했다
Students used to take scrap paper to school on this day.
그 날에는 학생들이 폐지를 학교에 가져가곤 했습니다.

❷ [재귀대명사] myself 나 스스로
I remember doing that myself when I was a kid.
저도 어렸을 때 스스로 그렇게 했던 기억이 납니다.

❸ [수동태] be practiced systematically 체계적으로 실행되다
Recycling is practiced systematically all across Korea.
한국 전역에서 체계적으로 재활용이 실행되고 있습니다.

❹ [현재 완료] have become a national effort 국가적인 노력이 되었다
It has become a national effort.
재활용은 국가적인 노력이 되었습니다.

❺ [관용 문구] a daily routine 일상사
It has become a daily routine that people are very used to.
사람들에게 익숙한 일상이 되었습니다.

❻ [연결어] when it comes to recycling 재활용에 있어서
I think Korea is a great example when it comes to recycling now.
이제 재활용에 대해서라면 한국이 훌륭한 모범 사례라고 생각합니다.

아래 해석을 활용하여 나만의 답변을 완성해 보세요.

TRANSLATION

예전에는 한국에서 재활용을 하지 않았었습니다.
하지만, 학교에는 재활용의 날이 있었습니다.
그 날에는 학생들이 폐지를 학교에 가져가곤 했습니다.
저도 어렸을 때 스스로 그렇게 했던 기억이 납니다.
　　+ 제가 그렇게 하지는 않았지만, 저보다 나이가 많은 사람들은 그렇게 했다고 합니다.

그러나 요즘에는 한국 전역에서 체계적으로 재활용이 실천되고 있습니다.
재활용은 국가적인 노력이 되었습니다.
사람들에게 익숙한 일상이 되었습니다.
이제 재활용에 대해서라면 한국이 훌륭한 모범 사례라고 생각합니다.

Level-Up! 한국인의 말하기 취약점 분석

조동사 사용이 부족하다.

[과거 회상] 조동사 사용의 강화!

과거에 대해 회상할 때는 과거 시제 뿐만 아니라 '~하곤 했었다' 라는 조동사 used to 를 쓰는 것이 좋다. used to는 과거의 습관이나 상태를 나타내며, '~하곤 했다'의 의미를 만들어낼 때 매우 유용하다. 규칙적인 습관, 오래된 행동을 묘사할 때 써주면 등급 상승에 도움을 받을 수 있다. 반면, be used to라는 표현은 '~하는데 익숙하다' 라는 표현으로 의미가 다르다. get use 새라고 하면 '~에 익숙해지다'라는 의미가 된다.

used to의 활용

1. ~하곤 했다

I used to play in the playground with my friends all the time.
I used to listen to music from young groups.
We used to go to a Korean fast food place near our school quite often.

저는 늘 친구들과 놀이터에서 놀곤 했습니다.
저는 젊은 그룹들의 노래를 듣곤 했습니다.
우리는 학교 근처의 분식집에 매우 자주 갔었습니다.

2. ~에 익숙한

It has become a daily routine that people are very used to.
I was not used to the new features of my phone.
It took me a full day to get used to my new phone.

이것은 사람들에게 매우 익숙한 하루 일과가 되었습니다.
저는 새 휴대전화의 새로운 기능들에 익숙하지 않습니다.
새 휴대전화에 익숙해지는 데 꼬박 하루가 걸렸습니다.

 QUIZ

It took me some time _____ Instagram.
인스타그램에 익숙해지는 데 시간이 걸렸다.

I'm still _____ the site.
아직 그 사이트에 적응 중이다.

I _____ use Samsung Galaxy S6.
나는 삼성 갤럭시 S6를 썼었다.

 ANSWERS   get used to / getting used to / used to

Chapter 12

공통형 주제 |
FOOD 음식/식품

● 주제에 알맞은 다양한 문항 유형을 알아보세요.

| 서술 | 건강한 음식, 건강에 좋은 이유 |
| 변화 서술 | 건강한 음식 처음 접하게 된 계기, 취향 변화 |

| 과거 경험 | 건강한 음식 먹어본 경험 |

 다음 질문을 듣고 질문의 키워드를 확인해 보세요.  Ch12-Q1~3

1 [Int] 건강한 음식, 건강에 좋은 이유
Tell me about healthy foods that you know of.
What kind of foods help you stay healthy?
Why are those kinds of food healthy for you?
How often do you eat those foods?

당신이 알고 있는 건강한 음식에 대해 이야기해 보시오.
어떤 음식이 건강을 유지하는데 도움이 됩니까?
이런 음식은 왜 건강에 좋습니까?
당신은 이러한 음식을 얼마나 자주 먹습니까?

2 [Adv] 건강한 음식을 처음 접하게 된 계기, 취향 변화
Tell me about how you first got to experience healthy food.
Did you like eating those types of food back then?
How did your taste or thoughts related to healthy food change over the years?

어떻게 처음 건강한 음식을 접하게 되었는지 설명해 보시오.
그 때에는 이런 음식을 먹는 것을 좋아했습니까?
건강한 음식에 대한 당신의 생각은 시간이 지나며 어떻게 바뀌었습니까?

3 [Adv] 건강한 음식 먹어본 경험
Now, tell me about the last time you actually ate some healthy food.
Where did you eat it and who did you eat it with?
How did it taste and what good did it do for you? Give me all the details.

이제, 마지막으로 건강한 음식을 먹었던 때에 대해 이야기해 보시오.
어디서 그 음식을 먹었습니까? 누구와 함께 먹었습니까?
맛은 어땠습니까? 어떤 좋은 점이 있었습니까? 상세히 설명해 보시오.

Q1 실전문제 연습하기

Int 건강한 음식, 건강에 좋은 이유

Tell me about healthy foods that you know of.
What kind of foods help you stay healthy?
Why are those kinds of food healthy for you?
How often do you eat those foods?

 **BEST RESPONSE**

 Ch12-A1

Veggies and fruits are good for our health.
They contain a lot of vitamins and fiber. I try to eat them as much as I can.
　　　+ For example, fruits such as oranges have a lot of vitamin C in them.
　　　+ Plus, veggies such as cabbages have a lot of fiber in them.

Beans and tofu are good for our health as well.
That's because they have a lot of healthy protein in them.

Also, people these days eat a lot of organic food.
Because they were not grown with chemicals, they are much healthier.
The only problem is that they are a bit pricey.

As for drinks, drinking a lot of water is very healthy for us as well.

CORE EXPRESSIONS

- veggies and fruits 채소와 과일
- fiber 식이섬유
- tofu 두부
- eat organic food 유기농 식품을 먹다
- be pricey 비싸다
- contain a lot of vitamins 비타민을 많이 함유하다
- as much as one can 최대한 많이
- healthy protein 건강한 단백질
- not be grown with chemicals 화학물질 없이 재배 되다
- as for ~에 있어서

Point Up!

❶ 관용 문구 contain a lot of 풍부하게 함유하다
They contain a lot of vitamins and fiber.
풍부한 비타민과 섬유소를 함유하고 있습니다.

❷ 관용 문구 as much as I can 최대한 많이
I try to eat them as much as I can.
저는 가능한 채소와 과일을 많이 섭취하려고 합니다.

❸ 수동태 be not grown with chemicals 화학 물질 없이 재배되다
Because they were not grown with chemicals, they are much healthier.
화학 물질 없이 재배되었기 때문에, 훨씬 더 건강에 좋습니다.

❹ 비교급 much healthier 훨씬 더 건강에 좋은
Because they were not grown with chemicals, they are much healthier.
화학 물질 없이 재배되었기 때문에, 훨씬 더 건강에 좋습니다.

❺ 형용사 pricey 비싼
The only problem is that they are a bit pricey.
유일한 문제는 다소 비싸다는 것입니다.

❻ 동명사 주어 drinking a lot of water 물을 많이 마시는 것
Drinking a lot of water is very healthy for us as well.
물을 많이 마시는 것 또한 건강에 매우 좋습니다.

아래 해석을 활용하여 나만의 답변을 완성해 보세요.

TRANSLATION

채소와 과일은 우리의 건강에 좋습니다.
풍부한 비타민과 섬유소를 함유하고 있습니다.
저는 가능한 채소와 과일을 많이 섭취하려고 합니다.
　　＋ 예를 들면, 오렌지와 같은 과일들은 풍부한 비타민 C를 가지고 있습니다.
　　＋ 그리고, 양배추와 같은 채소들은 섬유소가 풍부합니다.
콩과 두부 또한 건강에 매우 좋습니다.
왜냐하면 긴강힌 단백질을 많이 함유하고 있기 때문입니다.
또한, 요즘 사람들은 유기농 식품을 많이 먹습니다.
화학 물질 없이 재배되었기 때문에, 훨씬 더 건강에 좋습니다.
유일한 문제는 다소 비싸다는 것입니다.

음료의 경우, 물을 많이 마시는 것 또한 건강에 매우 좋습니다.

Q2 실전문제 연습하기

Adv 건강한 음식을 처음 접하게 된 계기, 취향 변화

Tell me about how you first got to experience healthy food.
Did you like eating those types of food back then?
How did your taste or thoughts related to healthy food change over the years?

 **BEST RESPONSE**  Ch12-A2

My mom used to be very big on healthy food when I was a kid.
She used to make us eat our veggies every day.
I remember not wanting eat veggies back then.
But I didn't have a choice.
She also made us drink milk every single day.

As I get older, I'm learning the importance of eating healthy myself.
I'm trying to eat healthy as much as I can.
I'm also trying to cut back on unhealthy food.
After all, you are what you eat.

CORE EXPRESSIONS

- used to ~하곤 했었다
- back then 그 때 당시
- every single day 하루도 빠짐없이
- cut back on unhealthy food 건강하지 않은 음식을 줄이다
- you are what you eat 먹는 것이 곧 건강과 직결되다
- be big on healthy food 건강식에 매우 관심이 많다
- do not have a choice 선택권이 없다
- learn the importance 중요성을 배우다
- after all 결국

Point Up!

❶ 〔조동사〕 **used to be** ~하곤 했다
My mom **used to be** very big on healthy food when I was a kid.
저희 어머니께서는 제가 어렸을 때 건강한 음식에 매우 관심이 많곤 하셨습니다.

❷ 〔관용 문구〕 **not have a choice** 어쩔 수 없다, 선택권이 없다
But I **didn't have a choice**.
그러나 어쩔 수 없었습니다.

❸ 〔관용 문구〕 **every single day** 하루도 빠짐없이
She also made us drink milk **every single day**.
또 어머니께서는 저희가 하루도 빠짐없이 우유를 마시도록 하셨습니다.

❹ 〔재귀대명사〕 **myself** 나 스스로
I'm learning the importance of eating healthy **myself**.
저는 건강하게 먹는 것의 중요성을 스스로 배우고 있습니다.

❺ 〔관용 문구〕 **cut back on unhealthy food** 건강하지 않은 음식을 줄이다
I'm also trying to **cut back on unhealthy food**.
또 건강하지 않은 음식은 줄이려고 하고 있습니다.

❻ 〔연결어〕 **after all** 결국에는
After all, you are what you eat.
결국에는, 먹는 것이 그 사람을 만드는 것이니까요.

아래 해석을 활용하여 나만의 답변을 완성해 보세요.

TRANSLATION

저희 어머니께서는 제가 어렸을 때 건강한 음식에 매우 관심이 많곤 하셨습니다.
어머니께서는 저희가 매일 채소를 먹도록 하셨습니다.
그 때 당시 채소를 먹기 싫어했던 것이 기억납니다.
그러나 어쩔 수 없었습니다.

또 어머니께서는 저희가 하루도 빠짐없이 우유를 마시도록 하셨습니다.

나이가 들면서, 저는 건강하게 먹는 것의 중요성을 스스로 배우고 있습니다.
저는 최대한 자주 건강하게 먹으려고 합니다.
또 건강하지 않은 음식은 줄이려고 하고 있습니다.
결국에는, 먹는 것이 그 사람을 만드는 것이니까요.

Q3 실전문제 연습하기

Adv 건강한 음식 먹어본 경험

Now, tell me about the last time you actually ate some healthy food.
Where did you eat it and who did you eat it with?
How did it taste and what good did it do for you? Give me all the details.

 BEST RESPONSE  Ch12-A3

One of the healthiest foods in the world is Korean kimchi.
Kimchi is spicy fermented cabbage dish Koreans eat every day.
It is one of the staple foods on the dinner table.

Kimchi is very rich in vitamins.
It is known to strengthen our immune system.
In fact, kimchi was selected as one of the healthiest foods in the world.
There are dozens of varieties of kimchi.

I have kimchi every single day when I have meals.
I actually had some today during lunch.

Once again, kimchi is one of the healthy foods I have every day.

CORE EXPRESSIONS

- one of the healthiest foods 가장 건강한 음식 중 하나
- spicy fermented cabbage dish 매운 배추 발효 식품
- one of the staple foods 주식 중 하나
- be rich in vitamins 비타민이 풍부한
- be known 알려지다
- strengthen immune system 면역 체계를 강화하다
- be selected 선정되다
- dozens of varieties of kimchi 수십가지 종류의 김치
- every single day 하루도 빠짐없이

Point Up!

❶ 최상급 one of the healthiest foods 가장 건강한 음식 중 하나
One of the healthiest foods in the world is Korean kimchi.
세계에서 가장 건강한 음식 중 하나가 바로 한국의 김치입니다.

❷ 관용 문구 staple foods on the dinner table 식탁에 오르는 주식
It is one of the **staple foods on the dinner table**.
김치는 한국 식탁의 주식 중 하나입니다.

❸ 관용 문구 is very rich in vitamins 비타민이 매우 풍부하다
Kimchi **is very rich in vitamins**.
김치는 비타민이 매우 풍부합니다.

❹ 관용 문구 strengthen our immune system 면역 체계를 강화하다
It is known to **strengthen our immune system**.
우리 면역 체계를 강화해 준다고 알려져 있습니다.

❺ 수동태 be selected as ~로 선정되다
Kimchi **was selected as** one of the healthiest foods in the world.
김치는 세계에서 가장 건강한 음식 중 하나로 선정되기도 했습니다.

❻ 관용 문구 every single day 하루도 빠짐없이
I have kimchi **every single day** when I have meals.
저는 식사 때마다 하루도 빠짐없이 김치를 먹습니다.

아래 해석을 활용하여 나만의 답변을 완성해 보세요.

TRANSLATION

세계에서 가장 건강한 음식 중 하나가 바로 한국의 김치입니다.
김치는 한국인들이 매일 먹는 매운 배추 발효식품입니다.
김치는 한국 식탁의 주식 중 하나입니다.

김치는 비타민이 매우 풍부합니다.
우리 면역 체계를 강화해 준다고 알려져 있습니다.
사실, 김치는 세계에서 가장 건강한 음식 중 하나로 선정되기도 했습니다.
김치에는 수십 가지 종류가 있습니다.

저는 식사 때마다 하루도 빠짐없이 김치를 먹습니다.
실제로 오늘도 점심 식사 때도 김치를 먹었습니다.

다시 말하자면, 김치는 제가 매일 먹는 건강한 식품 중 하나입니다.

Level-Up! 한국인의 말하기 취약점 분석

형용사 사용이 부족하다.

[일상 생활] 형용사 사용의 강화!
다양한 형용사를 주제에 맞게 적절히 쓰는 것은 오픽 AL등급의 주 평가 요소 중 하나이다. 형용사 중에서도 뒤에 -y 가 붙는 형용사 표현들은 일상에서 정말 많이 쓰이는 형용사이다. 예를 들면 '가격'을 의미하는 price 명사 뒤에 -y가 붙으면 '비싼'의 뜻을 가진 pricey가 된다. 일상 생활 형용사를 다양하게 숙지해 고득점을 받을 수 있도록 하자.

-y 형용사

Organic food is a little pricey.
유기농 식품은 조금 비쌉니다.

I'm not picky with food.
저는 음식에 까다로운 편이 아닙니다.

Korean fruits are very juicy.
한국 과일은 매우 수분이 많습니다.

Rice cakes are very chewy.
떡은 매우 쫄깃합니다.

Sesame oil is tastes very nutty.
참기름은 아주 고소한 맛이 납니다.

My face becomes oily in the evening.
저녁이면 얼굴이 번들거립니다.

QUIZ

I like his songs because of the _____ melody and the lyrics.
귀에 쏙 박히는 멜로디와 가사 때문에 그의 노래들을 좋아합니다.

My bag got all _____.
제 가방이 완전 끈적끈적 해졌습니다.

The first phone I used was quite _____.
제가 처음으로 썼던 휴대폰은 부피가 컸습니다.

ANSWERS catchy / sticky / bulky

〈ADD-ON〉
FOOD 음식/식품

● 주제에 알맞은 다양한 문항 유형을 알아보세요.

| 변화 서술 | 식품 구매 방식의 변화 |
| 서술 | 식품 오염에 대해 들은 뉴스 |

 다음 질문을 듣고 질문의 키워드를 확인해 보세요.  Ch12A-Q1~2

1 **Adv** 식품 구매 방식의 변화
How has the way people buy food changed over the years?
Where did people buy food in the past, and where do they buy them now?
사람들이 식품을 구매하는 방식은 수 년간 어떻게 바뀌었습니까?
과거에는 사람들이 어디서 식품을 샀으며, 지금은 어디서 삽니까?

2 **Adv** 식품 오염에 대해 들은 뉴스
Food can get contaminated because of bacteria.
They can go bad or become toxic.
Tell me about an incident you heard or read about on the news regarding this issue.
What was the problem? How was it dealt with?
박테리아로 인해 식품이 오염될 수 있습니다.
음식이 상하거나 독성을 갖게 될 수 있습니다.
당신이 이와 관련하여 들었거나 뉴스에서 읽은 사건에 대해 설명해 보십시오.
어떤 문제였습니까? 어떻게 해결되었습니까?

Q1 실전문제 연습하기

Adv 식품 구매 방식의 변화

How has the way people buy food changed over the years?
Where did people buy food in the past, and where do they buy them now?

People used to buy groceries at traditional markets long time ago.
But now, many people go to large discount stores for grocery shopping.
These stores are very large in size.
In fact, some have several floors.
You can find almost everything there.
They have good-quality goods there.
They also have good prices, so, you can get good(great) deals there.
　　　+ I also go to a discount store called E-mart pretty often.
　　　+ It's very close to my house. It only takes 10 minutes by car
Plus, you can also get groceries online these days.
The groceries are delivered to your home.
It takes much less effort and time.
　　　+ I have bought groceries online myself. It was very convenient.
　　　+ I haven't bought groceries online myself, but I have seen people do that.
So, once again, the way people buy groceries has changed a lot over the years.

CORE EXPRESSIONS

- used to ~하곤 했다
- traditional market 전통 시장
- grocery shopping 장보기
- have a good price 가격이 좋다
- be delivered to home 집으로 배달되다
- grocery 식료품
- large discount store 대형 할인점
- good-quality good 좋은 품질의 상품
- get a good deal 좋은 가격에 사다

Point Up!

❶ 조동사 used to buy 사곤 했었다
People used to buy groceries at traditional markets long time ago.
오래 전에는 사람들이 전통 시장에서 식품을 사곤 했습니다.

❷ in + 명사 very large in size 규모 면에서 매우 크다
These stores are very large in size.
이러한 할인점들은 규모가 매우 큽니다.

❸ 합성어 good-quality 좋은 품질의
They have good-quality goods there.
그 곳에는 좋은 품질의 상품들이 갖춰져 있습니다.

❹ GET 동사 get good deals 좋은 가격에 사다
You can get good(great) deals there.
할인점에서는 좋은 가격에 싸게 살 수 있습니다.

❺ 수동태 be delivered 배달되다
The groceries are delivered to your home.
식품이 집으로 배달됩니다.

❻ 현재 완료 have changed a lot 많이 바뀌다
The way people buy groceries has changed a lot over the years.
사람들이 식품을 구매하는 방식은 수 년간 크게 바뀌어 왔습니다.

아래 해석을 활용하여 나만의 답변을 완성해 보세요.

TRANSLATION

오래 전에는 사람들이 전통 시장에서 식품을 사곤 했습니다.
하지만 지금은, 많은 사람들이 식품을 구매하러 대형 할인점에 갑니다.
이러한 할인점들은 규모가 매우 큽니다.
사실, 어떤 할인점들은 여러 층으로 이루어져 있습니다.
그 곳에서는 거의 모든 것을 찾아볼 수 있습니다.
그 곳에는 좋은 품질의 상품들이 갖춰져 있습니다.
또한 가격도 좋아서, 할인점에서는 좋은 가격에 싸게 살 수 있습니다.
　　+ 또한 저는 이마트라는 할인점에 매우 자주 갑니다.
　　+ 그 곳은 저희 집에서 매우 가깝습니다. 차로 10분 밖에 안 걸립니다.
그리고, 요즘은 온라인으로도 식품을 구매할 수 있습니다.
식품이 집으로 배달됩니다.
노력과 시간이 훨씬 덜 듭니다.
　　+ 저 역시 온라인으로 식품을 구매합니다. 그것은 매우 편리합니다.
　　+ 저는 온라인으로 식품을 구매해 본 적은 없지만, 사람들이 하는 것은 본 적 있습니다.
그래서, 다시 말하자면 사람들이 식품을 구매하는 방식은 수 년간 크게 바뀌어 왔습니다.

Q2 실전문제 연습하기

Adv 식품 오염에 대해 들은 뉴스

Food can get contaminated because of bacteria.
They can go bad or become toxic.
Tell me about an incident you heard or read about on the news regarding this issue.
What was the problem? How was it dealt with?

 **BEST RESPONSE**

I remember watching the news about a massive food poisoning incident at a school several years ago.

Something was wrong with the food the students ate at the cafeteria.
The food went bad because it was summer time.
    + The weather was very hot and humid.
    + The food was contaminated by bacteria.
The whole school got seriously sick.
Most of the students were hospitalized.
They had high fever, stomach pain, and vomiting.

The health authorities announced that the cause was salmonella (E.coli).
The incident was top news throughout that week.
It was a pity that the students got sick like that.

Ever since that incident, I always make sure to be more careful when I'm eating something especially in the summer.

CORE EXPRESSIONS

- massive food poisoning incident 대규모 식중독 사건
- cafeteria (교내)식당
- hot and humid 덥고 습한
- be hospitalized 입원하다
- stomach pain 복통
- the health authority 보건 당국
- throughout that week 그 주 내내

- be wrong with the food 음식이 잘못되다
- go bad 음식이 상하다
- be contaminated by bacteria 세균에 오염되다
- high fever 고열
- vomit 구토
- salmonella 살모넬라
- especially in the summer 특히 여름에

Point Up!

❶ 관용 문구 **a massive food poisoning incident** 대규모 식중독 사건
I remember watching the news about **a massive food poisoning incident**.
몇 년 전 학교에서 있었던 대규모 식중독 사건에 대한 뉴스를 보았던 기억이 납니다.

❷ 관용 문구 **something be wrong with the food** 음식이 무언가 잘못되다
Something was wrong with the food the students ate at the cafeteria.
학생들이 식당에서 먹은 음식이 무언가 잘못되었습니다.

❸ 관용 문구 **the food go bad** 음식이 상하다
The food went bad because it was summer time.
여름이라서 음식이 상했던 것입니다.

❹ GET 동사 **get seriously sick** 심하게 아팠다
The whole school **got seriously sick**.
학교 전체가 심각하게 아팠습니다.

❺ 수동태 **be hospitalized** 입원을 하다
Most of the students **were hospitalized**.
대부분의 학생들이 입원했습니다.

❻ 연결어 **ever since that incident** 그 사건 이후로
Ever since that incident, I always make sure to be more careful
그 사건 이후로, 저는 더욱 조심하려고 하고 있습니다.

아래 해석을 활용하여 나만의 답변을 완성해 보세요.

TRANSLATION

몇 년 전 학교에서 있었던 대규모 식중독 사건에 대한 뉴스를 보았던 기억이 납니다.

학생들이 식당에서 먹은 음식이 무언가 잘못되었습니다.
여름이라서 음식이 상했던 것입니다.
   + 날씨가 매우 덥고 습했습니다.
   + 음식이 세균에 오염되었습니다.
학교 전체가 심각하게 아팠습니다.
대부분의 학생들이 입원했습니다.
학생들은 고열, 복통 및 구토 증세가 있었습니다.

보건 당국은 원인이 살모넬라 (E.coli)라고 발표했습니다.
그 사건은 일주일 내내 뉴스 헤드라인을 차지했습니다.
학생들이 그렇게 아팠다니 안타까웠습니다.

그 사건 이후로, 저는 특히 여름이면 음식을 먹을 때 항상 더욱 조심하려고 하고 있습니다.

Chapter 13

공통형 주제 |
FASHION
패션

● 주제에 알맞은 다양한 문항 유형을 알아보세요.

| 묘사 | 우리나라 사람들 패션 묘사 |

| 서술 | 본인이 좋아하는 옷, 오늘 입은 옷 |

| 변화 서술 | 최신 패션 트렌드 과거-현재 비교 |

 다음 질문을 듣고 질문의 키워드를 확인해 보세요.  Ch13-Q1~3

1 [Int] 우리나라 사람들의 패션 묘사

I would like to know how people dress in your country. What kind of clothes do they wear? What is special about fashion styles in your country?

당신이 사는 나라에서는 사람들이 어떻게 옷을 입는지 알고 싶습니다. 사람들은 어떤 옷을 입습니까? 당신의 나라에서 패션 스타일에 있어 특별한 점은 무엇입니까?

2 [Int] 본인이 좋아하는 옷, 오늘 입은 옷

What kind of clothes do you like to wear personally? What are you wearing today? What kind of fashion style do you like? Give me all the details about your fashion style.

당신은 개인적으로 어떤 옷을 즐겨 입습니까? 오늘은 무엇을 입었습니까? 어떤 패션 스타일을 좋아합니까? 당신의 패션 스타일에 대해 상세하게 설명해 보시오.

3 [Adv] 최신 패션 트렌드, 과거-현재 비교

How has fashion trends in your country changed over the years. Do you think people in your country follow the latest fashion trends? If so, tell me why.

지난 수 년간 당신이 사는 나라에서는 패션의 트렌드가 어떻게 바뀌어 왔습니까? 사람들이 최신 유행을 따른다고 생각합니까? 그렇다면, 이유를 설명해 보시오.

Q1 실전문제 연습하기

Int 우리나라 사람들의 패션 묘사

I would like to know how people dress in your country. What kind of clothes do they wear? What is special about fashion styles in your country?

  Ch13-A1

I think Koreans are quite fashionable.
They like to follow the latest fashion trends.
Plus, Korea has four distinct seasons.
So, people wear different clothes for each season.
Naturally, fashion styles are seasonal.

Also, many fashion trends start on TV.
If there is a popular TV drama, the fashion style in the drama becomes a trend.
The trends include certain styles of clothing.
They also include fashion items such as bags, shoes, and accessories.

Once again, Koreans are quite fashionable.
They are good at following fashion trends.

CORE EXPRESSIONS

- fashionable 유행을 따르는
- four distinct seasons 뚜렷한 사계절
- become a trend 유행이 되다
- follow the latest fashion trend 가장 최신 패션 트렌드를 따르다
- naturally 당연히, 자연스럽게
- certain style of clothing 옷의 특정한 스타일

Point Up!

❶ [형용사] **fashionable** 유행을 따르는
I think Koreans are quite **fashionable**.
제 생각에 한국인들은 유행에 매우 민감한 것 같습니다.

❷ [최상급] **the latest fashion trends** 가장 최신 패션 트렌드
They like to follow **the latest fashion trends**.
한국인들은 가장 최신 패션 트렌드를 따르는 것을 좋아합니다.

❸ [관용 문구] **four distinct seasons** 뚜렷한 사계절
Korea has **four distinct seasons**.
한국은 뚜렷한 사계절을 가지고 있습니다.

❹ [형용사] **seasonal** 계절을 타는
Naturally, fashion styles are **seasonal**.
당연히 패션 스타일도 계절을 타게 됩니다.

❺ [관용 문구] **the fashion style in the drama becomes a trend** 드라마의 패션 스타일이 유행이 되다
If there is a popular TV drama, the **fashion style in the drama becomes a trend**.
인기 있는 TV 드라마가 있으면, 그 드라마의 패션 스타일이 유행합니다.

❻ [연결어] **such as** ~와 같은
They also include fashion items **such as** bags, shoes, and accessories.
그리고 가방, 구두, 액세서리와 같은 패션 아이템도 포함됩니다.

아래 해석을 활용하여 나만의 답변을 완성해 보세요.

TRANSLATION

제 생각에 한국인들은 유행에 매우 민감한 것 같습니다.
한국인들은 가장 최신 패션 트렌드를 따르는 것을 좋아합니다.
그리고, 한국은 뚜렷한 사계절을 가지고 있습니다.
그래서 사람들은 계절마다 다른 옷을 입습니다.
당연히 패션 스타일도 계절을 타게 됩니다.

또한, 많은 패션 유행들은 TV에서 시작됩니다.
인기 있는 TV 드라마가 있으면, 그 드라마의 패션 스타일이 유행합니다.
그런 유행에는 특정한 옷의 스타일도 포함됩니다.
그리고 가방, 구두, 액세서리와 같은 패션 아이템도 포함됩니다.

다시 한 번 말하자면, 한국인들은 꽤 유행에 민감합니다.
한국인들은 패션 트렌드를 잘 따라가는 편입니다.

Q2 실전문제 연습하기

Int 본인이 좋아하는 옷, 오늘 입은 옷

What kind of clothes do you like to wear personally? What are you wearing today? What kind of fashion style do you like? Give me all the details about your fashion style.

 BEST RESPONSE  Ch13-A2

I like to follow my own style when it comes to fashion.
First, when I go to work, I have to dress formally.
I normally wear a suit.
    + I dress business casual. We don't have to wear a suit.

When I don't go to work, I like to dress casually.
I don't like to dress up too much.
I also like clothes that are comfortable.
I don't like clothes that are too tight.
    + I like to dress up quite often.
    + I like to wear tight clothes.
    + I like wearing dark/light colors.

I am interested in fashion trends, but I don't always follow them.
I just buy things that look good on me.

As for colors, I wear brighter colors in the summer and darker colors in the winter.
Overall, I'm not that fashionable when it comes to how I dress.
However, I try to pay attention to detail when I dress up.

CORE EXPRESSIONS

- when it comes to fashion 패션에 있어서
- wear a suit 정장을 입다
- dress casually 편하게 입다
- look good on one 잘 어울리다
- dress formally 정장을 차려입다
- dress business casual 비즈니스 캐주얼을 입다
- dress up 차려 입다
- pay attention to detail 세심하게 신경쓰다

Point Up!

❶ 관용 문구 **follow my own style** 나만의 스타일을 따르다
I like to **follow my own style** when it comes to fashion.
패션에 있어서, 저는 저만의 스타일을 따르는 것을 좋아합니다.

❷ 관용 문구 **dress formally** 정장을 차려입다
First, when I go to work, I have to **dress formally**.
먼저, 출근할 때에는 정장을 차려 입어야 합니다.

❸ 구동사 **dress up** 차려 입다
I don't like to **dress up** too much.
저는 너무 차려 입는 것은 좋아하지 않습니다.

❹ 관용 문구 **things that look good on me** 내게 잘 어울리는 것
I just buy **things that look good on me**.
그냥 저에게 잘 어울리는 것을 사는 편입니다.

❺ 연결어 **as for colors** 색깔의 경우
As for colors, I wear brighter colors in the summer and darker colors in the winter.
색깔의 경우, 여름에는 밝은 색을, 겨울에는 어두운 색을 입습니다.

❻ 관용 문구 **pay attention to detail** 세심하게 신경쓰다
I try to **pay attention to detail** when I dress up.
차려 입어야 할 일이 있을 때에는 세심하게 신경을 쓰려고 합니다.

아래 해석을 활용하여 나만의 답변을 완성해 보세요.

TRANSLATION

패션에 있어서, 저는 저만의 스타일을 따르는 것을 좋아합니다.
먼저, 출근할 때에는 정장을 차려 입어야 합니다.
보통은 정장을 입습니다.
　+ 비즈니스 캐주얼을 입습니다. 꼭 정장을 입어야 하는 것은 아닙니다.

출근하지 않을 때는, 편하게 입는 것을 좋아합니다.
저는 너무 차려 입는 것은 좋아하지 않습니다.
또 저는 편안한 옷을 좋아합니다.
너무 꽉 끼는 옷은 좋아하지 않습니다.
　+ 저는 옷을 자주 차려 입는 것을 좋아합니다.
　+ 저는 딱 붙는 옷을 입는 것을 좋아합니다.
　+ 저는 어두운/밝은 색을 입는 것을 좋아합니다.

저는 패션 트렌드에 관심이 있기는 하지만, 항상 그것을

따라가지는 않습니다.
그냥 저에게 잘 어울리는 것을 사는 편입니다.

색깔의 경우, 여름에는 밝은 색을, 겨울에는 어두운 색을 입습니다.

전체적으로, 저는 옷을 입는 면에 있어서는 그렇게 패션에 민감하지는 않습니다
하지만, 차려 입어야 할 일이 있을 때에는 세심하게 신경을 쓰려고 합니다.

Q3 실전문제 연습하기

Adv 최신 패션 트렌드, 과거-현재 비교

How has fashion trends in your country changed over the years. Do you think people in your country follow the latest fashion trends? If so, tell me why.

BEST RESPONSE — Ch13-A3

The media plays a much bigger role when it comes to fashion.
TV shows have a big impact on how people dress.
In fact, many hot trends start on TV.
Fashion magazines also play a big role.
This trend is much more evident than in the past.

Plus, due to the internet, it's much easier to see new fashion trends.
That's why people have become a lot more fashionable than in the past.
There are tons of online shopping malls where people buy the latest fashion items.

Once again, people can get access to the latest fashion trends more easily.
That's the biggest difference between fashion trends in the past and now.

CORE EXPRESSIONS

- have a big impact on ~에 큰 영향을 끼치다
- be much more evident 훨씬 더 극명하다
- tons of 정말 많은
- get access to the latest fashion trend 가장 최신 유행을 접하다
- play a big role 상당한 역할을 하다
- due to the internet 인터넷 때문에
- the latest fashion item 가장 최신 패션 아이템

Point Up!

❶ 관용 문구 **have a big impact on** 큰 영향을 미치다
TV shows **have a big impact on** how people dress.
요즘 사람들의 옷 입는 방식에는 TV 프로그램들이 큰 영향을 미칩니다.

❷ 관용 문구 **play a big role** 상당한 역할을 하다
Fashion magazines also **play a big role**.
패션 잡지 또한 상당한 역할을 합니다.

❸ 비교급 **much more evident** 훨씬 더 극명한, 뚜렷한
This trend is **much more evident** than in the past.
그런 추세가 과거보다 훨씬 더 뚜렷해졌습니다.

❹ 관용 문구 **due to the internet** 인터넷 때문에
Due to the internet, it's much easier to see new fashion trends.
인터넷 덕분에 훨씬 쉽게 새로운 패션 트렌드를 볼 수 있게 되었습니다.

❺ 현재 완료 **have become a lot more fashionable** 훨씬 더 패션에 민감해졌다
That's why people **have become a lot more fashionable** than in the past.
그래서 사람들은 예전보다 훨씬 더 패션에 민감해졌습니다.

❻ GET 동사 **get access to the latest fashion trends** 최신 패션 트렌드를 접하다
People can **get access to the latest fashion trends** more easily.
사람들은 더욱 쉽게 최신 패션 트렌드를 접할 수 있게 되었습니다.

아래 해석을 활용하여 나만의 답변을 완성해 보세요.

TRANSLATION

패션에 있어서 요즘은 미디어가 훨씬 더 많은 부분을 차지합니다.
요즘 사람들의 옷 입는 방식에는 TV 프로그램들이 큰 영향을 미칩니다.
사실, 많은 최신 유행들은 TV에서 시작됩니다.
패션 잡지 또한 상당한 역할을 합니다.
그런 추세가 과거보다 훨씬 더 뚜렷해졌습니다.

그리고, 인터넷 덕분에 훨씬 쉽게 새로운 패션 트렌드를 볼 수 있게 되었습니다.
그래서 사람들은 예전보다 훨씬 더 패션에 민감해졌습니다.
사람들이 최신 패션 아이템들을 구입할 수 있는 온라인 쇼핑몰들이 정말 많습니다.

다시 말하자면, 사람들은 더욱 쉽게 최신 패션 트렌드를 접할 수 있게 되었습니다.
이것이 과거와 현재의 패션 트렌드 간에 가장 큰 차이점입니다.

Level-Up! 한국인의 말하기 취약점 분석

구동사 사용이 부족하다.

[일상 생활] 구동사 사용의 강화!

구동사는 동사 뒤에 전치사가 붙었을 때 의미가 다소 새로운 의미로 확장되거나 변경된 것을 일컫는다. 예를 들면, '주문하다' 라는 order 뒤에 in이 붙으면 시켜 먹다 라는 새로운 뜻을 가진 구동사가 된다. 동사 뒤에 전치사가 붙는다고 무조건 뜻이 바뀌는 것은 아니기 때문에 이 점은 유의해야 한다. 상황에 맞는 다양한 구동사를 자주 사용할 수록 CONTEXT AND CONTENT 평가 요소에서 가산점을 받을 수 있으니 구동사 사용을 강화하도록 하자.

구동사의 활용

dress up 차려 입다
I don't like to dress up too much.
저는 너무 차려 입는 것을 좋아하지 않습니다.

eat out 나가서 먹다
I like to eat out with my family.
가족과 외식하는 것을 좋아합니다.

order in 시켜 먹다
We order in from time to time.
우리는 가끔씩 시켜 먹는다.

get off 일을 마치다
I get off work around six or seven.
저는 여섯 시나 일곱 시에 퇴근합니다.

check out 빌리다
You can check out books from the library.
도서관에서 책을 빌릴 수 있습니다.

QUIZ

I would like to _____.
방문을 하고 싶습니다.

I remember _____ an old friend.
오랜 친구를 우연히 만난 것이 기억 납니다.

I _____ the garbage on my way out.
나가는 길에 쓰레기를 내다 버립니다.

ANSWERS come in / running into / take out

Chapter 14 APPOINTMENTS 예약

공통형 주제 |

● 주제에 알맞은 다양한 문항 유형을 알아보세요.

| 서술 | 다양한 예약 |

| 과거 경험 | 과거 예약 경험 |

| 과거 경험 | 예약 관련 에피소드 |

 다음 질문을 듣고 질문의 키워드를 확인해 보세요.  Ch14-Q1~3

1 Int 다양한 예약

Tell me about appointments you make in your life. What kinds of appointments are they? Talk about what happens at your appointments.

살아가며 잡았던 예약들에 대해 이야기 해 보십시오.
어떤 종류의 예약이었습니까? 예약에서 어떤 일들이 일어났는지 설명해 보십시오.

2 Int 과거 예약 경험

Talk about an appointment you had in the past. What was the appointment about? Was it with a doctor or with a dentist? Or, did you have an appointment with your hairdresser? What did you do to make the appointment and what actually happened when you got there?

예전에 했던 예약에 대해 이야기해 보십시오. 무엇에 대한 예약이었습니까? 병원 또는 치과 예약이었습니까? 혹은, 미용실 예약을 했었습니까? 예약을 하기 위해 무엇을 했습니까? 그 곳에 갔을 때 실제로 어떤 일이 일어났습니까?

3 Adv 예약 관련 에피소드

Unexpected things can happen during an appointment. **Talk about a memorable incident you experienced during an appointment.** What exactly happened and how did you deal with the situation?

예약을 하면서 예상치 못한 일이 발생할 수 있습니다.
예약을 하며 당신이 겪었던 기억에 남는 사건에 대해 이야기해 보십시오.
정확히 어떤 일이 일어났으며, 당신은 그 상황을 어떻게 해결했습니까?

Q1 실전문제 연습하기

Int 다양한 예약

Tell me about appointments you make in your life. What kinds of appointments are they? Talk about what happens at your appointments.

 **BEST RESPONSE**  Ch14-A1

I make various appointments in my life.
I make doctor appointments, dentist appointments, or hair appointments.
I make all my appointments over the phone.

When I feel sick, I go see the doctor.
I call and make an appointment first.

Plus, I make regular appointments at the dentist.
I go see the dentist when I have a cavity or a toothache.
 + Also, I get check-ups or get my teeth cleaned when I go there.
I also make appointments to get my hair done.
I go to the hair salon to get a haircut or get a perm.
 + I sometimes get my hair dyed or get my roots done.
 + I also get a hair treatment once every now and then.
Overall, I can save time by making appointments because I don't have to wait.

CORE EXPRESSIONS

- make various appointments 다양한 예약을 하다
- dentist appointment 치과 예약
- over the phone 전화상으로
- go see the dentist 치과에 가다
- get a check-up 검진을 받다
- get one's hair done 머리를 받다
- get a perm 파마를 하다
- get one's roots done 뿌리염색을 하다
- once every now and then 어쩌다 한 번씩

- doctor appointment 병원 예약
- hair appointment 미용실 예약
- go see the doctor 병원에 가다
- have a cavity or a toothache 충치나 치통이 있다
- get teeth cleaned 스케일링을 받다
- get a haircut 머리를 자르다
- get one's hair dyed 염색을 하다
- get a hair treatment 트리트먼트를 받다
- save time 시간을 절약하다

Point Up!

❶ 관용 문구 **over the phone** 전화 상으로
I make all my appointments **over the phone**.
모든 예약은 전화로 합니다.

❷ 관용 문구 **go see the doctor** 병원에 가다
When I feel sick, I **go see the doctor**.
몸이 아플 때면, 병원에 갑니다.

❸ 관용 문구 **make regular appointments** 정기적으로 예약을 하다
I **make regular appointments** at the dentist.
저는 치과에 정기적으로 예약을 합니다.

❹ GET 동사 **get check-ups or get my teeth cleaned** 정기검진을 받거나 스케일링을 받다
I **get check-ups or get my teeth cleaned** when I go there.
치과에 갔을 때 정기 검진을 받거나 치아 스케일링을 받습니다.

❺ GET 동사 **get my hair done** 머리를 하다
I also make appointments to **get my hair done**.
저는 머리를 할 때에도 예약을 합니다.

❻ 관용 문구 **save time** 시간을 절약하다
Overall, I can **save time** by making appointments because I don't have to wait.
전반적으로, 예약을 하면 기다리지 않아도 되기 때문에 시간을 절약할 수 있습니다.

아래 해석을 활용하여 나만의 답변을 완성해 보세요.

TRANSLATION

저는 살아가면서 다양한 예약을 합니다.
병원 예약, 치과 예약 또는 미용실 예약을 합니다.
모든 예약은 전화로 합니다.

몸이 아플 때면, 병원에 갑니다.
저는 먼저 전화를 걸어 예약부터 잡습니다.

그리고, 저는 치과에 정기적으로 예약을 합니다.
충치나 치통이 있는 경우 치과에 갑니다.
　　+ 또한, 치과에 갔을 때 정기 검진을 받거나 치아 스케일링을 받습니다.
저는 머리를 할 때에도 예약을 합니다.
머리를 자르거나 파마를 하러 미용실에 갑니다.
　　+ 가끔씩 머리를 염색하거나 뿌리 염색을 합니다.
　　+ 또 가끔씩은 헤어 트리트먼트를 받습니다.

전반적으로, 예약을 하면 기다리지 않아도 되기 때문에 시간을 절약할 수 있습니다.

Q2 실전문제 연습하기

Int 과거 예약 경험

Talk about an appointment you had in the past. What was the appointment about? Was it with a doctor or with a dentist? Or, did you have an appointment with your hairdresser? What did you do to make the appointment and what actually happened when you got there?

 **BEST RESPONSE**  Ch14-A2

The last appointment I made was at the hair salon.
I needed to get a haircut.
　　　+ I wanted to get my hair done.
I called the hair salon and made an appointment.
I got there on time and gave them my name.

First, they shampooed my hair.
And then, my hair-dresser asked me how I wanted to do my hair.
I didn't want a big change.
So, I just trimmed my bangs (hair) a little bit.
　　　+ I got a haircut.　　　+ I got a perm.
　　　+ I got my hair dyed.　　+ I got my roots done.
　　　+ I got a hair treatment

After I was done, they shampooed and dried my hair.
I also got my hair styled.
And then, I went to the counter and paid for the haircut.
Overall, my hair-stylist did a good job. I was satisfied with the new look.
　　　+ Unfortunately, my hair-stylist didn't do a good job. I was very upset.

CORE EXPRESSIONS

- hair salon 미용실
- get there on time 제 시간에 도착하다
- trim one's bangs 앞머리를 다듬다
- get one's hair styled 머리 손질을 받다
- do a good job 잘 하다
- get a haircut 머리를 자르다
- hair-dresser 미용사
- trim one's hair 머리를 다듬다
- pay for the haircut 커트 비용을 내다
- be satisfied with the new look 새로운 모습에 만족하다

Point Up!

❶ `GET 동사` get a haircut 머리를 자르다
I needed to get a haircut.
저는 머리를 자르고 싶었습니다.

❷ `GET 동사` get there on time 제 시간에 도착하다
I got there on time and gave them my name.
저는 제 시간에 도착하여 제 이름을 댔습니다.

❸ `관용 문구` trim one's bangs 앞머리를 다듬다
I just trimmed my bangs (hair) a little bit.
앞머리 (머리)를 조금만 다듬었습니다.

❹ `연결어` after S+V 다 마친 후에
After I was done, they shampooed and dried my hair.
다 마친 후에는, 미용실에서 머리를 감겨 주고 말려 주었습니다.

❺ `GET 동사` get my hair styled 머리 손질도 받다
I also got my hair styled.
또 머리 손질도 받았습니다.

❻ `관용 문구` do a good job 잘 했다
Overall, my hair-stylist did a good job.
전반적으로, 제 담당 미용사는 머리를 잘 해 주었습니다.

아래 해석을 활용하여 나만의 답변을 완성해 보세요.

TRANSLATION

제가 마지막으로 했던 예약은 미용실 예약이었습니다.
저는 머리를 자르고 싶었습니다.
　　　+ 머리 손질을 받고 싶었습니다.
미용실에 전화를 걸어 예약을 잡았습니다.
저는 제 시간에 도착하여 제 이름을 댔습니다.
먼저, 미용실에서 제 머리를 감겨 주었습니다.
그 후, 팀딩 미용사가 지에게 미리를 이떻게 히고 싶은지 물었습니다.
저는 큰 변화를 원하지는 않았습니다.
그래서, 앞머리 (머리)를 조금만 다듬었습니다.
　　　+ 머리를 잘랐습니다.　　+ 파마를 했습니다.
　　　+ 머리 염색을 했습니다.　+ 뿌리 염색을 했습니다.
　　　+ 헤어 트리트먼트를 받았습니다.
다 마친 후에는, 미용실에서 머리를 감겨 주고 말려

주었습니다.
또 머리 손질도 받았습니다.
그 다음 저는 계산대로 가서 커트 비용을 냈습니다.
전반적으로, 제 담당 미용사는 머리를 잘 해 주었습니다. 저는 새로운 모습이 꽤 마음에 들었습니다.
　　　+ 불행히도, 담당 미용사는 머리를 잘 자르지
　　　　못했습니다. 저는 몹시 화가 났습니다.

Q3 실전문제 연습하기

Adv 예약 관련 에피소드

Unexpected things can happen during an appointment. Talk about a memorable incident you experienced during an appointment. What exactly happened and how did you deal with the situation?

 **BEST RESPONSE**  Ch14-A3

I remember a time when I was supposed to get my hair done.
I had an appointment at the hair salon on a Sunday.
However, something came up suddenly.
I couldn't make it to my appointment.
I called the hair salon and told them that I couldn't go.
I asked them to reschedule my appointment.
Eventually, I made a new appointment.
I got my hair done a few days later.

I also remember getting the flu a few months ago.
I was so sick, I couldn't even get out of bed.
I had to go see the doctor.
I called and made an appointment at a local clinic.
However, when I got there, there were so many patients waiting.
I had to wait roughly half an hour, even though I had an appointment.
The thirty minutes felt like three hours because I was sick.
Finally, I saw the doctor.
I also got a shot and got some medication prescribed.
The doctor told me to get plenty of rest.

CORE EXPRESSIONS

- be supposed to ~하기로 되어 있다
- couldn't make it 갈 수 없었다
- eventually 결국
- see the doctor 병원에 가다
- wait roughly half an hour 약 30분을 기다리다
- get medicine prescribed 약을 처방받다
- something comes up suddenly 갑자기 일이 생기다
- reschedule 일정을 변경하다
- get out of bed 침대에서 일어나다
- local clinic 동네 병원
- get a shot 주사를 맞다
- get plenty of rest 충분한 휴식을 취하다

Point Up!

❶ 관용 문구 **be supposed to** ~하기로 되어 있다
I remember a time when I was supposed to get my hair done.
미용실에서 머리를 하기로 했던 적이 기억납니다.

❷ 관용 문구 **something comes up suddenly** 갑자기 급한일이 생기다
However, something came up suddenly.
하지만 갑자기 급한 일이 생겼습니다.

❸ 관용 문구 **cannot make it** 갈 수 없다
I couldn't make it to my appointment.
저는 예약을 지킬 수 없었습니다.

❹ 특수동사 **reschedule** 일정을 변경하다
I asked them to reschedule my appointment.
저는 예약일정을 다시 잡아달라고 부탁했습니다.

❺ 관용 문구 **cannot even get out of bed** 움직이기기도 힘들다
I was so sick, I couldn't even get out of bed.
너무 아파서 침대에서 일어날 수도 없었습니다.

❻ GET 동사 **get a shot and got some medicine prescribed** 주사를 맞고 약 처방도 받다
I also got a shot and got some medicine prescribed.
주사도 맞고 약 처방도 받았습니다.

아래 해석을 활용하여 나만의 답변을 완성해 보세요.

TRANSLATION

미용실에서 머리를 하기로 했던 적이 기억납니다.
저는 어느 일요일에 미용실 예약을 잡았습니다.
하지만 갑자기 급한 일이 생겼습니다.
저는 예약을 지킬 수 없었습니다.
미용실에 전화를 해서 갈 수 없을 것 같다고 이야기했습니다.
저는 예약일정을 다시 잡아달라고 부탁했습니다.
결국에는 새로 예약을 잡았습니다.
저는 며칠 후에 머리를 했습니다.

또 몇 달 전에 독감에 걸렸던 것이 기억납니다.
너무 아파서 침대에서 일어날 수도 없었습니다.
병원에 갔어야 했습니다.
저는 동네 병원에 전화를 걸어 예약을 했습니다.
그러나 병원에 도착하자, 기다리고 있는 환자들이 너무

많았습니다.
저는 예약을 했는데도 30분 정도는 기다려야 했습니다.
아파서 30분이 3시간처럼 느껴졌습니다.
마침내, 의사에게 진찰을 받았습니다.
주사도 맞고 약 처방도 받았습니다.
의사는 저에게 충분한 휴식을 취하라고 말했습니다.

Level-Up! 한국인의 말하기 취약점 분석

GET동사 사용이 부족하다.

[다양한 용법] GET 동사 사용의 강화!

get동사는 그야말로 만능 동사이다. 장소부사와 함께 쓰일 때는 arrive의 뜻으로 쓸 수 있으며, 목적어와 쓰이면 buy의 뜻으로도 쓸 수 있다. 또한 상태 변화를 나타내는 get sick 혹은 get better 등의 표현에도 활용된다. 그 중에서도 '~를 받다' 라는 뜻으로 쓰이는 GET동사들에 대해 알아보자. 예약과 관련된 답변을 할 때 미용실이나 병원, 치과에서 유용하게 쓸 수 있는 표현들이다.

get 동사의 활용

[~를 받다]

I go to the hair salon to get a haircut or get a perm.
저는 머리를 자르거나 파마를 하러 미용실에 갑니다.

I wanted to get my hair done.
저는 머리를 하고 싶었습니다.

I also got my hair styled.
또 헤어 스타일링도 받았습니다.

I get my nails done from time to time.
저는 가끔씩 손톱 손질을 받습니다.

I get regular check-ups at the dentist.
저는 치과에서 정기 검진을 받습니다.

I get my teeth cleaned when I go there.
치과에 가면 치아 스케일링을 받습니다.

QUIZ

I _____.
약을 받았습니다.

I _____.
주사를 맞았습니다.

People _____ on a regular basis.
사람들은 정기적으로 건강검진을 받습니다.

 ANSWERS   got some medicine / got a shot / get medical check-ups

Chapter 15

공통형 주제 |
LIBRARIES 도서관

● 주제에 알맞은 다양한 문항 유형을 알아보세요.

묘사	우리나라 도서관 묘사

서술	도서관에서 하는 일

비교	과거/현재 도서관 비교

 다음 질문을 듣고 질문의 키워드를 확인해 보세요.  Ch15-Q1~3

1 `Int` 우리나라 도서관 묘사

What do libraries look like in your country? Describe a typical library you go to in as much detail as possible.

당신이 사는 나라의 도서관은 어떻게 생겼습니까? 당신이 가는 일반적인 도서관의 모습을 최대한 상세히 묘사해 보시오.

2 `Int` 도서관에서 하는 일

What do people do at a library? Do they read books or do they do research? What do you personally do when you visit the library? Tell me everything about what people do at the library.

사람들은 도서관에서 무엇을 합니까? 책을 읽거나, 연구를 합니까? 도서관에 가면 당신은 개인적으로 어떤 일을 합니까? 사람들이 도서관에서 무엇을 하는지 상세히 설명하시오.

3 `Adv` 과거–현재 도서관 비교

How have libraries in your country changed over the years? How were they in the past and what are some features you notice today? What is most evident about the changes? Give me specific examples of the changes.

당신의 나라에서 도서관은 시간이 흐르면서 어떻게 바뀌었습니까? 과거에는 어땠으며, 오늘날 눈에 띄는 특징으로는 무엇이 있습니까? 이러한 변화에서 가장 뚜렷이 나타나는 것은 무엇입니까? 변화한 모습에 대해 구체적인 예를 드시오.

Q1 실전문제 연습하기

Int 우리나라 도서관 묘사

What do libraries look like in your country? Describe a typical library you go to in as much detail as possible.

  Ch15-A1

BEST RESPONSE

Libraries look pretty much the same in Korea.
When you walk into the main entrance, you can see the reception desk.
You normally need a pass to get in.

When you walk into the main hall, you see tons of books on the bookshelves.
Plus, there are sections where you can read periodicals such as newspapers or magazines.
Libraries are digitized these days, so you can search for books on computers.
It's much easier to search for books or journals.
　　+ I personally go to the local library close to my house.
　　+ I used to go to libraries when I was in school.
　　+ I rarely go to libraries now.
So, once again, libraries in Korea look pretty much the same as libraries in other countries.

CORE EXPRESSIONS

- look pretty much the same 거의 비슷하게 생기다
- to get in 들어가기 위해서
- on the bookshelf 책꽂이에
- be digitized 디지털화 되다
- personally 개인적으로
- rarely 드물게

- reception desk 안내 데스크
- tons of books 엄청 많은 책들
- periodical 정기 간행물
- search for a book 책을 검색하다
- local library 동네 도서관

Point Up!

❶ 관용 문구 look pretty much the same 거의 비슷하게 생기다
Libraries **look pretty much the same** in Korea.
한국의 도서관들은 거의 비슷비슷합니다.

❷ 구동사 get in 들어가다
You normally need a pass to **get in**.
보통은 들어가기 위한 출입증이 필요합니다.

❸ 관용 문구 tons of books on the bookshelves 책꽂이에 수많은 책들
When you walk into the main hall, you see **tons of books on the bookshelves**.
중앙으로 들어가면, 책장에 수많은 책들이 있는 것을 볼 수 있습니다.

❹ 관용 문구 read periodicals 정기간행물을 읽다
There are sections where you can **read periodicals** such as newspapers or magazines.
뉴스나 잡지와 같은 정기 간행물을 읽을 수 있는 곳들이 있습니다.

❺ 수동태 be digitized 디지털화 되다
Libraries are digitized these days, so you can search for books on computers.
요즘 도서관들은 디지털화 되어 있어서, 컴퓨터로 도서를 검색할 수 있습니다.

❻ 비교급 much easier 훨씬 더 쉬운
It's **much easier** to search for books or journals.
책이나 저널을 검색하는 것이 훨씬 더 쉬워졌습니다.

아래 해석을 활용하여 나만의 답변을 완성해 보세요.

TRANSLATION

한국의 도서관들은 거의 비슷비슷합니다.
정문으로 들어가면, 먼저 안내 데스크가 보입니다.
보통은 들어가기 위한 출입증이 필요합니다.

중앙으로 들어가면, 책장에 수많은 책들이 있는 것을 볼 수 있습니다.
뉴스나 잡지와 같은 정기 간행물을 읽을 수 있는 곳들이 있습니다.
요즘 도서관들은 디지털화 되어 있어서, 컴퓨터로 도서를 검색할 수 있습니다.
책이나 저널을 검색하는 것이 훨씬 더 쉬워졌습니다.
  + 저는 개인적으로 집 근처에 있는 동네 도서관에 갑니다.
  + 저는 학창 시절 도서관에 가곤 했습니다.
  + 지금은 도서관에 거의 가지 않습니다.
그래서, 다시 말하자면 한국의 도서관은 다른 나라의 도서관들과 거의 비슷합니다.

Q2 실전문제 연습하기

Int 도서관에서 하는 일

What do people do at a library? Do they read books or do they do research? What do you personally do when you visit the library? Tell me everything about what people do at the library.

BEST RESPONSE — Ch15-A2

People typically go to libraries to read books.
Many people read books there on the spot.
They can check out books if they want to.

Some people go to libraries to study as well.
Students study for their tests at their school libraries.
Libraries get packed with people during mid-terms or finals.
Meanwhile, there are people who go to libraries to get work done.
You can people doing research or writing reports.

I normally go to the library when I need to concentrate on something.
It's very quiet there and I can concentrate on what I'm doing.

So, there it is. People go to libraries to read books, to study or to get work done.

CORE EXPRESSIONS

- typically 보통
- check out the book 책을 대출받다
- during midterms or finals 중간고사나 기말고사 기간에
- get work done 일을 하다, 일을 끝내다
- on the spot 그 자리에서
- get packed with people 사람들로 꽉 차다
- meanwhile 한편
- concentrate on something 무언가에 집중하다

Point Up!

❶ 관용 문구 **on the spot** 그 자리에서
Many people read books there **on the spot**.
많은 사람들이 그 자리에서 책을 읽습니다.

❷ 구동사 **check out books** 책을 대출받다
They can **check out books** if they want to.
원한다면 책을 빌려 갈 수도 있습니다.

❸ GET 동사 **get packed with people** 사람들로 가득차다
Libraries **get packed with people** during mid-terms or finals.
중간고사나 기말고사 기간에는 도서관이 사람들로 가득합니다.

❹ 연결어 **meanwhile** 한편
Meanwhile, there are people who go to libraries to get work done.
한편, 일을 하러 도서관에 가는 사람들도 있습니다.

❺ 관용 문구 **concentrate on something** 무언가에 집중하다
I normally go to the library when I need to **concentrate on something**.
저는 보통 무언가에 집중해야 할 때 도서관에 갑니다.

❻ GET 동사 **get work done** 일을 하다, 일을 끝내다
People go to libraries to read books, to study or to **get work done**.
사람들은 책을 읽거나, 공부하거나, 일을 하기 위해 도서관에 갑니다.

아래 해석을 활용하여 나만의 답변을 완성해 보세요.

TRANSLATION

사람들은 보통 도서관에 책을 읽으러 갑니다.
많은 사람들이 그 자리에서 책을 읽습니다.
원한다면 책을 빌려 갈 수도 있습니다.

어떤 사람들은 공부를 하러 도서관에 가기도 합니다.
학생들은 학교 도서관에서 시험 공부를 합니다.
중간고사나 기말고사 기간에는 도서관이 사람들로 가득합니다.
한편, 일을 하러 도서관에 가는 사람들도 있습니다.
연구를 하거나 보고서를 작성하는 사람들을 볼 수 있습니다.

저는 보통 무언가에 집중해야 할 때 도서관에 갑니다.
도서관은 매우 조용해서, 제가 하는 일에 집중할 수 있습니다.

네, 그렇습니다. 사람들은 책을 읽거나, 공부하거나, 일을 하기 위해 도서관에 갑니다.

Q3 실전문제 연습하기

Adv 과거-현재 도서관 비교

How have libraries in your country changed over the years? How were they in the past and what are some features you notice today? What is most evident about the changes? Give me specific examples of the changes.

 BEST RESPONSE  Ch15-A3

Libraries have changed a lot over the years.
The biggest change is digitization.
We hear the phrase 'digital library' quite often these days.

Back in the day, we used to look for books ourselves.
But now, everything is digitized and is on the computers.
It's much easier to search for books or articles.
We can read them on computer screens.
Of course, there are people who like to read books the old-fashioned way.
So, once again, digitization is the biggest change that has happened to libraries.

CORE EXPRESSIONS

- digitization 디지털화
- back in the day 예전에는
- be digitized 디지털화 되다
- read on a computer screen 컴퓨터 화면으로 읽다
- phrase 구절, 문구
- look for a book 책을 찾다
- be on the computer 컴퓨터에 있다
- the old-fashioned way 예전 방식대로

Point Up!

❶ 〔현재완료〕 **have changed a lot** 많이 변화해 왔다
Libraries **have changed a lot** over the years.
수 년간 도서관은 크게 변화했습니다.

❷ 〔최상급〕 **the biggest change** 가장 큰 변화
The biggest change is digitization.
가장 큰 변화는 디지털화입니다.

❸ 〔조동사〕 **used to** ~하곤 했다
Back in the day, we **used to** look for books ourselves.
예전에는, 책을 직접 찾곤 했습니다.

❹ 〔재귀대명사〕 **ourselves** 스스로, 직접
Back in the day, we used to look for books **ourselves**.
예전에는, 책을 직접 찾아야만 했습니다.

❺ 〔수동태〕 **be digitized** 디지털화 되다
But now, everything **is digitized** and is on the computers.
그러나 지금은 모든 것이 디지털화 되어 컴퓨터에 저장되어 있습니다.

❻ 〔관용문구〕 **the old-fashioned way** 예전 방식대로
There are people who like to read books the **old-fashioned way**.
예전 방식대로 책을 읽는 것을 좋아하는 사람들도 있습니다.

아래 해석을 활용하여 나만의 답변을 완성해 보세요.

TRANSLATION

수 년간 도서관은 크게 변화했습니다.
가장 큰 변화는 디지털화입니다.
요즘 들어 "디지털 도서관"이라는 말을 매우 자주 듣습니다.

예전에는, 책을 직접 찾곤 했습니다.
그러나 지금은 모든 것이 디지털화 되어 컴퓨터에 저장되어 있습니다.
책이나 기사를 검색하는 것이 훨씬 쉬워졌습니다.
이것들을 컴퓨터 스크린에서도 읽을 수 있습니다.
물론, 예전 방식대로 책을 읽는 것을 좋아하는 사람들도 있습니다.
다시 말하자면, 디지털화야말로 도서관에 일어난 가장 큰 변화입니다.

Level-Up! 한국인의 말하기 취약점 분석

관용 문구가 부족하다.

[일상 생활] 관용 문구의 강화!

오픽에서 고득점을 받기 위해서는 같은 뜻이라도 하나의 표현 대신 다양한 표현을 써야 한다. 예를 들면 많은 양을 표현할 때, I have many clothes라고 표현하는 대신 I have tons of clothes라고 표현하는 것이 강조도 되고 관용 문구 사용으로 인한 가산점 요인이 될 수 있다. 오픽 시험을 볼 때 many라는 단어 대신 아래의 표현들로 답변을 구성한다면 보다 높은 등급을 받을 수 있을 것이다.

많은 양의 표현

* tons of 수없이 많음
You see tons of books on the bookshelves.
He has tons of hit-songs.
There are tons of coffee shops on busy streets.

책장에는 수많은 책들이 있습니다.
그는 수많은 히트곡을 보유하고 있습니다.
번화가에는 커피숍이 수없이 많습니다.

* plenty of 충분한, 여유 있는
We ate plenty of meat.
There is plenty of parking space there.

우리는 고기를 충분히 먹었습니다.
그 곳은 주차 공간이 넉넉합니다.

* a whole bunch of 이것저것 많은
We talk about a whole bunch of issues over the phone.
We did a whole bunch of things at the beach.

우리는 전화로 이것저것 여러 이슈에 대해 이야기를 했습니다.
우리는 해변에서 여러 가지 일들을 했습니다.

QUIZ

Fruits have _____ vitamin C in them.
과일에는 수많은 비타민C가 있습니다.

Veggies have _____ fiber in them.
야채에는 충분한 식이섬유가 있습니다.

There are _____ places we can go to nearby.
근처에 우리가 갈 수 있는 여러가지 곳들이 있습니다.

 ANSWERS   tons of / plenty of / a whole bunch of

Chapter 16

공통형 주제 |
HOLIDAYS
명절/휴일

● 주제에 알맞은 다양한 문항 유형을 알아보세요.

| 서술 | 명절/휴일 보내는 방법 |

| 과거 경험 | 기억에 남는 명절/휴일 추억 |

| 변화 서술 | 명절/휴일 풍습 변화 |

다음 질문을 듣고 질문의 키워드를 확인해 보세요.

Ch16-Q1~3

1 [Int] 명절/휴일 보내는 방법

What do you do for holidays? Do you get together with friends or family? What do you talk about? Do you go somewhere special? Tell me everything that you do for holidays.

당신은 명절/휴일에 무엇을 합니까? 친구 또는 가족들과 모입니까? 무엇에 대한 이야기를 합니까? 특별한 곳에 갑니까? 명절/휴일 동안 하는 일에 대해 모두 상세하게 설명해 주십시오.

2 [Int] 기억에 남는 명절/휴일 추억

Talk about a memorable incident you had for a holiday. Why was that incident unforgettable? Who was involved and what happened? Tell me everything from beginning to end regarding what happened.

명절/휴일 중 있었던 기억에 남는 사건에 대해 이야기하시오. 왜 그 사건이 기억에 남습니까? 어떤 일이 있었는지 처음부터 끝까지 상세하게 설명하시오.

3 [Adv] 명절/휴일 풍습 변화

Have holidays or holiday customs in your country changed over the years? Are they different from what they used to be? Tell me about the changes holidays have gone through.

당신이 사는 나라의 명절 또는 휴일 풍습은 시간이 지나며 변화하였습니까? 이전과는 달라졌습니까? 명절의 변화에 대해 설명해 주십시오.

Q1 실전문제 연습하기

Int 명절/휴일 보내는 방법

What do you do for holidays? Do you get together with friends or family? What do you talk about? Do you go somewhere special? Tell me everything that you do for holidays.

 **BEST RESPONSE**  Ch16-A1

There are two big family holidays in Korea.
One is the Lunar New Year's holiday and the other is the 추석 holiday.
Family members get together to celebrate these holidays.
Many people visit their hometowns to meet their family.
They exchange a lot of presents and gifts.

There are two traditional customs people follow.
They hold traditional memorials called 차례 to remember our ancestors.
And then, people also visit their ancestors' graves to pay their respects.
That is called 성묘.
These are customs that have been going on for a long, long time.

So, these are the two biggest holidays in Korea.

CORE EXPRESSIONS

- family holiday 가족과 함께하는 명절, 가족 휴가
- get together to celebrate the holiday 명절을 기념하기 위해 모이다
- visit hometown 고향을 방문하다
- traditional custom 전통 풍습
- visit the ancestor's grave 조상 묘를 방문하다
- custom 풍습
- the Lunar New Year's holiday 음력 설, 설날
- exchange presents 선물을 교환하다
- traditional memorial 차례
- pay respects 예를 표하다

Point Up!

❶ 관용 문구 **the Lunar New Year's holiday** 설날
One is the Lunar New Year's holiday and the other is the 추석 holiday.
하나는 설날이고, 두 번째는 추석입니다.

❷ 구동사 **get together** 한 자리에 모이다
Family members get together to celebrate these holidays.
가족들은 명절을 보내기 위해 한 자리에 모입니다.

❸ 관용 문구 **visit their hometowns** 고향을 방문하다
Many people visit their hometowns to meet their family.
많은 사람들이 가족을 만나기 위해 고향에 갑니다.

❹ 관용 문구 **traditional memorials** 부르는 전통 추모식
They hold traditional memorials called 차례 to remember our ancestors.
조상들을 기리기 위해 차례를 지냅니다.

❺ 관용 문구 **pay their respects** 예를 표하다
People also visit their ancestors' graves to pay their respects.
조상에게 예를 표하기 위해 조상의 묘를 방문합니다.

❻ 현재 완료 **have been going on** 아주 오랜기간 전해 내려져왔다
These are customs that have been going on for a long, long time.
이것들은 아주 오랫동안 전해 내려온 풍습들입니다.

아래 해석을 활용하여 나만의 답변을 완성해 보세요.

TRANSLATION

한국에는 두 가지의 큰 명절이 있습니다.
하나는 설날이고, 두 번째는 추석입니다.
가족들은 명절을 보내기 위해 함께 모입니다.
많은 사람들이 가족을 만나기 위해 고향에 갑니다.
가족들은 많은 선물들을 주고받습니다.

사람들이 따르는 두 가지 전통 풍습이 있습니다.
조상들을 기리기 위해 차례를 지냅니다.
그 후, 조상에게 예를 표하기 위해 조상의 묘를 방문합니다.
이것을 성묘라고 합니다.
이것들은 아주 오랫동안 전해 내려온 풍습들입니다.

그래서, 이 두 가지가 한국의 가장 큰 명절입니다.

Q2 실전문제 연습하기

> **Int** 기억에 남는 명절/휴일 추억
>
> Talk about a memorable incident you had for a holiday. Why was that incident unforgettable? Who was involved and what happened? Tell me everything from beginning to end regarding what happened.

  Ch16-A2

I remember going to my grandparents' house during the last holidays.
I saw one of my cousins there.
She got married and I saw her husband for the first time.
　　　+ She was getting married and she brought her fiancé with her.
I had the chance to talk to them for a while.
They told me how they met and how they fell in love.
　　　+ They said they met in school.
　　　+ They said they met at work.
　　　+ They said they met through a blind date.
　　　+ They said they used to be friends and started to go out.

Her husband seemed very nice and I liked him very much.
They were a very sweet couple.
I was very happy for them.
So, that's the incident I remember.
Meeting a new family member like this is always memorable.

CORE EXPRESSIONS

- nephew 남자 조카
- get married 결혼하다
- fiancée 약혼녀, 예비 신부
- for a while 잠시 동안
- through a blind date 소개팅을 통해
- be memorable 기억에 남다
- niece 여자 조카
- see for the first time 처음으로 보다
- have a chance to talk 말할 기회가 있다
- fall in love 사랑에 빠지다
- go out with 사귀다

Point Up!

❶ `GET 동사` get married 결혼을 하다
He (She) got married and I saw his wife (her husband) for the first time.
사촌은 결혼을 했고, 저는 그녀의 남편을 처음 만났습니다.

❷ `관용 문구` for a while 잠시 동안
I had the chance to talk to them for a while.
그들과 잠시 이야기를 나눌 기회가 있었습니다.

❸ `관용 문구` fall in love 사랑에 빠지다
They told me how they met and how they fell in love.
그들은 둘이 어떻게 만났는지, 어떻게 사랑에 빠졌는지 이야기해 주었습니다.

❹ `조동사` used to be friends 친구였다
They said they used to be friends but started to go out.
친구였었는데 사귀기로 했다고 했습니다.

❺ `관용 문구` meet through a blind date 소개팅으로 만났다
They said they met through a blind date.
둘은 소개팅에서 만났다고 합니다.

❻ `동명사 주어` memorable 새로운 가족 구성원을 만나는 것은
Meeting a new family member like this is always memorable.
이처럼 새로운 가족 구성원을 만나는 것은 항상 기억에 남는 일입니다.

아래 해석을 활용하여 나만의 답변을 완성해 보세요.

TRANSLATION

저는 지난 명절에 할아버지 할머니 댁에 갔던 기억이 납니다.
그 곳에서 사촌 중 한 명을 만났습니다.
사촌은 결혼을 했고, 저는 그녀의 남편을 처음 만났습니다.
　　＋ 그녀는 결혼할 예정이었고 약혼자를 데리고 왔었습니다.
그들과 잠시 이야기를 나눌 기회가 있었습니다.
그들은 둘이 어떻게 만났는지, 어떻게 사랑에 빠졌는지 이야기해 주었습니다.
　　＋ 둘은 학교에서 만났다고 합니다.
　　＋ 둘은 직장에서 만났다고 합니다.
　　＋ 둘은 소개팅에서 만났다고 합니다.
　　＋ 친구였는데 사귀기 시작했다고 합니다.

그녀의 남편은 매우 좋은 사람이었고, 저는 그가 마음에 들었습니다.
둘은 매우 잘 어울리는 한 쌍이었습니다.
저도 그 모습에 기분이 좋았습니다.
기억나는 사건은 이 정도입니다.
이처럼 새로운 가족 구성원을 만나는 것은 항상 기억에 남는 일입니다.

Q3 실전문제 연습하기

Adv 명절/휴일 풍습 변화

Have holidays or holiday customs in your country changed over the years? Are they different from what they used to be? Tell me about the changes holidays have gone through.

Holiday customs have not changed that much in Korea over the years.
Many traditions we follow have been around for ages.
Families get together at one place to celebrate the holidays.
They cook holiday food and eat it together.
They do a lot of catching up spending time together like this.
Also, people also exchange gifts with one another during the holidays.

Of course, there are some people who go on trips.
Family holidays are quite long, so people use the opportunity to go overseas.
We see more and more people doing that these days.
Overall, holiday customs have been pretty much the same for a long time.

CORE EXPRESSIONS

- holiday custom 명절 풍습
- be around for ages 아주 오래 전부터 있었다
- do a lot of catching up 밀린 이야기를 하다
- use the opportunity 기회를 이용하다
- tradition 전통
- get together 한 자리에 모이다
- go on a trip 여행을 가다
- go overseas 해외에 가다

Point Up!

❶ [현재 완료] **have not changed that much** 그다지 많이 변하지 않다
Holiday customs have not changed that much in Korea over the years.
수 년간 한국의 명절 풍습은 크게 바뀌지 않았습니다.

❷ [관용 문구] **around for ages** 오래전부터 있는
Many traditions we follow have been around for ages.
우리가 따르고 있는 많은 전통들은 오래 전부터 있던 것들입니다.

❸ [관용 문구] **do a lot of catching up** 밀린 이야기를 하다
They do a lot of catching up spending time together like this.
이처럼 함께 시간을 보내며 밀린 이야기들을 나눕니다.

❹ [관용 문구] **exchange gifts with one another** 서로 선물을 교환하다
People also exchange gifts with one another during the holidays.
사람들은 명절 동안에 서로 선물을 교환합니다.

❺ [관용 문구] **go overseas** 해외에 가다
Family holidays are quite long, so people use the opportunity to go overseas.
명절 기간이 꽤 길기 때문에, 이 기회에 해외에 나가는 것입니다.

❻ [현재 완료] **have been pretty much the same** 거의 동일한 모습을 지켜왔다
Overall, holiday customs have been pretty much the same for a long time.
전반적으로, 명절 풍습은 오랫동안 거의 동일한 모습을 지켜 왔습니다.

아래 해석을 활용하여 나만의 답변을 완성해 보세요.

TRANSLATION

수 년간 한국의 명절 풍습은 크게 바뀌지 않았습니다.
우리가 따르고 있는 많은 전통들은 오래 전부터 있던 것들입니다.
명절을 지내기 위해 가족들이 한 자리에 모입니다.
명절 음식을 하고 함께 먹습니다.
이처럼 함께 시간을 보내며 밀린 이야기들을 나눕니다.
또한, 사람들은 명절 동안에 서로 선물을 교환합니다.

물론, 여행을 가는 사람들도 있습니다.
명절 기간이 꽤 길기 때문에, 이 기회에 해외에 나가는 것입니다.
요즘은 그렇게 하는 사람들이 점점 더 늘어나고 있습니다.
전반적으로, 명절 풍습은 오랫동안 거의 동일한 모습을 지켜 왔습니다.

Level-Up! 한국인의 말하기 취약점 분석

다양한 형용사가 부족하다.

[일상 생활] 형용사 사용의 강화

다양한 형용사를 주제에 맞게 적절히 쓰는 것은 오픽 등급의 주 평가 요소 중 하나이다. 특히 같은 의미를 가졌더라도 다양한 표현을 쓰는 것이 중요하다. 좋았던 경험을 서술할 때 It was a nice trip과 같이 표현하면 IM등급 이상을 받긴 어렵다. Nice를 대체할 수 있는 pleasant, enjoyable, memorable과 같은 형용사 사용에 익숙해져서 고득점을 받을 수 있도록 하자.

좋았던 경험을 묘사하는 형용사

Meeting a new family member is always memorable.
새로운 가족 구성원을 만나는 것은 언제나 기억에 남는 일입니다.

It was indeed an unforgettable trip.
정말 잊을 수 없는 여행이었습니다.

It was a very enjoyable dinner with my friends.
친구들과 함께한 매우 즐거운 식사였습니다.

I have many pleasant memories of that house.
그 집과 관련된 즐거운 기억들이 많습니다.

It was a very meaningful gathering.
매우 의미 있는 모임이었습니다.

QUIZ

Both parks are very _____ to visit.
두 공원 모두 방문하기에 매우 쾌적합니다.

It was a _____ birthday party.
즐거운 생일파티였습니다.

It was one of the most _____ movies I have watched in my life.
제가 살면서 본 가장 기억에 남는 영화 중 하나였습니다.

 ANSWERS   pleasant / enjoyable / memorable

Chapter 17

공통형 주제 |

FREE TIME
자유시간

● 주제에 알맞은 다양한 문항 유형을 알아보세요.

서술	자유시간에 주로 하는 일

과거 경험	자유시간에 한 일

과거 경험	어렸을 때 자유시간은 어땠는지

다음 질문을 듣고 질문의 키워드를 확인해 보세요.

 Ch17-Q1~3

1 Int 자유시간에 주로 하는 일

I want to know how you spend your free time. You might do something fun or interesting. What do you do in your free time? How much free time do you have? Compared to the past, do you spend more or fewer hours on leisure activities?

당신이 자유시간을 어떻게 보내는지 알고 싶습니다. 무언가 재미있거나 흥미로운 일을 할 수 있을 것입니다. 자유시간에는 무엇을 합니까? 자유시간은 어느 정도 있습니까? 과거와 비교했을 때, 여가 활동에 시간을 더 씁니까? 덜 씁니까?

2 Adv 자유시간에 무엇을 했는지

Can you tell me about the last time you had some free time? When was it? What did you do? Did you spend time with someone? Did something surprising or unexpected happen? Please give me a full description of the last time you had some free time.

마지막으로 자유시간을 가졌을 때에는 무엇을 했습니까? 그 때가 언제였습니까? 뭔가 놀랍거나 예상치 못한 일이 있었습니까? 마지막으로 자유시간을 가졌던 때에 대해 상세히 설명해 주십시오.

3 Adv 어렸을 때 자유시간은 어땠는지

Think about what you did during your free time as a child. You might have spent time with your parents or with your friends. Tell me about how you mostly spent your free time when you were a child.

어렸을 때에는 자유시간에 무엇을 했는지 생각해 보십시오. 부모님 또는 친구들과 시간을 보냈을 것입니다. 어린 시절에는 자유시간을 어떻게 보냈는지 설명하시오.

Q1 실전문제 연습하기

Int 자유시간에 주로 하는 일

I want to know how you spend your free time. You might do something fun or interesting. What do you do in your free time? How much free time do you have? Compared to the past, do you spend more or fewer hours on leisure activities?

 **BEST RESPONSE**  Ch17-A1

I like to watch movies in my free time.
I sometimes go to the movies at theaters or watch movies at home.
I don't have a particular genre I like.
I just watch whatever is fun at that point of time.
I just watch movies that top the charts.
It doesn't matter whether it's romantic comedies or sci-fi.
         + fantasy + drama + thriller movies + horror movies + action movies + animations
         + The only genre I don't like is horror movies.
For instance, I recently went to see the Star Wars sequel.
It was very thrilling and really enjoyed it.
I liked the storyline and the acting in the movie.
         + I actually watched the movie 3D and the scenes were much more real.
The movie did very well in the box office.

So, once again, I watch movies quite often when I have some free time.

CORE EXPRESSIONS

- don't have a particular genre I like 좋아하는 특별한 장르가 없다
- at that point of time 그 시점에
- sci-fi 공상과학 (science fiction줄임말)
- be thrilling 스릴있다
- in the box office 흥행 면에서
- whatever is fun 재미있는 건 무엇이든지
- movies that top the chart 흥행하는 영화
- sequel 속편
- as well 또한, 역시

Point Up!

❶ 복합관계대명사 whatever is fun 재미있는 건 무엇이든지, 무엇이나
I just watch whatever is fun at that point of time.
그냥 그 때 당시에 재미있는 것을 봅니다.

❷ 관용 문구 movies that top the charts 흥행하는 영화
I just watch movies that top the charts.
그냥 흥행하는 영화를 봅니다.

❸ 관용 문구 it doesn't matter 상관없다
It doesn't matter whether it's romantic comedies or sci-fi.
로맨틱 코미디이든, SF 영화이든 별로 상관하지 않습니다.

❹ 관용 문구 the Star Wars sequel 스타워즈 속편
I recently went to see the Star Wars sequel.
저는 최근 스타워즈의 속편을 보러 갔습니다.

❺ 관용 문구 in the box office 흥행 면에서
The movie did very well in the box office.
그 영화는 흥행 면에서 크게 성공했습니다.

❻ 연결어 once again 다시 한번 말하자면
Once again, I watch movies quite often when I have some free time.
그래서 다시 말하자면, 저는 자유시간이 날 때면 자주 영화를 봅니다.

아래 해석을 활용하여 나만의 답변을 완성해 보세요.

TRANSLATION

저는 자유시간에 영화를 보는 것을 좋아합니다.
가끔 영화관에 가서 영화를 보거나 집에서 영화를 봅니다.
특별히 좋아하는 장르는 없습니다.
그냥 그 때 당시에 재미있는 것을 봅니다.
그냥 흥행하는 영화를 봅니다.
로맨틱 코미디이든, SF 영화이든 별로 상관하지 않습니다.
　　+ 판타지　+ 드라마　+ 스릴러 영화　+ 공포 영화
　　+ 액션 영화　+ 애니메이션
　　+ 제가 유일하게 좋아하지 않는 장르는 공포 영화입니다.
예를 들면, 저는 최근 스타워즈의 속편을 보러 갔습니다.
매우 긴장감이 넘쳤고 저는 영화를 정말 즐겁게 보았습니다.
영화의 줄거리와 연기가 좋았습니다.
　　+ 실제로 3D로 영화를 보았는데 화면들이 훨씬 더 생생했습니다.
그 영화는 흥행 면에서 크게 성공했습니다.

그래서 다시 말하자면, 저는 자유시간이 날 때면 자주 영화를 봅니다.

Q2 실전문제 연습하기

Adv 자유시간에 무엇을 했는지

Can you tell me about the last time you had some free time? When was it? What did you do? Did you spend time with someone? Did something surprising or unexpected happen? Please give me a full description of the last time you had some free time.

 **BEST RESPONSE**  Ch17-A2

I remember getting together with my friends for a drink several weeks ago.
We went to a pub to drink some beer.
  + a western bar + a Japanese bar + a fancy pub + a wine bar + a Korean bar
  + a Korean drink called soju + wine + draft beer + sake + Whisky + cocktails
We ordered a combo dish with various side dishes.
The food and drinks tasted extra good that day, probably because I was starving.

We ended up drinking quite a lot that day.
       + We even went to a karaoke.
I got a bit drunk actually because I drank too fast.
       + I got very drunk because I drank on an empty stomach.
       + I felt like throwing up.   + I threw up several times.
       + I felt dizzy and couldn't walk properly.
       + I got wasted and blacked out.
       + My friends carried me home.
       + I don't remember how I got home.
       + I got into trouble because I got home too late.
Naturally, I had a hangover the next day.
It took me a while to sober up.
But overall, it was a very enjoyable gathering with my friends.

CORE EXPRESSIONS

- get together 모이다
- taste extra good 유난히 맛있다
- get drunk 술 취하다
- throw up 토하다
- walk properly 제대로 걷다
- black out 필름이 끊기다
- have a hangover 숙취가 있다
- enjoyable 즐거운

- various side dishes 다양한 반찬, 안주
- end up 결국 ~하다
- drink on an empty stomach 빈 속에 마시다
- feel dizzy (tipsy) 어지럽다
- get wasted 만취하다
- naturally 자연스럽게
- sober up 술을 깨다

Point Up!

❶ 관용 문구 **taste extra good** 유난히 맛있다
The food and drinks **tasted extra good** that day, probably because I was starving.
그 날 음식과 술이 유난히 더 맛있었는데, 아마도 제가 배가 고팠었기 때문인 것 같습니다.

❷ 관용 문구 **end up drinking quite a lot** 결국 술을 꽤 많이 마셨다
We **ended up drinking quite a lot** that day.
결국 그 날 우리는 술을 꽤 많이 마시게 되었습니다.

❸ GET 동사 **get a bit drink** 조금 취하다
I **got a bit drunk** actually because I drank too much.
사실 저는 술을 너무 많이 마셔서 조금 취했었습니다.

❹ 관용 문구 **get wasted and black out** 만취했고 필름이 끊기다
I **got wasted and blacked out**.
만취 상태가 되서 필름이 끊겼습니다.

❺ 관용 문구 **have a pretty bad hangover** 숙취가 매우 심하다
I **had a pretty bad hangover** the next day.
그 다음날 숙취가 매우 심했습니다.

❻ 구동사 **sober up** 술이 깨다
It took me quite a while to **sober up**.
술이 깨는데 꽤 오랜 시간이 걸렸습니다.

아래 해석을 활용하여 나만의 답변을 완성해 보세요.

TRANSLATION

몇 주 전에 친구들과 술 한잔 하러 모였던 것이 기억납니다.
우리는 맥주를 마시러 호프집에 갔습니다.
　　　+ 웨스턴 바　+ 일본식 선술집　+ 멋진 호프집
　　　+ 와인바　+ 한국식 주점
　　　+ 소주　+ 와인　+ 생맥주　+ 사케　+ 위스키
　　　+ 칵테일
우리는 다양한 안주가 나오는 세트 메뉴를 시켰습니다.
그 날 음식과 술이 유난히 더 맛있었는데, 아마도 제가 배가 고팠었기 때문인 것 같습니다.
결국은 그 날 꽤 많이 마시게 되었습니다.
　　　+ 우리는 노래방에도 갔습니다.
저는 사실 너무 빨리 마셔서 조금 취했었습니다.
　　　+ 빈 속에 마셔서 좀 취했습니다.
　　　+ 토할 것 같았습니다.　+ 몇 번 토했습니다.
　　　+ 어지럽고 똑바로 걸을 수 없었습니다.

　+ 술에 매우 취했고 필름이 끊겼습니다.
　+ 친구들이 저를 집에 데려다 주었습니다.
　+ 집에 어떻게 왔는지 기억나지 않습니다.
　+ 집에 너무 늦게 와서 문제가 좀 있었습니다.
당연히, 다음날 숙취가 있었습니다.
술이 깨는 데는 시간이 좀 걸렸습니다.
그러나 전반적으로, 정말 즐거운 친구들과의 모임이었습니다.

Q3 실전문제 연습하기

Adv 어렸을 때 자유시간은 어땠는지

Think about what you did during your free time as a child. You might have spent time with your parents or with your friends. Tell me about how you mostly spent your free time when you were a child.

 **BEST RESPONSE**  Ch17-A3

As far as I remember, I didn't have that much free time when I was a kid.
All I remember is studying day and night.
I went to school early in the morning and came back home late in the afternoon.
I also went to cram schools after class.
I did that for most of my school years.
　　　+ I also took online courses for some subjects.
I especially didn't have much free time in my senior year of high school.
I was busy preparing for the college entrance exam.

However, I do remember spending a lot of time with my family.
My parents were very family-oriented.
We used to spend quality time together on the weekends.
We went on picnics or trips off and on.
　　　+ I remember hanging out with my friends a lot though.
　　　+ We did a lot of things together to enjoy ourselves.
　　　+ We did sports and played games together.
　　　+ We went out to eat at Korean fast food places quite often.
Overall, I don't think I had that much free time when I was a kid.
But I spent a lot of time with my family members (my friends).

CORE EXPRESSIONS

- as far as I remember 내가 기억하는 바로는
- be studying day and night 밤낮으로 공부하다
- late in the after noon 오후 늦게
- after class 방과후에
- prepare for the college entrance exam 수능시험 준비하다
- spend quality time together 함께 좋은 시간을 보내다
- off and on 때때로, 가끔
- when I was a kid 어렸을 때
- early in the morning 아침 일찍
- go to a cram school 학원에 가다
- senior year of high school 고3
- family-oriented 가정적인
- go on a picnic 소풍가다
- hang out with friends 친구들과 어울리다

Point Up!

❶ `관용 문구` **as far as I remember** 내가 기억하는 바로는
As far as I remember, I didn't have that much free time when I was a kid.
제가 기억하기로, 어렸을 때는 자유시간이 그리 많지 않았습니다.

❷ `관용 문구` **studying day and night** 밤낮으로 공부한 것
All I remember is studying day and night.
기억나는 것은 밤낮으로 공부한 것뿐입니다.

❸ `관용 문구` **go to cram schools after class** 방과 후 학원에 가다
I also went to cram schools after class.
그리고 방과 후에는 학원에도 갔습니다.

❹ `합성어` **family-oriented** 가정적인
My parents were very family-oriented.
저희 부모님께서는 매우 가족적인 분들이십니다.

❺ `조동사` **spend quality time together** 뜻 깊은 시간을 보내다
We used to spend quality time together on the weekends.
우리는 주말이면 함께 좋은 시간을 보내곤 했습니다.

❻ `전치사구` **on the weekends** 주말마다
We used to spend quality time together on the weekends.
우리는 주말이면 함께 좋은 시간을 보내곤 했습니다.

아래 해석을 활용하여 나만의 답변을 완성해 보세요.

TRANSLATION

제가 기억하기로, 어렸을 때는 자유시간이 그리 많지 않았습니다.
기억나는 것은 밤낮으로 공부한 것뿐입니다.
저는 아침 일찍 학교에 가서 오후 늦게야 집에 왔습니다.
그리고 방과 후에는 학원에도 갔습니다.
학창 시절 내내 거의 그렇게 보냈습니다.
　　　+ 저는 또 일부 과목은 온라인 강의를 듣기도 했습니다.
특히 고 3 때에는 자유시간이 많지 않았습니다.
대학 입시를 준비하느라고 바빴습니다.

그러나 가족들과 많은 시간을 보냈던 것은 기억납니다.
저희 부모님께서는 매우 가족적인 분들이십니다.
우리는 주말이면 함께 좋은 시간을 보내곤 했습니다.
가끔씩은 나들이를 가기도 했습니다.
　　　+ 그렇지만 친구들과 많이 어울렸던 기억이 납니다.

+ 우리는 많은 일들을 함께 하며 재미있게 보냈습니다.
+ 함께 운동도 하고 게임도 했습니다.
+ 분식집에 먹으러 나간 적도 꽤 많았습니다.
전반적으로, 저는 어렸을 때에는 자유시간이 그리 많지 않았던 것 같습니다.
그렇지만 저는 가족들과 (친구들과) 많은 시간을 함께 보냈습니다.

Level-Up! 한국인의 말하기 취약점 분석

합성어가 부족하다.

[일상 생활] 합성어 사용의 강화!

우리말에 '친환경적인'이라는 합성 형용사가 있듯이 영어에서도 'eco-friendly'라는 합성 형용사가 있다. 이러한 합성어들은 교과서에서는 접하기 힘들지만, 일상 생활에서는 정말 다양하게 접해왔다. 예를 들면 'must-have item'과 같은 표현 말이다. 이렇듯 합성어를 많이 쓸 수록 영어권 문화와 친밀하다는 인상을 전해줄 수 있으며, 다양한 형용사를 쓰는 것은 좋은 등급을 받기 위한 필수 요소이기 때문에 다양한 합성어를 공부하도록 하자.

합성 형용사 사용

My parents are very **family-oriented**.
저희 부모님은 매우 가족 중심적인 분들이십니다.

I can take **high-quality** pictures with my smartphone.
제 스마트폰으로 고화질 사진을 찍을 수 있습니다.

People have become more **health-conscious** than in the past.
사람들은 예전보다 건강에 더욱 신경 쓰게 되었습니다.

We stayed at a **beachside** hotel.
우리는 바닷가 호텔에서 묵었습니다.

I am very **hard-working**
저는 매우 성실합니다.

Recycling is **eco-friendly**.
재활용은 친환경적입니다.

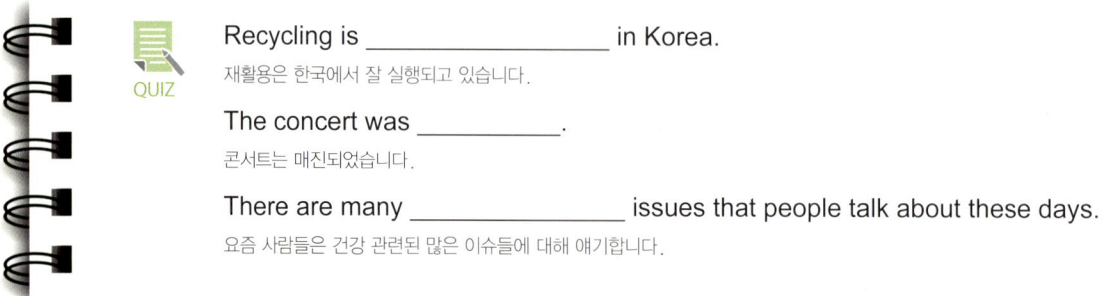

QUIZ

Recycling is _____ in Korea.
재활용은 한국에서 잘 실행되고 있습니다.

The concert was _____.
콘서트는 매진되었습니다.

There are many _____ issues that people talk about these days.
요즘 사람들은 건강 관련 많은 이슈들에 대해 얘기합니다.

 ANSWERS well-practiced / sold-out / health-related

Chapter 18

ROLE PLAY |
전화기

● 주제에 알맞은 다양한 문항 유형을 알아보세요.

| 문의 | 신규 휴대전화 구매 문의 |

| 대안 제시 | 신규 휴대전화 문제점 설명, 교환요청 |

| 과거 경험 | 직접 경험한 휴대전화 문제점 |

다음 질문을 듣고 질문의 키워드를 확인해 보세요.

Ch18-Q11~13

1 [Int] 신규 휴대전화 구매 문의

I'd like to give you a situation and ask you to act it out. You would like to buy a new cell phone. Call a store and ask three or four questions about a new phone you would like to purchase.

어떤 상황을 제시하면, 그에 맞게 행동해 주십시오.
당신은 새 휴대전화를 사려고 합니다. 가게 전화를 걸어 구매하고자 하는 휴대전화에 대해 3~4개의 질문을 하시오.

2 [Adv] 신규 휴대전화 문제점 설명, 교환 요청

I'm sorry, but there is a problem I need you to resolve. You have received the new phone but the features are not what you expected. You would like to return it to get a new phone. Call the store, explain the situation and make arrangements to get a new product.

안타깝지만 당신이 해결해야 할 문제가 생겼습니다.
새 휴대전화를 받았는데, 당신이 원했던 기능과는 달랐습니다. 당신은 이 전화를 반품하고 새 휴대전화를 받으려 합니다. 가게에 전화를 걸어 상황을 설명하고 새 상품을 받기 위한 약속을 하십시오.

3 [Adv] 직접 경험한 휴대전화 문제점

That's the end of the situation. Problems can occur while you are using your phone. Tell me about a time when you had trouble using your phone. What exactly was the problem and how did you solve the situation? Give me all the details.

상황은 끝났습니다. 전화를 사용하다 보면 문제가 발생할 수 있습니다. 전화를 사용하며 문제를 겪었던 경험에 대해 이야기해 주십시오. 정확히 어떤 문제였으며, 당신은 그 상황을 어떻게 해결했습니까? 상세히 설명해 주십시오.

Q1 실전문제 연습하기

Int 신규 휴대전화 구매 문의

I'd like to give you a situation and ask you to act it out. You would like to buy a new cell phone. Call a store and ask three or four questions about a new phone you would like to purchase.

BEST RESPONSE

Ch18-A1

Hi, there. I'm calling to inquire about buying a new cell phone.
I'm currently using Samsung Galaxy S5.
I have had this phone for a little over two years now.
   + LG G4   + iPhone 5   + a year and a half   + 20 months
What are some new models you have?
Do you have Samsung Galaxy S7 in stock?
Do you have them in silver or gold?
How much is the price for that model?
   + How long does the battery last?
   + How fast does the battery charge?

I wonder if you have any promotions going on currently.
Do you have a website I can see by any chance?
Can you give me any recommendations?
I would like to come in to look at some phones.
Until when are you open? I get off work at six. Are you open till then?
Anyway, please get back to me as soon as possible.
Thank you in advance.

CORE EXPRESSIONS

- inquire about ~에 대해 문의하다
- I wonder if ~인지 아닌지 여부가 궁금하다
- would like to 하고싶다
- until when 언제까지
- till then 그때까지

- in stock 재고 면에서
- by any chance 혹시라도
- come in 방문하다
- get off work 퇴근하다
- as soon as possible 최대한 빨리

Point Up!

❶ 관용 문구 **inquire about** ~에 대해 문의하다
I'm calling to inquire about buying a new cell phone.
새로운 휴대전화를 사는 것에 대해 문의를 드리려고 전화드렸습니다.

❷ 현재 완료 **have had** 사용해 왔다
I have had this phone for a little over two years now.
이제 2년 조금 넘게 사용해 왔는데요.

❸ in + 명사 **in stock** 재고 면에서
Do you have Samsung Galaxy S7 in stock?
삼성 갤럭시 S7 재고 있나요?

❹ 관용 문구 **I wonder if** ~인지 아닌지 여부가 궁금하다
I wonder if you have any promotions going on currently.
지금 진행 중인 할인 행사가 있는지 궁금합니다.

❺ 관용 문구 **by any chance** 혹시라도
Do you have a website I can see by any chance?
혹시라도 제가 확인해 볼 수 있는 웹사이트가 있나요?

❻ 조동사 **would like to** 하고 싶다
I would like to come in to look at some phones.
제가 직접 가서 휴대전화를 몇 개 보고 싶은데요.

아래 해석을 활용하여 나만의 답변을 완성해 보세요.

TRANSLATION

안녕하세요. 새로운 휴대전화를 사는 것에 대해 문의를
드리려고 전화드렸습니다.
저는 지금 삼성 갤럭시 S5를 사용하고 있습니다.
이제 2년 조금 넘게 사용해 왔는데요.
　　　＋ LG G4　＋ 아이폰5　＋ 일년 반　＋ 20개월
최신 기종은 어떤 것들이 있나요?
삼성 갤럭시 S7 재고 있나요?
은색이나 금색으로 있는지요?
그 모델은 가격이 어떻게 되죠?
　　　＋ 배터리 지속시간은 얼마입니까?
　　　＋ 배터리 충전에는 얼마나 걸리나요?
지금 진행 중인 할인 행사가 있는지 궁금합니다.
혹시라도 제가 확인해 볼 수 있는 웹사이트가 있나요?
추천해 주실 만한 모델은 없나요?

제가 직접 가서 휴대전화를 몇 개 보고 싶은데요.
몇 시까지 영업하시나요? 저는 6시에 퇴근하는데, 그 때까지
영업하나요?
최대한 빨리 전화 주세요.
감사합니다.

Q2 실전문제 연습하기

Adv 신규 휴대전화 문제점 설명, 교환 요청

I'm sorry, but there is a problem I need you to resolve. You have received the new phone but the features are not what you expected. You would like to return it to get a new phone. Call the store, explain the situation and make arrangements to get a new product.

 BEST RESPONSE  Ch18-A2

Hi, there. I'm a customer who bought a phone at your store a week ago.
　　　　+ yesterday + three days ago + on Tuesday + last weekend
I'm afraid there's something wrong with my phone.
It's doing weird stuff and it's causing me a lot of trouble.

First, the phone turns off by itself.
Next, it freezes quite often as well.
Plus, it uses up the battery too fast.
Also, the phone doesn't charge properly.
Last of all, there isn't enough storage.

I would like to come in to look at some other phones.
I actually want to get a new phone.
Tell me when I can visit your store.
Please let me know ASAP. Thank you in advance.

CORE EXPRESSIONS

- weird 이상한
- turns off by itself 저절로 꺼진다
- use up the battery too fast 배터리가 빨리 닳다
- enough storage 충분한 저장용량
- come in 방문하다

- cause a lot of trouble 많은 문제를 일으키다
- freeze 멈추다
- do not charge properly 제대로 충전이 안되다
- would like to ~하고 싶다
- actually 실제로, 사실

Point Up!

❶ 관용 문구 **there's something wrong with** ~에 문제가 있다
I'm afraid **there's something wrong with** my phone.
제 휴대전화에 문제가 좀 생겨서요.

❷ 관용 문구 **doing weird stuff** 희안한 짓을 하다
It's **doing weird stuff** and it's causing me a lot of trouble.
오작동 때문에 여간 불편한 게 아닙니다.

❸ 재귀대명사 **itself** 스스로, 저절로
The phone turns off by **itself**.
먼저, 휴대전화가 저절로 꺼져요.

❹ 관용 문구 **uses up the battery** 배터리를 써버리다
It **uses up the battery** too fast.
또 배터리가 너무 빨리 닳아요.

❺ 구동사 **come in** 방문하다
I would like to **come in** to look at some other phones.
직접 방문해서 다른 전화들을 좀 보고 싶은데요.

❻ GET 동사 **get a new phone** 새 휴대전화를 사다/받다
I actually want to **get a new phone**.
새 휴대전화를 받았으면 좋겠어요.

아래 해석을 활용하여 나만의 답변을 완성해 보세요.

TRANSLATION

안녕하세요. 1주일 전에 휴대전화를 사 간 고객인데요.
　　+ 어제　+ 3일 전　+ 화요일에　+ 지난 주말
제 휴대전화에 문제가 좀 생겨서요.
오작동 때문에 여간 불편한 게 아닙니다.

먼저, 휴대전화가 저절로 꺼져요.
그리고 화면도 자주 멈춰 버립니다.
또 배터리가 너무 빨리 닳아요.
그리고 충전이 잘 안 됩니다.
마지막으로, 저장 공간이 충분하지 않아요.

직접 방문해서 다른 전화들을 좀 보고 싶은데요.
새 휴대전화를 받았으면 좋겠어요.
언제 방문할 수 있는지 알려 주시기 바랍니다.
최대한 빨리 알려 주세요. 감사합니다.

Q3 실전문제 연습하기

> **Adv 본인이 직접 경험한 휴대전화 문제점**
>
> That's the end of the situation. Problems can occur while you are using your phone. Tell me about a time when you had trouble using your phone. What exactly was the problem and how did you solve the situation? Give me all the details.

 **BEST RESPONSE**  Ch18-A3

I once remember a time when my cell phone broke.
I dropped it by accident and the screen cracked.
　　　　+ I smashed it into something by mistake and the screen went out.
It was quite frustrating.
I had to take it in for repairs.
I went to the Samsung service center.
I had to pay some money to replace the screen.
　　　　+ I didn't want to spend money on my old phone.
　　　　+ I just used the cracked phone for a while.
　　　　+ I bought a new phone pretty soon.
Ever since that incident, I always make sure to be more careful not to drop my phone.
Plus, I put on a phone case to protect my phone.

And then, I also remember a time when I spilt water on my phone.
　　　　+ I dropped my phone in water.
I took out the battery as soon as possible and dried it.
But it wasn't working properly.
I had to took it in for repairs.
I didn't have to pay for the repairs that time.

CORE EXPRESSIONS

- once 한 번, 언젠가
- crack 갈라지다, 금이 가다
- smash into 격돌하다, 충돌하다
- replace the screen 액정을 대체하다, 갈다
- ever since that incident 그 사건 이후로
- spill water on the phone 휴대폰에 물을 흘리다
- work properly 제대로 작동하다

- drop it by accident 실수로 떨어뜨리다
- get a scratch 긁히다, 생채기가 나다
- take it in for repair 수리 맡기다
- be frustrating 불만스럽다, 짜증이 나다
- put on a phone case 폰 케이스를 씌우다
- take out the battery 배터리를 분리하다

Point Up!

❶ [관용 문구] **I once remember a time** 한 번 ~했던 기억이 난다
I once remember a time when my cell phone broke.
한번은 제 휴대전화가 고장 났던 게 기억이 납니다.

❷ [관용 문구] **by accident** 실수로
I dropped it **by accident** and the screen cracked.
실수로 떨어뜨렸는데 액정이 깨졌습니다.

❸ [관용 문구] **take it in for repairs** 수리를 맡기다
I had to **take it in for repairs**.
수리를 맡기러 가야 했습니다.

❹ [관용 문구] **frustrating** 짜증이 나는
It was quite **frustrating**.
정말 짜증이 나다.

❺ [연결어] **ever since that incident** 그 사건 이후로
Ever since that incident, I always try to be more careful not to drop my phone.
그 사건 이후로 저는 늘 휴대전화를 떨어뜨리지 않으려고 노력합니다.

❻ [구동사] **put on a phone case** 폰 케이스를 씌우다
I **put on a phone case** to protect my phone.
휴대전화를 보호하기 위해 폰 케이스를 씌웠습니다.

아래 해석을 활용하여 나만의 답변을 완성해 보세요.

TRANSLATION

한번은 휴대전화가 고장 났던 기억이 납니다.
실수로 전화를 떨어뜨려서 화면에 금이 갔습니다.
　　+ 실수로 어딘가에 부딪쳐서 화면이 나가 버렸습니다.
정말 당황스러웠습니다.
저는 휴대전화를 수리 맡겨야 했습니다.
저는 삼성 서비스 센터에 갔습니다.
화면을 교체하는데 추가 비용을 내야 했습니다.
　　+ 구형 전화에 돈을 쓰고 싶지 않았습니다.
　　+ 저는 한동안 금이 간 휴대폰을 그냥 사용했습니다.
　　+ 저는 곧 새 휴대전화를 구입했습니다.
그 사건 이후로, 저는 휴대전화를 떨어뜨리지 않으려고
조심합니다.
그리고, 휴대전화를 보호하기 위해 폰 케이스를 씌웠습니다.

그리고 또, 휴대전화에 물을 엎질렀던 것이 기억납니다.

　　+ 휴대전화를 물에 빠뜨렸습니다.
저는 즉시 배터리를 빼내서 말렸습니다.
하지만 전화가 제대로 작동하지 않았습니다.
저는 전화를 수리 맡겨야 했습니다.
그 때에는 수리 비용을 내지 않아도 괜찮았습니다.

Level-Up! 한국인의 말하기 취약점 분석

관용 문구가 부족하다.

[Role Play] 관용 문구의 강화

Role Play의 11번과 12번에 해당하는 답변을 할 때는 업체나 친구나 영업점에 음성메시지를 남기는 상황이다. 그렇기 때문에 답변을 시작할 때는 왜 전화를 걸었는지 용건을 말해야 한다. 또한 용건을 다 전달 한 후 전화를 끊을 때도 마무리 문장을 꼭 넣어야 한다. 자연스러운 Role Play를 위한 표현을 알아보자.

WRAP-UP PRACTICE

ROLE PLAY 족보 문장 #1

[답변 시작]

11. (친구) I'm calling to ask you some questions about your MP3 player.
    (업체) I'm calling to inquire about tonight's performance.
          I'm thinking of buying a new cell phone.
12. (친구) Hi, there Jake. This is Brain. I have some bad news.
    (업체) I'm a customer who bought some furniture at your store last week.

[답변 마무리]

(친구) Give me a call when you get this.
      Call me back when you get this.
(업체) Get back to me as soon as possible (ASAP).
      Please let me know ASAP. Thank you in advance.

(친구) 네 MP3 플레이어에 대해 뭐 좀 물어보려고 전화했어.
(업체) 오늘 저녁 공연에 대해 문의드릴 게 있어 전화했는데요.
      새 휴대전화를 살까 생각 중인데요.
(친구) 안녕, Jake. 나 Brian이야. 나쁜 소식이 있어.
(업체) 지난 주에 가게에서 가구를 사 간 고객인데요.
(친구) 이거 들으면 나한테 전화해 줘.
      이거 들으면 나한테 전화해.
(업체) 최대한 빨리 연락 주세요.
      최대한 빨리 알려주세요. 미리 감사드립니다.

QUIZ

_____ renting a house to live in.
살 집을 렌트하는 것 에 대해 문의할 것이 있어서 전화 했습니다.

_____ staying for two nights.
이틀 정도 묵을 생각하고 있습니다.

_____ if you need any help.
만약 도움 필요하면 나한테 전화해줘.

 ANSWERS   I'm calling to inquire about / I'm thinking of / Give me a call

Chapter 19

ROLE PLAY |
부동산

- 주제에 알맞은 다양한 문항 유형을 알아보세요.

| 문의 | 부동산에 임대할 집 문의 | 대안 제시 | 창문이 깨짐, 도움 요청 |

| 과거 경험 | 파손 되었던 경험 |

 다음 질문을 듣고 질문의 키워드를 확인해 보세요.  Ch19-Q1~3

1 [Int] 부동산에 임대할 집 문의

I'd like to give you a situation and ask you to act it out. You would like to find a house to live in. Call a management office and ask three or four questions about renting a house.

어떤 상황을 제시하면, 그에 맞게 행동해 주십시오.
당신은 살 집을 찾으려고 합니다. 관리실에 전화해서 집을 임대하는 것에 대해 3-4가지의 질문을 하시오.

2 [Adv] 창문이 깨짐, 도움 요청

I'm sorry, but there is a problem I need you to resolve. One of the windows in your house has broken. Call the management office and explain the situation. Ask two or three questions to fix the problem.

안타깝지만 당신이 해결해야 할 문제가 생겼습니다.
집의 창문 중 하나가 깨졌습니다. 관리실에 전화를 걸어 상황을 설명하시오. 문제를 해결하기 위해 2-3가지의 질문을 하시오.

3 [Adv] 파손 되었던 경험

That's the end of the situation. Now, tell me about a time when you broke something at home. What exactly happened and how did you solve the problem. Give me all the details from beginning to end.

상황은 끝났습니다. 이제, 집에서 뭔가를 파손했던 경험에 대해 이야기해 보십시오. 처음부터 끝까지 상세히 설명해 주십시오.

Q1 실전문제 연습하기

Int 부동산에 임대할 집 문의

I'd like to give you a situation and ask you to act it out. You would like to find a house to live in. Call a management office and ask three or four questions about renting a house.

 **BEST RESPONSE**  Ch19-A1

Hi, there. I'm calling to inquire about renting a house to live in.
I'm thinking of a three-bedroom house.

I would like a place that is walking distance from the subway station.
I also want a place that's fairly new.
Plus, I want a place with plenty of parking space.

Can you tell me what you have available?
How much is the average rent for three-bedroom houses around here?
I wonder if you have any fully-furnished houses.

Can you give me any recommendations?
Do you have a website I can see by any chance?
I would like to come in to look at some houses you have.
Until when are you open? I get off work at six. Are you open till then?
Please get back to me as soon as possible.
Thank you in advance.

CORE EXPRESSIONS

- inquire about ~에 대해 문의하다
- three-bedroom 방 3개가 있는
- fairly new 상당히, 꽤 신식의
- average rent 평균 임대료
- by any chance 혹시라도
- get off work 퇴근하다
- rent a house to live in 살 집을 임대하다
- walking distance 도보 가능한 거리
- have available 가능하다
- fully-furnished 풀 옵션의
- come in 방문하다
- get back to me 다시 연락하다

Point Up!

❶ 합성어 three-bedroom 방 3개가 있는
I'm thinking of a three-bedroom house.
저는 방 3개짜리 집을 생각 중인데요.

❷ 관용 문구 walking distance from the subway station 역에서 도보 가능한 거리
I would like a place that is walking distance from the subway station.
지하철 역에서 도보 가능한 거리에 있는 집이었으면 좋겠습니다.

❸ 관용 문구 fairly new 꽤 신식의
I also want a place that's fairly new.
또 새 집을 원합니다.

❹ 관용 문구 have available 사용이 가능 한 것을 가지고 있다
Can you tell me what you have available?
어떤 매물을 가지고 계신지 말씀해 주실 수 있나요?

❺ 합성어 fully-furnished 풀옵션의
I wonder if you have any fully-furnished houses.
풀 옵션인 집이 있는지 궁금합니다.

❻ 관용 문구 get back to me 다시 연락달라
Please get back to me as soon as possible.
가능한 빨리 답변 주십시오.

아래 해석을 활용하여 나만의 답변을 완성해 보세요.

TRANSLATION

안녕하세요. 제가 살 집에 대해 몇 가지 문의하려고 전화 드렸습니다.
저는 방 3개짜리 집을 생각 중인데요.

지하철 역에서 도보 가능한 거리에 있는 집이었으면 좋겠습니다.
또 새 집을 원합니다.
그리고, 주차 공간이 넉넉한 곳을 원합니다.

어떤 매물을 가지고 계신지 말씀해 주실 수 있나요?
이 근방에 방 3개짜리 집의 임대료가 평균 얼마인가요?
풀 옵션인 집이 있는지 궁금합니다.

추천할 만한 곳이 있나요?
제가 볼 수 있는 웹사이트가 있습니까?
제가 직접 가서 가지고 계신 집들을 좀 보고 싶은데요.
언제까지 영업하시나요? 저는 6시에 퇴근하는데, 그 때까지 영업하시나요?
가능한 빨리 답변 주십시오.
감사합니다.

Q2 실전문제 연습하기

> **Adv 창문이 깨짐, 도움 요청**
>
> I'm sorry, but there is a problem I need you to resolve. One of the windows in your house has broken. Call the management office and explain the situation. Ask two or three questions to fix the problem.

 **BEST RESPONSE**  Ch19-A2

Hi, there. I'm a resident living on the 12th floor.
I'm calling to ask for some help.
I accidentally broke the window in the master bedroom.
　　　　+ my bedroom + living room + bathroom + utility room + storage + balcony
I smashed something into it by accident.
I cleaned up all the glass, but I need to get a new window.

Can you tell me what I can do?
Do you fix windows at your office?
If so, how much is it to get a new window?
If you don't fix windows, can you recommend an interior store for me?
I wonder if you could give me their number.
Please let me know ASAP.
Thank you in advance.

CORE EXPRESSIONS

- accidentally 실수로
- smash into 격돌하다
- clean up 치우다
- master bedroom 안방
- by accident 실수로
- fix a window 창문을 고치다

Point Up!

❶ 전치사구 on the 12th floor 12층에 사는
I'm a resident living on the 12th floor.
저는 12층에 사는 주민인데요.

❷ 관용 문구 ask for some help 도움을 요청하다
I'm calling to ask for some help.
도움을 요청하려고 전화 드렸습니다.

❸ 부사 accidentally 실수로
I accidentally broke the window in the master bedroom.
실수로 안방 유리창을 깨뜨렸는데요.

❹ 관용 문구 by accident 실수로
I smashed something into it by accident.
실수로 뭔가를 거기 부딪쳤어요.

❺ 구동사 clean up 치우다
I cleaned up all the glass, but I need to get a new window.
유리는 다 치웠는데, 유리창을 교체해야 해서요.

❻ 관용 문구 I wonder if ~인지 아닌지 여부가 궁금하다
I wonder if you could give me their number.
전화번호를 주실 수 있을지 궁금합니다.

아래 해석을 활용하여 나만의 답변을 완성해 보세요.

TRANSLATION

안녕하세요. 저는 12층에 사는 주민인데요.
도움을 요청하려고 전화 드렸습니다.
실수로 안방 유리창을 깨뜨렸는데요.
　　＋제 방　＋거실　＋화장실　＋다용도실　＋창고　＋베란다
실수로 뭔가를 거기 부딪쳤어요.
유리는 다 치웠는데, 유리창을 교체해야 해서요.

제가 뭘 하면 될까요?
사무실에서 유리창도 수리해 주시나요?
그렇다면, 교체 비용은 얼마인가요?
유리창 수리를 하지 않으신다면, 인테리어 업체를 추천해 주실 수 있을까요?
전화번호를 주실 수 있을지 궁금합니다.
가능한 빨리 알려 주세요.
감사합니다.

Q3 실전문제 연습하기

Adv 파손 되었던 경험

That's the end of the situation. Now, tell me about a time when you broke something at home. What exactly happened and how did you solve the problem. Give me all the details from beginning to end.

 **BEST RESPONSE**  Ch19-A3

I was doing the dishes at home one day and broke a cup.
　　　　+ bowl   + glass   + plate
I dropped it because it was slippery.
I had too much dishwashing soap on my hands.
The cup fell on the floor and broke into several pieces.

I had to stop doing the dishes and clean up the glass.
I picked up the big pieces.
And then, I used the vacuum to clean up the small pieces.
I tried to be extra careful while I was doing that, but I cut my finger.
　　　　+ a piece of glass got stuck in my foot
It was bleeding and it was a little sore.
I had to stop the bleeding and clean the cut.
I also put a band-aid on it.
Ever since that incident, I try to be more careful when I'm doing the dishes.
　　　　+ I try to be more careful when I'm cleaning up broken glass.

CORE EXPRESSIONS

- do the dishes 설거지를 하다
- slippery 미끄러운
- fall on the floor 바닥에 떨어지다
- clean up the glass 유리를 치우다
- be extra careful 각별한 주의를 기울이다
- get stuck in one's foot 발에 박히다
- clean the cut 소독하다
- ever since that incident 그 사건 이후로

- one day 어느 날
- dishwashing soap 식기세척제
- break into several pieces 산산조각 나다
- the vacuum 진공청소기
- cut one's finger 손가락을 베다
- be bleeding 피가 나다
- put a band-aid 반창고를 붙이다

Point Up!

❶ 형용사 **slippery** 미끄러운
I dropped it because it was **slippery**.
미끄러워서 떨어뜨렸습니다.

❷ 관용 문구 **break into several pieces** 산산조각 나다
The cup fell on the floor and **broke into several pieces**.
컵이 바닥에 떨어져서 산산조각 났습니다.

❸ 구동사 **pick up** 집다
I **picked up** the big pieces.
저는 커다란 조각들을 집었습니다.

❹ 관용 문구 **be extra careful** 각별한 주의를 기울이다
I tried to **be extra careful** while I was doing that, but I cut my finger.
치우면서 각별한 주의를 기울였지만, 손가락을 베고 말았습니다.

❺ 관용 문구 **be a little sore** 약간 쓰라리다
It was bleeding and it **was a little sore**.
피가 나고 약간 쓰렸습니다.

❻ 관용 문구 **put a band-aid on** ~에 반창고를 붙였다
I also **put a band-aid on** it.
또 상처 위에 반창고를 붙였습니다.

아래 해석을 활용하여 나만의 답변을 완성해 보세요.

TRANSLATION

저는 어느 날 집에서 설거지를 하다가 컵을 깨뜨렸습니다.
　＋ 그릇　＋ 유리잔　＋ 접시
미끄러워서 떨어뜨렸습니다.
손에 식기세척제를 너무 많이 묻히고 있었습니다.
컵이 바닥에 떨어져서 산산조각 났습니다.

저는 설거지를 멈추고 유리를 치워야 했습니다.
저는 커다란 조각들은 집었습니다.
그리고, 진공청소기로 작은 조각들을 치웠습니다.
치우면서 각별한 주의를 기울였지만, 손가락을 베고 말았습니다.
　＋ 유리조각이 발에 박혔습니다.
피가 나고 약간 쓰렸습니다.
지혈을 하고 상처를 소독해야 했습니다.
또 상처 위에 반창고를 붙였습니다.
그 사건 이후로, 저는 설거지를 할 때에는 특히 더 조심하려고 합니다.
　＋ 깨진 유리를 치울 때에는 더욱 조심하려고 합니다.

Level-Up! 한국인의 말하기 취약점 분석

질문 표현이 부족하다.

[Role Play] 질문 표현의 강화!

우리말로 질문을 할 때 "얼마에요?" 보다 "얼마인지 알려줄 수 있으신가요?" 라는 질문이 더 정중한 표현이다. 이처럼 질문을 할 때 간접의문문 혹은 복합의문문 형태로 쓰면 질문 자체가 더 정중해지고 고난이도 표현이 된다. 최대한 간접의문문과 복합의문문을 많이 활용해서 고득점을 받을 수 있도록 해야 한다.

WRAP-UP PRACTICE

ROLE PLAY 족보 문장 #2

[공손한 어법]
I would like to make a reservation at your restaurant.
I would like to make an appointment at 5 o'clock.
I would like to come in to get an exchange.
I wonder if you have any promotions going on.
Can you tell me what I can do?
Can you tell me how much it is?
Why don't I buy you a new one?
Why don't you sell the tickets?

음식점 예약을 하려고 하는데요.
5시에 예약을 하려고 하는데요.
교환 때문에 직접 방문하려고 합니다.
진행 중인 할인행사가 있는지 궁금합니다.
제가 뭘 하면 될까요?
가격이 얼마인지 알려 주실 수 있나요?
새 것으로 하나 사 드릴까요?
표를 파는 것이 어떨까요?

 QUIZ

_____ I could bring my car or not.
차를 가져가도 되는지 궁금하다.

_____ we go next week instead?
우리 대신 다음 주에 가지 않을래?

_____ I could get a refund.
환불 받을 수 있는지 궁금하다.

 ANSWERS   I wonder if / why don't we / I wonder if

Chapter 20

ROLE PLAY |
해변가기

● 주제에 알맞은 다양한 문항 유형을 알아보세요.

| 문의 | 친구에게 제안 | | 대안 제시 | 계획 변경 제안 |

| 과거 경험 | 예기치 않았던 사건 |

 다음 질문을 듣고 질문의 키워드를 확인해 보세요.  Ch20-Q1~3

1 Int 친구에게 제안

I'd like to give you a situation and ask you to act it out. You want to invite your friend to the beach tomorrow. Call your friend and ask three to four questions regarding the trip you are planning.

어떤 상황을 제시하면, 그에 맞게 행동해 주십시오. 당신은 내일 친구를 바닷가에 초대하려고 합니다. 친구에게 전화를 걸어 당신이 계획하고 있는 여행에 대해 3-4가지 질문을 해 보십시오.

2 Adv 계획 변경 제안

I'm sorry, but there is a problem I need you to resolve. You have just found out that the weather at the beach you were planning to go to is not going to be good today... Call your friend and tell him about the weather and give two to three alternatives.

안타깝지만 당신이 해결해야 할 문제가 생겼습니다. 당신은 가려고 했던 바닷가의 날씨가 오늘은 좋지 않을 것 같다는 점을 방금 알게 되었습니다. 친구에게 전화를 걸어 날씨에 대해 이야기를 하고 2-3개의 대안을 제시하십시오.

3 Adv 예기치 않았던 사건

That's the end of the situation. Have you ever had an unforgettable or scary experience at the beach? Perhaps the weather was bad or something prevented you from having a good time. Give me all the details about what happened from beginning to end.

상황은 끝났습니다. 바닷가에서 잊을 수 없는 또는 무서웠던 경험이 있습니까? 날씨가 나빴거나 무언가로 인해 좋은 시간을 보내지 못했을 수도 있습니다. 어떤 일이 있었는지 처음부터 끝까지 상세하게 설명해 주십시오.

Q1 실전문제 연습하기

Int 친구에게 제안

I'd like to give you a situation and ask you to act it out. You want to invite your friend to the beach tomorrow. Call your friend and ask three to four questions regarding the trip you are planning.

 BEST RESPONSE  Ch20-A1

Hi there, Jim. This is Jake.
I'm calling to ask you if you want to go to the beach tomorrow.
There is a great beach we could go to.
The coastline is very scenic and the sunset is amazing.
We could have some seafood for lunch or dinner there.
It's going to be a lot of fun.

What time do you get off tomorrow?
Are you available around two or three?

By the way, do you know what the weather will be like tomorrow?
Maybe we should check the weather forecast.
Anyway, give me a call when you get this, okay?

CORE EXPRESSIONS

- coastline 해안선
- have seafood for lunch 점심으로 해산물을 먹다
- get off 퇴근하다
- check the weather forecast 일기예보를 확인하다
- scenic 경치가 좋은
- be a lot of fun 정말 재미있다
- by the way 그런데
- anyway 어쨌든

Point Up!

❶ 조동사 we can go to 우리가 갈 수 있다
There is a great beach we could go to.
우리가 갈 수 있는 멋진 해변이 있어.

❷ 형용사 scenic 경치가 좋은
The coastline is very scenic and the sunset is amazing.
해안선의 경치가 아름답고 일몰이 멋져.

❸ 관용 문구 have some seafood for lunch 점심으로 해산물을 먹다
We could have some seafood for lunch or dinner there.
거기서 점심이나 저녁으로 해산물을 먹을 수도 있어.

❹ 구동사 get off 퇴근하다
What time do you get off tomorrow?
내일 몇 시에 퇴근해?

❺ 연결어 by the way 그런데
By the way, do you know what the weather will be like tomorrow?
그런데, 혹시 내일 날씨가 어떨 지 아니?

❻ 관용 문구 check the weather forecast 일기예보를 확인하다
Maybe we should check the weather forecast.
아마도 일기 예보를 확인해봐야 할 것 같아.

아래 해석을 활용하여 나만의 답변을 완성해 보세요.

TRANSLATION

여보세요, Jim. 나 Jake야.
내일 바닷가에 같이 갈 생각이 있는지 물어보려고 전화했어.
우리가 갈 수 있는 멋진 해변이 있어.
해안선의 경치가 아름답고 일몰이 멋져.
거기서 점심이나 저녁으로 해산물을 먹을 수도 있어.
정말 재미있을 거야.

내일 몇 시에 퇴근해?
두 시나 세 시쯤에 시간 되니?

그런데, 혹시 내일 날씨가 어떨 지 아니?
아마도 일기 예보를 확인해봐야 할 것 같아.
어쨌든, 이거 들으면 나한테 전화 줘. 알았지?

Q2 실전문제 연습하기

> **Adv 계획 변경 제안**
>
> I'm sorry, but there is a problem I need you to resolve. You have just found out that the weather at the beach you were planning to go to is not going to be good today...Call your friend and tell him about the weather and give two to three alternatives.

 **BEST RESPONSE**  Ch20-A2

Hi there, Jim. This is Jake.
I have some bad news.
I just heard that the weather will be bad today.
The weather forecast says it's going to rain all weekend all across the country.
They say there is a typhoon coming.

What do you want to do?
Should we go another time?
Maybe we could go next weekend instead.
I don't think it's a good idea to go to the beach when it's raining.
Maybe we could just go to watch a movie instead or just hang out indoors.

Can you tell me what you think?
I'm fine with what you decide.
Anyway, call me back when you get this, okay?

CORE EXPRESSIONS

- have a bad news 안 좋은 소식이 있다
- all weekend 주말 내내
- typhoon 태풍
- I'm fine with what you decide 네 결정에 따를게
- the weather forecast 일기예보
- all across the country 전국적으로
- hang out indoors 실내에서 어울리다

Point Up!

❶ 관용 문구 **have some bad news** 나쁜 소식이 있다
I **have some bad news**.
나쁜 소식이 있어.

❷ 관용 문구 **all weekend all across the country** 주말 내내 전국적으로
The weather forecast says it's going to rain **all weekend all across the country**.
일기예보에서 전국적으로 주말 내내 비가 올 거라고 했어.

❸ 관용 문구 **there is a typhoon coming** 태풍이 오고 있다
They say **there is a typhoon coming**.
태풍이 오고 있대.

❹ 조동사 **go another time** 다음에 가다
Should we **go another time**?
다음에 갈까?

❺ 관용 문구 **go to watch a movie instead** 그러지 말고 영화를 보다
Maybe we could just **go to watch a movie instead** or just hang out indoors.
대신에 그냥 영화를 보러 가거나 그냥 실내에서 놀아도 되고.

❻ 관용 문구 **I'm fine with** ~이 좋다
I'm fine with what you decide.
네가 하자는 대로 할게.

아래 해석을 활용하여 나만의 답변을 완성해 보세요.

TRANSLATION

여보세요, Jim. 나 Jake야.
나쁜 소식이 있어.
오늘 날씨가 좋지 않을 거라고 하더라.
일기예보에서 전국적으로 주말 내내 비가 올 거라고 했어.
태풍이 오고 있대.

넌 어떻게 할래?
다음에 갈까?
아마 다음 주에 가도 괜찮을 것 같아.
비가 올 때 해변에 가는 건 별로 좋은 생각은 아닌 것 같아.
대신에 그냥 영화를 보러 가거나 그냥 실내에서 놀아도 되고.

네 생각은 어떤지 말해 줄래?
네가 하자는 대로 할게.
어쨌든, 이거 들으면 나한테 전화 줘. 알았지?

Q3 실전문제 연습하기

Adv 예기치 않았던 사건

That's the end of the situation. Have you ever had an unforgettable or scary experience at the beach? Perhaps the weather was bad or something prevented you from having a good time. Give me all the details about what happened from beginning to end.

  Ch20-A3

I remember when I ate something wrong at the beach a few years ago.
    + I ate too fast while having dinner.
    + I ate some seafood (raw fish/shellfish/oysters) that went bad.
    + I ate food that was undercooked.
    + I drank too much and got drunk.

I had a stomachache and I felt like throwing up.
    + I even threw up several times.
    + I had the runs and I had to go to the bathroom many times.
    + I got the stomach flu.
I couldn't do anything because I felt sick.
I went to the pharmacy (doctor) to get some medicine.
The pharmacist (doctor) said I had food poisoning
        + indigestion   + allergies   + the stomach flu
I took some medicine to get better.
I just had to stay inside and get some rest.
Looking back, it was one of the worst vacations in my life.

CORE EXPRESSIONS

- eat something wrong 무언가를 잘못 먹다
- seafood that went bad 상한 해산물
- have a stomachache 복통이 있다
- have the runs 설사하다
- have food poisoning 식중독에 걸리다
- allergy 알레르기
- food that is undercooked 덜 익은 음식
- oyster 굴
- throw up 토하다
- get the stomach flu 장염, 위장염에 걸리다
- indigestion 소화불량
- stay inside 실내에 머무르다

Point Up!

❶ 관용 문구 **eat something wrong** 무언가를 잘못 먹다
I remember when I ate something wrong at the beach a few years ago.
몇 년 전 여행 중에 무언가 잘못 먹었던 때가 기억납니다.

❷ 관용 문구 **seafood that go bad** 상한 해산물
I ate some seafood that went bad.
상한 해산물을 먹었습니다.

❸ 관용 문구 **feel like throwing up** 토할 것 같다
I felt like throwing up.
토할 것 같았습니다.

❹ 관용 문구 **have food poisoning** 식중독에 걸리다
The pharmacist (doctor) said I had food poisoning.
약사 (의사)는 제가 식중독에 걸렸다고 말했습니다.

❺ GET 동사 **get some rest** 휴식을 취하다
I just had to stay inside and get some rest.
실내에 있으며 휴식을 취할 수 밖에 없었습니다.

❻ 최상급 **one of the worst vacations** 최악의 휴가 중 하나
Looking back, it was one of the worst vacations in my life.
돌이켜 보니, 제 인생 최악의 휴가 중 하나였습니다.

아래 해석을 활용하여 나만의 답변을 완성해 보세요.

TRANSLATION

몇 년 전 해변에서 뭔가를 잘못 먹었던 때가 기억납니다.
　　+ 저녁 때 밥을 너무 빨리 먹었습니다.
　　+ 상한 해산물 (회/조개/굴) 을 먹었습니다.
　　+ 덜 익은 음식을 먹었습니다.
　　+ 술을 너무 많이 마시고 취해 버렸습니다.
저는 복통을 일으켰고 토할 것 같았습니다.
　　+ 몇 번씩 토하기까지 했습니다.
　　+ 실시가 와서 화장실에 여러 번 가야 했습니다.
　　+ 위장염에 걸렸습니다.
아파서 아무것도 할 수 없었습니다.
저는 약을 사러 약국 (병원)에 갔습니다.
약사 (의사)는 제가 식중독에 걸렸다고 말했습니다.
　　+ 소화불량　+ 알레르기　+ 위장염
저는 회복을 위해 약을 먹었습니다.
안에서 지내면서 휴식을 취할 수 밖에 없었습니다.
돌이켜 보니, 제 인생 최악의 휴가 중 하나였습니다.

Level-Up! 한국인의 말하기 취약점 분석

관용 문구가 부족하다.

[Role Play핵심 문장] 관용 문구의 강화!

일상 생활에서 문의를 하거나 질문을 할 때 자주 쓰는 유용한 표현들을 배워보자. 이러한 문의와 관련된 표현들은 Role Play의 11번, 12번에 해당하는 답변을 할 때 유용한 표현들이다. 한 답변에 비슷한 질문들만 사용하는 것 보다, 맥락에 맞는 난이도가 높은 표현들은 잘 숙지해서 Role Play에서 고득점을 받을 수 있도록 노력해야한다.

WRAP-UP PRACTICE

ROLE PLAY 족보 문장 #3

[등급 상승 관용 문구]

Can you give me some recommendations?
추천해 주실 수 있을까요?

Can you give me some directions?
가는 길 좀 알려 주실 수 있어요?

Do you have a website I can see by any chance?
제가 볼 수 있는 웹 사이트가 있나요?

Until when are you open? I get off at six. Are you open till then?
언제까지 영업하시나요? 저는 여섯 시에 퇴근하는데요. 그 때까지 영업하시나요?

I'm fine with what you decide.
네가 하자는 대로 할게.

I am supposed to come in for an interview.
인터뷰 때문에 방문하기로 되어 있는데요.

I don't think I can't make it to your birthday party.
네 생일 파티에 가지 못할 것 같아.

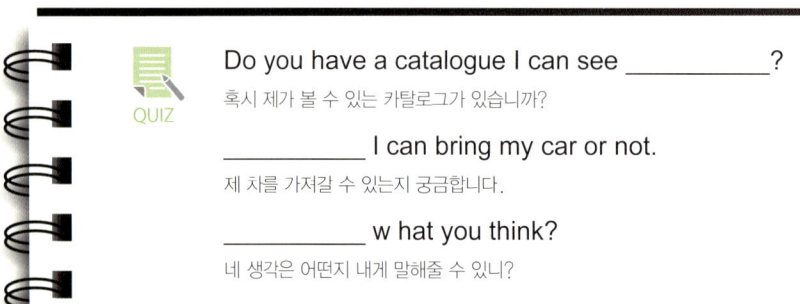

QUIZ

Do you have a catalogue I can see _____?
혹시 제가 볼 수 있는 카탈로그가 있습니까?

_____ I can bring my car or not.
제 차를 가져갈 수 있는지 궁금합니다.

_____ what you think?
네 생각은 어떤지 내게 말해줄 수 있니?

 ANSWERS   by any chance / I wonder if / can you tell me

부록

부록 1

ROLE PLAY | 친구 생일파티

● 주제에 알맞은 다양한 문항 유형을 알아보세요.

| 친구 생일 파티 장소 문의 | 친구 생일 파티 불참 설명 |

| 계획을 취소/변경 해야 했던 경험 | |

 다음 질문을 듣고 질문의 키워드를 확인해 보세요.  EX01-Q1~3

1 [Int] 친구 생일 파티 장소 문의
I'd like to give you a situation and ask you to act it out.
You have been invited to a friend's birthday party. The party will be held at a bar.
Call your friend and ask three or four questions about the place that the party is going to be held at.

어떤 상황을 제시하면, 그에 맞게 연기해 주십시오.
당신은 친구의 생일 파티에 초대를 받았습니다. 파티는 술집에서 열릴 예정입니다.
친구에게 전화를 걸어 파티가 열릴 장소에 대해 3-4가지의 질문을 하십시오.

2 [Adv] 친구 생일 파티 불참 설명
I'm sorry, but there is a problem I need you to resolve.
You have a test coming up tomorrow and cannot make it to your friend's birthday party.
Call your friend, explain the situation, and give two to three alternatives regarding the situation.

안타깝지만 당신이 해결해야 할 문제가 생겼습니다.
내일 시험을 앞두고 있어서, 친구의 생일 파티에 갈 수 없습니다.
친구에게 전화를 걸어 상황을 설명하고, 이 상황에 대한 2-3가지의 대안을 제시하십시오.

3 [Adv] 계획을 취소/변경 해야 했던 경험
That's the end of the situation. Have you ever had to cancel or change plans because of something that came up? What was the reason you had to change your plans? How did you solve the situation? Give me all the details.

상황은 끝났습니다. 갑자기 어떤 일이 생겨서 계획을 취소하거나 변경해야 했던 경험이 있습니까? 계획을 바꿔야 했던 이유는 무엇이었습니까? 그 상황을 어떻게 해결했습니까? 상세하게 설명해 주십시오.

Q1 실전문제 연습하기

Int 친구 생일 파티 장소 문의

I'd like to give you a situation and ask you to act it out.
You have been invited to a friend's birthday party. The party will be held at a bar.
Call your friend and ask three or four questions about the place that the party is going to be held at.

 **BEST RESPONSE**  Ex01-A1

Hi, John. This is Brian. Happy Birthday!
Thanks for inviting me to your birthday party.
I heard it's going to be held at a bar.

Which bar is it going to be held at? Can you give me some directions?
I wonder if I should bring my car or not.
Do you think I can park there?
If not, I'll just take public transportation.
Is the bar close to a subway station or a bus stop?
Is it walking distance?

Also, what kind of bar is it? What type of drinks are we having?
Is there going to be food there?
Anyway, thank you once again for inviting me to the party.
Call me (back) when you get this, okay?

CORE EXPRESSIONS

- thanks for inviting me 초대해줘서 고마워
- I wonder if ~인지 아닌지 여부가 궁금하다
- be held at ~에서 열리다
- walking distance 도보 가능한 거리

Point Up!

❶ 관용 문구 thanks for inviting me 초대해줘서 고마워
Thanks for inviting me to your birthday party.
생일 파티에 초대해 줘서 고마워.

❷ 수동태 be held at a bar 술집에서 열리다
I heard it's going to **be held at a bar**.
술집에서 파티가 열린다고 들었어.

❸ 관용 문구 I wonder if ~인지 아닌지 여부가 궁금하다
I wonder if I should bring my car or not.
차를 가져가야 할지 말지 궁금해.

❹ 관용 문구 walking distance 도보거리
Is it **walking distance**?
걸어갈 수 있는 거리야?

아래 해석을 활용하여 나만의 답변을 완성해 보세요.

TRANSLATION

여보세요 John, 나 Brian이야. 생일 축하해!
일단 생일 파티에 초대해 줘서 고마워.

술집에서 파티가 열린다고 들었어.
어떤 술집에서 생일파티가 열리는 거야?
가는 길 좀 알려줄 수 있어?
차를 가져가야 할지 말지 궁금해.
거기 주차를 할 수 있을까?
만약에 안되면, 그냥 대중교통으로 갈게.
술집이 지하철역이나 버스 정류장에서 가깝니?
걸어갈 수 있는 거리야?

그리고, 어떤 술집이야?
우리 무슨 술 마시는 거야?
거기 먹을 것도 있어?
어쨌든, 한 번 파티에 초대해 줘서 다시 한번 고마워.
이거 들으면 나한테 (다시) 전화해 줘. 알았지?

Q2 실전문제 연습하기

Adv 친구 생일 파티 불참 설명

I'm sorry, but there is a problem I need you to resolve.
You have a test coming up tomorrow and cannot make it to your friend's birthday party.
Call your friend, explain the situation, and give two to three alternatives regarding the situation.

 **BEST RESPONSE**  Ex01-A2

Hi, John. This is Brian. I'm so sorry but I have some bad news.
I don't think I can make it to your birthday party tomorrow.
I actually have a test coming up and have to prepare for it.
I would go, if I could, but I don't think I can.

I was really looking forward to going to your party.
However, this test is very important and there's nothing I can do. I'm really sorry.
I'll make it up to you as soon as I'm done with the test.
Why don't I take you out for lunch next week?
I'll give you your gift when we have lunch.
Anyway, please have fun at the party.
Happy birthday once again!

CORE EXPRESSIONS

- have a bad news 안 좋은 소식이 있다
- have a test coming up 곧 다가오는 시험이 있다
- be looking forward to 기대하고 있다
- as soon as I'm done 내가 끝나자마자
- I don't think I can make it 못 갈 것 같다
- I would go if I could 된다면 갔을 것이다
- I'll make it up to you 네게 보상할게, 보답할게

Point Up!

❶ 관용 문구 I don't think I can make it 못 갈 것 같아
I don't think I can make it to your birthday party tomorrow.
내일 네 생일파티에 못 갈 것 같아.

❷ 관용 문구 I would go, if I could 갈 수 있다면 갔을거야
I would go, if I could, but I don't think I can.
갈 수 만 있다면 가고 싶지만, 안될 거 같아.

❸ 관용 문구 there's nothing I can do 어쩔 수 없어
However, this test is very important and there's nothing I can do.
하지만, 이번 시험이 너무 중요해서 어쩔 수가 없어.

❹ 관용 문구 I'll make it up to you 꼭 보답할게, 갚을게
I'll make it up to you as soon as I'm done with the test.
시험이 끝나는 대로 제대로 꼭 갚을게.

❺ 관용 문구 Why don't I ~하는 게 어때?
Why don't I take you out for lunch next week?
다음 주에 내가 점심 사는 거 어때?

❻ 연결어 Anyway 어쨌든
Anyway, please have fun at the party.
어쨌든, 파티 재미있게 해.

아래 해석을 활용하여 나만의 답변을 완성해 보세요.

TRANSLATION

여보세요 John. 나 Brian이야. 정말 미안하지만 나쁜 소식이 있어.
내일 네 생일파티에 못 갈 것 같아.
사실 곧 시험이라서 시험 준비를 해야 하거든.
갈 수 만 있다면 가고 싶지만, 안될 거 같아.

네 파티에 정말이지 꼭 가고 싶었어.
하지만, 이번 시험이 너무 중요해서 어쩔 수가 없어. 정말 미안해.
시험이 끝나는 대로 제대로 꼭 갚을게.
다음 주에 내가 점심 사는 거 어때?
점심 먹으면서 네 선물도 전해 주고.
어쨌든, 파티 재미있게 해.
다시 한번 생일 축하해!

Q3 실전문제 연습하기

> **Adv** 계획을 취소/변경 해야 했던 경험
>
> That's the end of the situation. Have you ever had to cancel or change plans because of something that came up? What was the reason you had to change your plans?
> How did you solve the situation? Give me all the details.

BEST RESPONSE

Ex01-A3

I remember a time when I was supposed to go to a gathering with my friends.
We were all looking forward to (going to) the gathering.
  + go on a trip + go to a birthday party + go for a movie + go to a wedding
However, I came down with a bad flu a couple of days before the gathering.
I got really sick and couldn't even get out of bed.
  + I had a high fever and a sore throat.
  + I was coughing very much and was aching all over.
  + I had a runny nose and my nose was stuffy.
  + I was not feeling well because I drank a lot the night before. I had a terrible hangover.
  + I was sick because I ate something wrong the day before. I had indigestion.
  + I felt like throwing up. + I woke up too late.
I felt very bad about missing the gathering, but there was nothing I could do.
I called my friends and told them that I couldn't go.
I asked them to go ahead without me, because I didn't want them to cancel the gathering.
Looking back, I regret missing that gathering that day.

CORE EXPRESSIONS

- be supposed to ~하기로 되어 있다
- come down with a flu 독감에 걸리다
- go ahead without me 나 없이 진행하라고 하다
- looking back 되돌아보면
- be looking forward to ~하길 기대하다, 고대하다
- get out of bed 잠자리에서 일어나다
- cancel the gathering 모임을 취소하다
- regret 후회하다

Point Up!

❶ 관용 문구 **be supposed to go to a gathering** 모임에 가기로 되어있다
I remember a time when I was supposed to go to a gathering with my friends.
친구들과의 모임에 가기로 했던 때가 기억납니다.

❷ 관용 문구 **come down with a bad flu** 심한 독감에 걸리다
I came down with a bad flu a couple of days before the gathering.
하지만, 저는 모임 며칠 전에 독감에 걸리고 말았습니다.

❸ 관용 문구 **couldn't even get out of bed** 움직이기도 힘들었다
I got really sick and couldn't even get out of bed.
너무 아파서 침대에서 일어날 수도 없었습니다.

❹ 관용 문구 **there was nothing I could do** 할 수 있는게 없었다
I felt very bad about missing the gathering, but there was nothing I could do.
모임을 놓쳐서 몹시 아쉬웠지만, 어쩔 수 없었습니다.

❺ 관용 문구 **go ahead without me** 나 없이 모이다
I asked them to go ahead without me.
친구들에게는 저 없이 모이라고 말했습니다.

❻ 연결어 **looking back** 되돌아 보다
Looking back, I regret missing that gathering that day.
돌이켜 보니, 그 날의 모임을 놓친 것이 정말 아쉽습니다.

아래 해석을 활용하여 나만의 답변을 완성해 보세요.

TRANSLATION

친구들과의 모임에 가기로 했던 때가 기억납니다.
우리는 모두 그 모임 (에 가는 것을) 고대하고 있었습니다.
　　＋ 여행 가다　＋ 생일 파티에 가다　＋ 영화 보러 가다　＋ 결혼식에 가다
하지만, 저는 모임 며칠 전에 독감에 걸리고 말았습니다.
너무 아파서 침대에서 일어날 수도 없었습니다.
　　＋ 열이 높고 목이 아팠습니다.
　　＋ 기침을 많이 하고 온 몸이 쑤셨습니다.
　　＋ 콧물이 나오고 코가 막혔습니다.
　　＋ 그 전날 밤에 술을 많이 마셔서 몸이 좋지 않았습니다. 숙취가 심했습니다.
　　＋ 그 전날 뭔가 잘못 먹어서 아팠습니다. 소화불량이 있었습니다.
　　＋ 토할 것 같았습니다.　＋ 너무 늦게 일어났습니다.
모임을 놓쳐서 몹시 아쉬웠지만, 어쩔 수 없었습니다.
저는 친구들에게 전화를 걸어 갈 수 없겠다고 말했습니다.
친구들이 모임을 취소하는 것은 원치 않았기 때문에, 친구들에게는 저 없이 모이라고 말했습니다.
돌이켜 보니, 그 날의 모임을 놓친 것이 정말 아쉽습니다.

부록 2

ROLE PLAY |

외국 친구 집에 방문

● 주제에 알맞은 다양한 문항 유형을 알아보세요.

| 방문 계획에 대한 질문 | 사정이 생겨서 못 가게 된 상황, 대안 제시 |

| 계획 취소/변경 경험 |

 다음 질문을 듣고 질문의 키워드를 확인해 보세요.  Ex02-Q1~3

1 `Int` 방문 계획에 대한 질문
I'd like to give you a situation and ask you to act it out.
You would like to visit a friend who lives overseas.
Call your friend and ask three or four questions about the things you have to know about your visit.

어떤 상황을 제시하면, 그에 맞게 행동해 주십시오.
당신은 해외에 있는 친구를 방문하고자 합니다.
친구에게 전화를 걸어 방문에 대해 꼭 알고 있어야 할 3-4가지의 질문을 하십시오

2 `Adv` 사정이 생겨서 못 가게 된 상황, 대안 제시
I'm sorry, but there is a problem I need you to resolve.
Something has come up and you can't make it to your friend's house.
Call your friend and explain about the situation. Give two to three alternatives to solve the problem.

안타깝지만 당신이 해결해야 할 문제가 생겼습니다.
어떤 일이 발생해 친구의 집에 방문을 하지 못하게 되었습니다.
친구에게 전화를 걸어 상황을 설명하고, 이 상황에 대한 2-3가지의 대안을 제시하십시오.

3 `Adv` 계획 취소/변경 경험
That's the end of the situation. Have you ever had a time when you had to cancel a plan or an appointment due to some kind of problem? Why did you cancel the plan or appointment? How did you handle that situation? Tell me about that situation in as much detail as possible.

상황은 끝났습니다. 어떤 문제로 인해 계획이나 약속을 취소해야 했던 경험이 있습니까? 왜 계획이나 약속을 취소하게 되었나요? 그 상황을 당신은 어떻게 해결했습니까? 상세하게 설명해 주십시오.

Q1 실전문제 연습하기

Int 방문 계획에 대한 질문

I'd like to give you a situation and ask you to act it out.
You would like to visit a friend who lives overseas.
Call your friend and ask three or four questions about the things you have to know about your visit.

 BEST RESPONSE  Ex02-A1

Hi, there Heather. This is Jim.
I'm calling to ask you some questions about visiting you.
I'm currently making plans for the trip.
Can you tell me when a good time is to visit you?
Do you want me to visit you this month or next month?

Next, can you tell me what the weather is like there?
I wonder what kind of clothes I should take.
Next, can you tell me which airport I should use?
Which airport is the closest to your house?
Also, how do I get to your house from the airport?
Can you give me some directions?
Anyway, call me back when you get this.

CORE EXPRESSIONS

· currently 현재

· make a plan for the trip 여행 계획을 세우다

Point Up!

❶ 부사 currently 현재, 지금
I'm currently making plans for the trip.
나 지금 여행 계획을 짜고 있거든.

❷ 관용 문구 making plans for the trip 여행 계획을 짜고 있다
I'm currently making plans for the trip.
나 지금 여행 계획을 짜고 있거든.

❸ 최상급 closest 가장 가까운
Which airport is the closest to your house?
너희 집에서 가장 가까운 공항이 어디야?

❹ 관용 문구 give me some directions 가는 길 좀 알려주다
Can you give me some directions?
가는 길 좀 알려 줄래?

아래 해석을 활용하여 나만의 답변을 완성해 보세요.

TRANSLATION

여보세요. Heather. 나 Jim이야.
너희 집 방문하는 것에 대해 몇 가지 질문이 있어서 전화했어.
나 지금 여행 계획을 짜고 있거든.
언제가 방문하기 좋은 시기인지 알려 줄 수 있어?
이번 달이나 다음 달 중 언제가 좋을까?

그리고 거기 날씨는 어떻니?
어떤 옷을 가져가야 할지 궁금해.
또 어디 공항을 이용해야 될까?
너희 집에서 가장 가까운 공항이 어디야?
그리고 공항에서 너희 집은 어떻게 가니?
가는 길 좀 알려 줄래?
어쨌든, 이거 들으면 전화해 줘.

Q2 실전문제 연습하기

Adv 사정이 생겨서 못 가게 된 상황, 대안 제시

I'm sorry, but there is a problem I need you to resolve.
Something has come up and you can't make it to your friend's house.
Call your friend and explain about the situation. Give two to three alternatives to solve the problem.

 BEST RESPONSE  Ex02-A2

Hi, there Heather. This is Jim again.
I'm so sorry but I have some bad news.
I have the flu and I feel terrible right now.
I don't think I can make it for the trip.
I would go if I could, but I couldn't even get out of bed all week.
I was really looking forward to the trip, but there's nothing I can do.
I'm going to have to take it easy for a while.

I think I will have to reschedule my trip.
Maybe I could visit you next month. What do you think?
Well, I'm so sorry once again.
I will call you again as soon as I feel a little better.

CORE EXPRESSIONS

- have a bad news 안 좋은 소식이 있다
- I would go if I could 된다면 갔을 것이다
- be looking forward to ~하길 기대하다, 고대하다
- reschedule 일정을 변경하다
- I don't think I can make it 못 갈 것 같다
- get out of bed 잠자리에서 일어나다
- take it easy 쉬엄쉬엄 하다
- as soon as ~하자마자

Point Up!

❶ 관용 문구 feel terrible 몸이 많이 안 좋다
I have the flu and I feel terrible right now.
내가 지금 감기에 심하게 걸려서 몸이 엉망이야.

❷ 관용 문구 take it easy 무리하지 않다
I'm going to have to take it easy for a while.
당분간은 무리하면 안 될 것 같아.

❸ 특수동사 reschedule 일정을 변경하다
I think I will have to reschedule my trip.
여행 스케줄은 다시 조정해야 할 것 같아.

❹ 관용 문구 as soon as I feel a little better 몸이 조금 나아지는대로
I will call you again as soon as I feel a little better.
몸이 좀 낫는대로 다시 연락할게.

 아래 해석을 활용하여 나만의 답변을 완성해 보세요.

TRANSLATION

안녕, Heather. 나 또 Jim이야.
정말 미안하지만 나쁜 소식이 있어.
내가 지금 감기에 심하게 걸려서 몸이 엉망이야.
이번 여행은 못 갈 것 같아.
갈수만 있다면 가고 싶지만, 일주일 내내 일어나지도 못했어.
여행 정말 기대 많이 하고 있었는데, 어쩔 수가 없네.
당분간은 쉬어야 할 것 같아.

여행 스케줄은 다시 조정해야 할 것 같아.
아마도 다음 달에는 방문할 수 있을 것 같아. 어떻게 생각해?
다시 한 번 미안해.
몸이 좀 낫는대로 다시 연락할게.

Q3 실전문제 연습하기

Adv 계획 취소/변경 경험

That's the end of the situation. Have you ever had a time when you had to cancel a plan or an appointment due to some kind of problem? Why did you cancel the plan or appointment? How did you handle that situation? Tell me about that situation in as much detail as possible.

 **BEST RESPONSE**  Ex02-A3

I remember a time when I was supposed to go to a gathering with my friends.
We were all looking forward to (going to) the gathering.
  + go on a trip + go to a birthday party + go for a movie + go to a wedding
However, I came down with a bad flu a couple of days before the gathering.
I got really sick and couldn't even get out of bed.
  + I had a high fever and a sore throat.
  + I was coughing very much and was aching all over.
  + I had a runny nose and my nose was stuffy.
  + I was not feeling well because I drank a lot the night before. I had a terrible hangover.
  + I was sick because I ate something wrong the day before. I had indigestion.
  + I felt like throwing up. + I woke up too late.
I felt very bad about missing the gathering, but there was nothing I could do.
I called my friends and told them that I couldn't go.
I asked them to go ahead without me, because I didn't want them to cancel the gathering.
Looking back, I regret missing that gathering that day.

CORE EXPRESSIONS

- be supposed to ~하기로 되어 있다
- come down with a flu 독감에 걸리다
- go ahead without me 나 없이 진행하라고 하다
- looking back 되돌아보면
- be looking forward to ~하길 기대하다, 고대하다
- get out of bed 잠자리에서 일어나다
- cancel the gathering 모임을 취소하다
- regret 후회하다

Point Up!

❶ 관용 문구 **be supposed to go** ~하기로 되어있다
I remember a time when I **was supposed to go** to a gathering with my friends.
친구들과의 모임에 가기로 했던 때가 기억납니다.

❷ 관용 문구 **come down with a bad flu** 심한 독감에 걸리다
I **came down with a bad flu** a couple of days before the gathering.
저는 모임 며칠 전에 독감에 걸리고 말았습니다.

❸ 관용 문구 **cannot even get out of bed** 움직이지기도 힘들다
I got really sick and **couldn't even get out of bed**.
너무 아파서 침대에서 일어날 수도 없었습니다.

❹ 관용 문구 **there is nothing I could do** 할 수 있는게 없다
I felt very bad about missing the gathering, but **there was nothing I could do**.
모임을 놓쳐서 몹시 아쉬웠지만, 어쩔 수 없었습니다.

❺ 관용 문구 **go ahead without me** 나 없이 진행하다
I asked them to **go ahead without me**.
친구들에게는 저 없이 모이라고 말했습니다.

❻ 연결어 **looking back** 되돌아 보면
Looking back, I regret missing that gathering that day.
돌이켜 보니, 그 날의 모임을 놓친 것이 정말 아쉽습니다.

아래 해석을 활용하여 나만의 답변을 완성해 보세요.

TRANSLATION

친구들과의 모임에 가기로 했던 때가 기억납니다.
우리는 모두 그 모임 (에 가는 것을) 고대하고 있었습니다.
　　＋ 여행 가다　＋ 생일 파티에 가다　＋ 영화 보러 가다　＋ 결혼식에 가다
하지만, 저는 모임 며칠 전에 독감에 걸리고 말았습니다.
너무 아파서 침대에서 일어날 수도 없었습니다.
　　＋ 열이 높고 목이 아팠습니다.
　　＋ 기침을 많이 하고 온 몸이 쑤셨습니다.
　　＋ 콧물이 나오고 코가 막혔습니다.
　　＋ 그 전날 밤에 술을 많이 마셔서 몸이 좋지 않았습니다. 숙취가 심했습니다.
　　＋ 그 전날 뭔가 잘못 먹어서 아팠습니다. 소화불량이 있었습니다.
　　＋ 토할 것 같았습니다.　＋ 너무 늦게 일어났습니다.
모임을 놓쳐서 몹시 아쉬웠지만, 어쩔 수 없었습니다.
저는 친구들에게 전화를 걸어 갈 수 없겠다고 말했습니다.
친구들이 모임을 취소하는 것은 원치 않았기 때문에, 친구들에게는 저 없이 모이라고 말했습니다.
돌이켜 보니, 그 날의 모임을 놓친 것이 정말 아쉽습니다.

부록 3

ROLE PLAY I
헬스클럽

● 주제에 알맞은 다양한 문항 유형을 알아보세요.

| 문의 | 헬스클럽 문의 | 대안 제시 | 헬스클럽 환불 요청 |

| 과거 경험 | 건강을 위해 한 일들 |

 다음 질문을 듣고 질문의 키워드를 확인해 보세요.  Ex03-Q1~3

1 `Int` 헬스클럽 문의
I'd like to give you a situation and ask you to act it out.
You would like to sign up at a gym nearby.
Call the gym and ask three or four questions about the gym.
어떤 상황을 제시하면, 그에 맞게 행동해 주십시오.
당신은 근처의 헬스클럽에 등록하려고 합니다.
헬스클럽에 전화를 걸어 헬스클럽에 대한 질문 3-4가지를 하시오.

2 `Adv` 헬스클럽 마음에 들지 않아 환불 요청
I'm sorry, but there is a problem I need you to resolve.
You have signed up at the gym but you are not satisfied with the gym.
Maybe the gym is not clean enough or there are too many people.
Call the manager of the gym and make arrangements to get a refund.
안타깝지만 당신이 해결해야 할 문제가 생겼습니다.
당신은 헬스클럽에 등록을 했으나 그 헬스클럽에 만족하지 못했습니다.
헬스클럽이 깨끗하지 않거나 사람이 너무 많을 수 있습니다.
헬스클럽의 관리인에게 전화를 걸어 환불을 받기 위한 약속을 하시오.

3 `Adv` 개인적으로 건강을 위해 한 일들
That's the end of the situation.
What kind of things have you tried to become healthier?
Perhaps you could've signed up at a gym.
Tell me about the things that have made you a healthier person.
What kind of impact did your efforts have on your life?
상황은 끝났습니다. 당신은 더 건강해지기 위해서 어떤 노력을 합니까?
아마도 헬스클럽에 등록할 수 있을 것입니다.
건강한 사람이 되기 위해 했던 일들에 대해 설명해 주십시오.
그러한 노력이 당신의 삶에 어떤 영향을 미쳤습니까?

Q1 실전문제 연습하기

Int 헬스클럽 문의

I'd like to give you a situation and ask you to act it out.
You would like to sign up at a gym nearby.
Call the gym and ask three or four questions about the gym.

 **BEST RESPONSE**

 Ex03-A1

Hi, there. I'm calling to inquire about signing up at your gym.
I'm planning on working out to lose to some weight.

Can you tell me how much the membership is at you gym?
Plus, what kind of workout programs do you have?
I wonder if you have any promotions going on currently.
Can you give me any recommendations?
Do you have a website I can see by any chance?

Also, until when are you open? I get off work at eight or nine. Are you open till then?
Let me know as soon as possible. Thank you in advance.

CORE EXPRESSIONS

- sign up 가입하다
- lose some weight 살을 빼다
- by any chance 혹시라도
- gym 체육관, 헬스장
- membership 회원권
- get off work 퇴근하다

Point Up!

❶ 관용 문구 **inquire about** ~에 대해 문의하다
I'm calling to **inquire about** signing up at your gym.
헬스클럽 등록 관련해서 물어볼 것이 있어 전화 드렸습니다.

❷ 관용 문구 **lose some weight** 살을 빼다
I'm planning on working out to **lose some weight**.
살을 빼려고 운동할 생각인데요.

❸ 관용 문구 **I wonder if** ~인지 아닌지 여부가 궁금하다
I wonder if you have any promotions going on currently.
지금 진행 중인 할인 행사가 있는지 궁금합니다.

❹ 관용 문구 **by any chance** 혹시라도
Do you have a website I can see **by any chance**?
혹시라도 제가 확인해 볼 수 있는 웹사이트가 있나요?

❺ 구동사 **get off** 퇴근하다
I **get off** work at eight or nine.
저는 8시나 9시에 퇴근합니다.

 아래 해석을 활용하여 나만의 답변을 완성해 보세요.

TRANSLATION

안녕하세요. 헬스클럽 등록 관련해서 물어볼 것이 있어 전화 드렸습니다.
살을 빼려고 운동할 생각인데요.

헬스클럽 회원 가입비가 얼마인지 알려주시겠어요?
그리고, 어떤 종류의 운동 프로그램이 있나요?
현재 진행 중인 프로모션이 있는지도 궁금합니다.
혹시 추천해 주실 수 있나요?
제가 볼 수 있는 웹사이트가 있습니까?

또, 언제까지 영업하시나요? 저는 8시나 9시에 퇴근하는데, 그때까지 영업하시나요?
가능한 빨리 알려 주세요. 감사합니다.

Q2 실전문제 연습하기

Adv 헬스클럽 마음에 들지 않아 환불 요청

I'm sorry, but there is a problem I need you to resolve.
You have signed up at the gym but you are not satisfied with the gym.
Maybe the gym is not clean enough or there are too many people.
Call the manager of the gym and make arrangements to get a refund.

BEST RESPONSE

Ex03-A2

Hi, there. I'm a person who signed up at your gym several days ago.
I went to the gym and worked out for the first time yesterday.
Unfortunately, I'm very unhappy about your gym.

First, I don't think there is enough equipment.
I had some trouble working out because I couldn't find the equipment I wanted.
Next, the gym isn't clean enough.
There's dust on the floors. Also, there aren't enough showers.
I had to wait ten minutes to get a shower.

I would like to come in to get a refund.
Please tell me when I can visit the gym.
Can you tell me if I could get a full refund?
Please let me know as soon as possible.

CORE EXPRESSIONS

- sign up 가입하다
- unfortunately 불행하게도, 안타깝게도
- dust on the floors 바닥 위 먼지
- come in 방문하다
- get a full refund 전액 환불받다
- work out 운동하다
- equipment 장비, 기구
- get a shower 샤워를 하다
- get a refund 환불 받다

Point Up!

❶ 부사 **unfortunately** 불행하게도, 안타깝게도
Unfortunately, I'm very unhappy about your gym.
안타깝게도, 저한테는 상당히 불만족스럽네요.

❷ 관용 문구 **have some trouble working out** 운동하는데 문제가 있다
I **had some trouble working out** because I couldn't find the equipment I wanted.
제가 원하는 기구를 찾을 수 없어서 운동하는 데 좀 문제가 있었어요.

❸ 조동사 **cannot find** 찾을 수 없다
I had some trouble working out because I **couldn't find** the equipment I wanted.
제가 원하는 기구를 찾을 수 없어서 운동하는 데 좀 문제가 있었어요.

❹ 관용 문구 **There's dust on the floors** 바닥에 먼지가 있다
There's dust on the floors.
바닥에 먼지가 있어요.

❺ 구동사 **come in** 방문하다
I would like to **come in** to get a refund.
환불을 받으러 가고 싶은데요.

❻ GET 동사 **get a full refund** 전액 환불 받다
Can you tell me if I could **get a full refund**?
전액 환불을 받을 수 있을까요?

아래 해석을 활용하여 나만의 답변을 완성해 보세요.

TRANSLATION

안녕하세요. 며칠 전에 거기 헬스 클럽에 등록한 사람인데요.
제가 어제 처음으로 헬스 클럽에 가서 운동을 했는데요.
안타깝게도, 저한테는 상당히 불만족스럽네요.

첫 번째, 기구가 충분하지 않은 것 같아요.
제가 원하는 기구를 찾을 수 없어서 운동하는 데 좀 문제가 있었어요.
그리고, 헬스클럽이 깨끗하지 않네요.
바닥에 먼지가 있어요. 또, 샤워시설도 충분하지 않았어요.
샤워하려고 10분이나 기다려야 했어요.

환불을 받으러 가고 싶은데요.
제가 언제 가면 좋을지 알려 주세요.
전액 환불을 받을 수 있을까요?
가능한 빨리 알려 주세요.

Q3 실전문제 연습하기

Adv 개인적으로 건강을 위해 한 일들

That's the end of the situation.
What kind of things have you tried to become healthier?
Perhaps you could've signed up at a gym.
Tell me about the things that have made you a healthier person.
What kind of impact did your efforts have on your life?

 BEST RESPONSE  Ex03-A3

To stay healthy, I've tried to do various things in my life.
I've tried to work out as often as I can.
Working out is not easy, but I always try my best.
I've tried to take walks or go for a run in the evenings.

Of course, I've tried to eat properly as well.
I've tried not to eat too much or too late.
Plus, I've tried not to drink too much.
I've also tried to eat a lot of vegetables and fruits.
Also, I've tried to follow a regular lifestyle.
I've tried to get enough sleep.

Last of all, I've always tried to stay positive.
I've tried to look on the bright side of things.

So, that's how it is. These are some of the things I've been doing to stay healthy.

CORE EXPRESSIONS

- stay healthy 건강을 유지하다
- try one's best 최선을 다하다
- take a walk 산책하다
- eat properly 제대로 먹다
- get enough sleep 잠을 충분히 자다
- look on the bright side of things 긍정적인 면을 보다
- as often as one can 최대한 자주
- get some exercise 운동을 하다
- go for a run 뛰러 가다
- follow a regular lifestyle 규칙적인 생활을 하다
- stay positive 긍정적으로 생각하다

Point Up!

❶ 동명사 주어 working out 운동하는 것
Working out is not easy, but I try my best.
운동하는 것이 쉽지는 않지만, 최선을 다합니다.

❷ 관용 문구 try my best 최선을 다하다
Working out is not easy, but I **try my best**.
운동하는 것이 쉽지는 않지만, 최선을 다합니다.

❸ 현재 완료 I've tried to take walks 산책을 하려고 노력해왔다
I've tried to take walks or go for a run in the evenings.
산책을 하거나 뛰러 나가는 등 운동을 하려고 노력해왔습니다.

❹ 현재 완료 I've tried to eat properly 제대로 먹으려고 노력해왔다
I've tried to eat properly as well.
제대로 먹으려고 노력해 왔습니다.

❺ GET 동사 get enough sleep 잠을 충분히 자다
I've tried to follow a regular lifestyle and **get enough sleep**.
규칙적인 생활을 하고 잠은 충분히 자려고 해왔습니다.

❻ 관용 문구 look on the bright side of things 긍정적인 면을 보다
I've tried to **look on the bright side of things**.
모든 일의 긍정적인 면을 보려고 노력해왔습니다.

아래 해석을 활용하여 나만의 답변을 완성해 보세요.

TRANSLATION

건강을 유지하기 위해, 저는 살면서 많은 것들을 해 보았습니다.
최대한 자주 운동을 하려고 합니다.
운동을 하는 것이 쉽지는 않지만, 저는 항상 최선을 다합니다.
저녁에는 산책을 하거나 뛰러 나가려고 합니다.

물론, 제대로 먹으려고 노력하기도 했습니다.
저는 과식이나 야식을 하지 않으려고 노력합니다.
그리고, 과음하지 않으려고 합니다.
또 채소와 과일을 많이 먹으려고 합니다.
또한, 규칙적인 생활을 하려고 노력해 왔습니다.
충분한 수면을 취하려고 합니다.

마지막으로, 저는 항상 긍정적인 자세를 유지하려고 합니다.
모든 일의 긍정적인 면을 보려고 노력합니다.

그래서, 저의 방법은 위와 같습니다. 이러한 것들이 제가 건강을 유지하기 위해 해 온 일들입니다.

부록 4

ROLE PLAY |
술집/바에 가기

● 주제에 알맞은 다양한 문항 유형을 알아보세요.

| 문의 | 술집/바 문의 |
| 과거 경험 | 술집/바에서 기억에 나는 경험 |

| 대안 제시 | [술집 현장] 지갑 분실해서 계산 어려움. 직원에게 설명 |

 다음 질문을 듣고 질문의 키워드를 확인해 보세요.  Ex04-Q1~3

1 Int 술집/바 문의
I'd like to give you a situation and ask you to act it out.
You would like to go to a new bar that has opened.
Call the bar and ask three to four questions to see if you want to go to that bar.

어떤 상황을 제시하면, 그에 맞게 행동해 주십시오.
당신은 새로 연 술집에 가보려고 합니다.
술집에 전화를 해서 술집에 갈 것인지 확인하기 위해 3–4개의 질문을 해 보시오.

2 Adv [술집 현장] 지갑 분실해서 계산 어려움. 직원에게 설명
I'm sorry, but there is a problem I need you to resolve.
You are at the bar and want to pay for your drinks.
But you suddenly find out that you lost your wallet.
Explain to the bartender or waiter the situation and make suggestions to solve the problem.

안타깝지만 당신이 해결해야 할 문제가 생겼습니다.
당신은 술집에 있고 술 값을 내려고 합니다.
그런데 갑자기 지갑을 잃어버렸다는 것을 깨달았습니다.

3 Adv 술집/바에서 기억에 나는 경험
That's the end of the situation.
Tell me about a memorable experience regarding drinking.
When was it and who did you drink with? What kind of bar was it?
What made that drinking session so memorable?

상황은 끝났습니다.
그게 언제였고, 누구와 함께 마셨습니까? 어떤 술집이었습니까?
술자리가 기억에 남았던 이유는 무엇입니까?

Q1 실전문제 연습하기

Int 술집/바 문의

I'd like to give you a situation and ask you to act it out.
You would like to go to a new bar that has opened.
Call the bar and ask three to four questions to see if you want to go to that bar.

 Ex04-A1

 BEST RESPONSE

Hi, there. I'm calling to ask some questions about your bar.
I'm thinking of going there with my friends this coming weekend.

First, what kind of bar is it? What type of drinks do you serve?
Do you serve hard liquor or beer? Plus, what kind of food do you serve there?
Next, can you give me some directions?
I wonder if I can bring my car or not. Can I park there?
If not, I'll just take public transportation.
Is the bar close to a subway station or a bus stop?
Is it walking distance?

Last of all, until when are you open? Are you open till late?
Please let me know as soon as possible. Thank you in advance.

CORE EXPRESSIONS

- this coming weekend 이번 주말
- take public transportation 대중교통을 이용하다
- hard liquor 양주
- walking distance 도보 가능한 거리

Point Up!

❶ 관용 문구 this coming weekend 돌아오는 이번 주말
I'm thinking of going there with my friends this coming weekend.
이번 주말에 친구들과 거기 가려고 하는데요.

❷ 관용 문구 serve 제공하다, 팔다
Do you serve hard liquor or beer?
양주나 맥주도 파나요?

❸ 관용 문구 take public transportation 대중 교통을 타다
If not, I'll just take public transportation.
만약 안된다면 그냥 대중교통을 이용하도록 하겠습니다.

❹ 관용 문구 are you open till late? 늦게까지 하나요?
Are you open till late?
늦게까지 하나요?

 아래 해석을 활용하여 나만의 답변을 완성해 보세요.

TRANSLATION

안녕하세요. 술집에 대해 몇 가지 물어볼 게 있어서 전화 드렸습니다.
이번 주말에 친구들과 거기 가려고 하는데요.
일단, 어떤 종류의 술집인가요? 어떤 술을 판매하시나요?
양주나 맥주도 파나요? 그리고, 음식은 어떤 종류가 있나요?
그리고 어떻게 가는지 좀 알려 주시겠어요?
차를 가져가야 할지 말지 모르겠네요. 거기 주차할 수 있나요?
만약 안된다면 그냥 대중교통을 이용하도록 하겠습니다.
위치가 지하철이나 버스 정류장에서는 가까운가요?
걸어갈 수 있는 거리인가요?
마지막으로, 언제까지 영업하시나요? 늦게까지 하나요?
가능한 빠른 알려 주세요. 감사합니다.

Q2 실전문제 연습하기

> **Adv** [술집 현장] 지갑 분실해서 계산 어려움. 직원에게 설명
>
> I'm sorry, but there is a problem I need you to resolve.
> You are at the bar and want to pay for your drinks.
> But you suddenly find out that you lost your wallet.
> Explain to the bartender or waiter the situation and make suggestions to solve the problem.

 **BEST RESPONSE**  Ex04-A2

Hi, there. I have a problem. I just found out that I lost my wallet.
I looked for it everywhere, but I can't find it. I don't know what do to.
Can you let me pay for the drinks later?
I'll write down my name and contact info.
I can give you my business card.
I could wire the money to you as soon as I get home.
Or, could I drop by on my way home tomorrow and pay in cash?
Can you tell me if this is possible?

I'm really sorry, but there's nothing I can do right now.

CORE EXPRESSIONS

- lose one's wallet 지갑을 잃어버리다
- write down 적다
- wire the money 계좌이체 하다
- look for everywhere 모든 곳을 찾아보다
- business card 명함
- drop by 들리다

Point Up!

❶ 관용 문구 I don't know what to do 어떻게 해야 할지 모르겠다
I don't know what to do.
어떻게 해야 할지 모르겠네요.

❷ 구동사 write down 적어 두다
I'll write down my name and contact info.
제 이름하고 연락처를 적어 두겠습니다.

❸ 관용 문구 give you my business card 명함을 주다
I can give you my business card.
명함을 드릴 수도 있고요.

❹ 관용 문구 wire the money 계좌 이체 하다
I could wire the money to you as soon as I get home.
집에 도착하는 대로 계좌 이체를 해드릴 수도 있어요.

❺ 구동사 drop by 잠시 들리다
Or, could I drop by on my way home tomorrow and pay in cash?
아니면, 내일 집에 가는 길에 들려서 현금으로 드려도 괜찮을까요?

 아래 해석을 활용하여 나만의 답변을 완성해 보세요.

TRANSLATION

저기요. 문제가 좀 생겼습니다. 제가 지갑을 잃어버린 것 같아요.
전부 다 찾아 봤는데, 도저히 찾을 수가 없어요. 어떻게 해야 할지 모르겠네요.
술 값을 다음에 내도 될까요?
제 이름하고 연락처를 적어 두겠습니다.
명함을 드릴 수도 있고요.
집에 도착하는 대로 계좌 이체를 해드릴 수도 있어요.
아니면 내일 집에 가는 길에 들려서 현금으로 드려도 괜찮을까요?
그렇게 해서 될지 말씀해주시겠어요?
정말 죄송합니다. 지금 당장은 제가 어쩔 도리가 없네요.

Q3 실전문제 연습하기

Adv 술집/바에서 기억에 나는 경험
That's the end of the situation.
Tell me about a memorable experience regarding drinking.
When was it and who did you drink with? What kind of bar was it?
What made that drinking session so memorable?

 **BEST RESPONSE**  Ex04-A3

I remember having a staff dinner at a bar several weeks ago.
      + a gathering with my friends
      + a farewell party for my co-worker
      + a year-end party
      + an after-party of an event
      + a birthday party of a close friend
      + my birthday party with some close friends
It was held at a traditional Korean bar.
      + a western bar / a Japanese bar / a fancy pub / a wine bar / a tent bar

We ordered a combo dish with various types of side dishes.
The food and drinks tasted extra good that day, the mood was very good.

As for drinks, we drank traditional Korean rice wine called makgeolli.
      + soju and beer / red wine / draft beer / sake / Whisky / cocktails
We ended up drinking quite a lot that day.
      + We even went to a karaoke after that.
I got a bit drunk actually I drank too much.
      + I got completely drunk because I drank on an empty stomach.
      + I got drunk pretty fast because I drank too fast.
      + I felt like throwing up.
      + I threw up several times.
      + I felt dizzy (tipsy) and couldn't walk properly.
      + I got wasted and blacked out.
      + I don't remember how I got home.
      + I got into trouble because I got home too late.

Naturally, I had a pretty bad hangover the next day.
It took me quite a while to sober up.
But overall, it was a very memorable staff dinner.
      + gathering / birthday party / after-party

CORE EXPRESSIONS

- staff dinner 직원 회식
- various types of side dishes 다양한 종류의 안주
- as for ~에 대해서 말하자면
- get drunk 술 취하다
- throw up 토하다
- walk properly 제대로 걷다
- black out 필름이 끊기다
- have a hangover 숙취가 있다
- memorable 기억에 남는

- be held at ~에서 열리다
- taste extra good 유난히 맛있다
- end up 결국 ~하다
- drink on an empty stomach 빈 속에 마시다
- feel dizzy (tipsy) 어지럽다
- get wasted 술에 완전히 취하다
- naturally 자연스럽게
- sober up 술을 깨다

Point Up!

❶ 수동태 **be held at** ~에서 열리다
It **was held at** a traditional Korean bar.
모임은 한국 전통주점에서 이루어졌습니다.

❷ 연결어 **As for drinks** 술에 대해 말하자면
As for drinks, we drank traditional Korean rice wine called makgeolli.
술에 대해 말하자면, 막걸리를 마셨습니다.

❸ 관용 문구 **end up drinking quite a lot** 결국 술을 꽤 많이 마셨다
We **ended up drinking quite a lot** that day.
결국 그 날 우리는 술을 꽤 많이 마시게 되었습니다.

❹ GET 동사 **get a bit drunk** 조금 취했다
I **got a bit drunk** actually I drank too much.
사실 저는 술을 너무 많이 마셔서 조금 취했었습니다.

❺ 관용 문구 **have a pretty bad hangover** 숙취가 매우 심하다
I **had a pretty bad hangover** the next day.
그 다음날 숙취가 매우 심했습니다.

❻ 관용 문구 **sober up** 술을 깨다
It took me quite a while to **sober up**.
술이 깨는데 꽤 오랜 시간이 걸렸습니다.

아래 해석을 활용하여 나만의 답변을 완성해 보세요.

TRANSLATION

몇 주 전에 어떤 술집에서 직원 회식을 했던 것이 기억납니다.
  + 친구들과의 모임
  + 직장 동료의 송별회
  + 송년회
  + 행사 뒤풀이
  + 친한 친구의 생일 파티
  + 가까운 친구들과 제 생일 파티
모임은 한국 전통주점에서 이루어졌습니다.
  + 웨스턴 바 / 일본식 선술집 / 멋진 호프집 / 와인 바 / 포장마차

우리는 다양한 안주가 나오는 세트 메뉴를 주문했습니다.
그 날 따라 음식과 술이 특별히 더 맛있었고, 분위기도 정말 좋았습니다.
술은 막걸리를 마셨습니다.
  + 소주와 맥주 / 레드 와인 / 생맥주 / 사케 / 위스키 / 칵테일
그 날 우리는 술을 꽤 많이 마시게 되었습니다.

사실 저는 술을 너무 많이 마셔서 조금 취했었습니다.
  + 빈 속에 술을 마셔서 완전히 취해 버렸습니다.
  + 너무 빨리 마셔서 금방 술에 취해 버렸습니다.
  + 토할 것 같았습니다.
  + 여러 번 토했습니다.
  + 어지러웠고 (취했고) 똑바로 걸을 수 없었습니다.
  + 완전히 취해서 필름이 끊겼습니다.
  + 집에 어떻게 왔는지 기억나지 않습니다.
  + 집에 너무 늦게 와서 문제가 좀 있었습니다.

당연히, 그 다음날 숙취가 매우 심했습니다.
술이 깨는데 꽤 오랜 시간이 걸렸습니다.
그래도 전반적으로 아주 기억에 남는 직원 회식이었습니다.
  + 모임 / 생일 파티 / 뒤풀이

OPIc 대비 멀티캠퍼스 Best 온라인 과정

OPIc 전략과정
한국인의 말하기 취약점 분석 기반의 OPIc 전략과정

한국인의 말하기 특징 분석 IL공략

한국인의 말하기 특징 분석 IM공략

한국인의 말하기 특징 분석 IH공략

한국인의 말하기 특징 분석 AL공략

OPIc 막판뒤집기과정
시험장 가기 전에 꼭 봐야 하는 OPIc 전문강사의 생생한 전문 특강 과정

[막판뒤집기] OPIc IM Pass

[막판뒤집기] OPIc IH Pass

OPIc 등급공략과정
OPIc 주관사 멀티캠퍼스에서 제시하는 레벨별 맞춤 공략 과정

New OPIc 첫걸음

New OPIc SOS Start

New OPIc SOS IM공략

New OPIc의 정석! IH공략

OPIc 실전과정
OPIc 최고 강사진이 전하는 최신 경향의 실전 대비 과정

OPIc IL Master

OPIc IM Master

OPIc IH Master

중국어 대비 멀티캠퍼스 Best 온라인 과정

TSC 전략 과정
단기간 레벨 UP!을 위한 핵심 전략과 유형별 공략법을 제시하는 국내 최고의 TSC 대비 과정

한달에 끝내는 TSC 첫걸음 3급공략

한달에 끝내는 TSC 실전테스트

초단기 TSC 4급공략

초단기 TSC 4급공략 실전테스트

TSC 막판뒤집기과정
TSC 대비를 위한 단, 6시간 막판뒤집기 족집게 과정

[막판뒤집기] TSC 3급 Pass

[막판뒤집기] TSC 4급 Pass

OPIc중국어 전략과정
OPIc 평가 주관사 멀티캠퍼스에서 개발한 국내 유일무이한 OPIc 중국어 대비 과정

New OPIc 중국어 첫걸음

OPIc 중국어의 정석! IM공략

OPIc 중국어의 정석! IH공략

新BCT 전략과정
새롭게 바뀐 BCT 문제 유형 분석을 통한 시험 완벽 대비 및 비즈니스 중국어 회화 능력을 향상할 수 있는 과정

초단기 新BCT Speaking 공략

초단기 新BCT Speaking 실전테스트

新BCT 첫걸음 A형 공략

新BCT 첫걸음 B형 공략

온라인 교육과정 문의 TEL 1544-9001 | Website www.opic.co.kr

한국인의 말하기
취약점 집중공략
OPIc IH